桑搏
——俄罗斯实战徒手格斗术

张海 著

人民体育出版社

图书在版编目（CIP）数据

桑搏：俄罗斯实战徒手格斗术 / 张海著. -- 北京：
人民体育出版社, 2025. -- ISBN 978-7-5009-6504-6

Ⅰ．G855.12

中国国家版本馆CIP数据核字第2024M83Q09号

*

人民体育出版社出版发行
北京中科印刷有限公司印刷
新 华 书 店 经 销

*

787×1092　16开本　14.75印张　263千字
2025年3月第1版　2025年3月第1次印刷
印数：1—3,000册

*

ISBN 978-7-5009-6504-6
定价：68.00元

社址：北京市东城区体育馆路8号（天坛公园东门）
电话：67151482（发行部）　　　邮编：100061
传真：67151483　　　　　　　　邮购：67118491
网址：www.psphpress.com

（购买本社图书，如遇有缺损页可与邮购部联系）

SAMBO 前言

桑搏（Sambo）在俄语中的意思是"不带武器的防身术"——徒手格斗术。由于传统的桑搏技艺以摔法为主，所以又俗称"俄式摔跤"或者"俄式柔道"，但它并不是纯粹的"摔跤"与"柔道"。

桑搏是一门既传统又现代的武术，更是一门特别强调实战应用的徒手格斗术。从技术特点上讲，桑搏的风格属于俄罗斯传统摔跤术，类似于业余摔跤或柔道，但在规则、服饰上又有别于柔道等项目。桑搏技术不仅局限于投摔技法，它同时注重拳击、关节技和地面降服，训练方式比较接近学院派，具有现代体育的内容和运动理念，并且加入了很多军事格斗的技能和技巧。

桑搏并没有明确的创始人，但现在俄罗斯桑搏爱好者普遍认为是瓦西里·奥谢普科夫（Vasili Oshchepkov）和维克托·斯彼德诺夫（Viktor Spiridonov）开创了这项运动。

1905年，在日本长大的柔道高手奥谢普科夫与斯彼德诺夫合作，将柔道与摔跤糅合在一起，设计出了一套适合俄国人体质特点的格斗术，这就是"桑搏"。这套技术和柔道有很多地方非常像，但是它却发展了很多柔道没有的技术，如较为完善的擒锁技术、关节技术，后来又陆续汲取了中国擒拿术、日本空手道、朝鲜唐手道、巴西柔术等东西方格斗技术的精华，不断丰富、升华，逐渐形成了一套理论透彻、体系成熟的搏击术。

桑搏运动是俄罗斯人民深爱的一项竞技体育运动，同时也是世界格斗百花园中的一朵奇葩。如今，桑搏的世锦赛、世界杯赛、欧洲公开赛等各种各样的国际赛事频频举办，已成为与国际式摔跤并驾齐驱的一种摔跤项目。现代桑搏运动在日本和欧美开展都比较广泛，具有鲜明的国际性。与武术、相扑等很多项目一样，桑搏也一直在谋求进入奥运大家庭。

近年来，随着众多桑搏选手在欧美地区的各类摔跤比赛和综合格斗大赛中火爆亮相，它在全球范围内的影响不断扩大，受到无数综合格斗爱好者青睐。比如，近年来在综合格斗

（MMA）界叱咤风云的菲多·艾米连科（Frdor Emelianenko），就曾荣获俄罗斯桑搏冠军。

近年来，桑搏运动在中国的推广和普及活动也日渐增多，2010年北京首届世界武博会就将桑搏列为正式比赛项目。曾三次夺得桑搏世界冠军的菲多·艾米连科，被选定为桑搏项目形象代言人。俄罗斯桑搏运动员的精彩表演令中国观众大开眼界、尽饱眼福。赛事期间，新一任国际桑搏爱好者联盟（FIAS）主席瓦西里·谢斯塔科夫先生表示，中国是一个体育强盛的国家，在中国更好地发展桑搏运动具备良好的条件和基础，他相信这里一定会产生优秀的桑搏运动员。而且他还专门就桑搏在中国的推广事宜同时任北京市副市长的刘敬民进行了深入探讨，并热情邀请北京市体育局相关人士赴俄罗斯观摩考察。

如今，在中国也有很大一批格斗爱好者喜欢上了桑搏这项运动，国内也出现了许多专门传授桑搏技术的武道馆或者健身俱乐部。为了让大家能够从理论层面上更加深入了解桑搏运动，笔者不揣浅陋编写了这本《桑搏——俄罗斯实战徒手格斗术》。但愿本书能够作为一个媒介，为中国广大的格斗爱好者打开一扇充分了解俄罗斯桑搏运动的窗口，由此一睹这门神秘格斗术的真实面目。希望本书也能够成为广大读者认识与学习桑搏技术的钥匙，给桑搏练习者和广大综合格斗爱好者带来一些有益的帮助和参考。

本书主要由闪电投摔技术、地面缠斗技术和投摔降服技术三大部分内容组成，结合笔者多年来对桑搏运动研究学习的经验与体会，详细讲解了20种投摔技法和65例投摔后的降服手段，内容还是相当丰富的。

事实上，笔者是怀着一颗对俄罗斯格斗文化的敬畏之心完成这本书的编写工作的。动笔之前大量查找俄文、英文相关技术资料，并数次与多位俄罗斯的格斗专家进行了广泛的沟通与探讨，在充分准备的前提下才开始动笔。书中针对技术动作进行的文字描述，力求通俗易懂、朴实流畅。附配插图是采用电脑3D技术精心绘制的，相较其他格斗类书籍中的手绘图或者照片示范，更加生动新颖、准确到位。

尽管如此，由于笔者理论水平和实践经验有限，书中难免有偏颇疏漏之处，诚望格斗界各位同仁与广大读者批评指教。同时，也非常欢迎广大格斗爱好者通过微信（MY_MMA）与本人交流探讨，互相学习，共同提高。

最后，感谢多年来一直支持和厚爱我的读者朋友们！感谢人民体育出版社的编辑老师们付出的辛苦！谢谢大家！

目录

第一章　闪电投摔技术 / 1

第一节　桑搏投摔基本站立姿势 / 2
第二节　桑搏投摔中的步法移动 / 6
第三节　桑搏受身训练 / 10
第四节　桑搏基本投摔技法 / 16

第二章　地面缠斗技术 / 57

第一节　地面缠斗基本控制与压制技术 / 58
第二节　针对地面控制的逃脱方法 / 65
第三节　桑搏绞窒降服技术 / 75

第三章　投摔降服技术 / 101

第一节　投摔后实施的直臂锁降服 / 102
第二节　投摔后实施的手臂十字固 / 110
第三节　投摔后实施的弯臂锁降服 / 121
第四节　投摔后实施的肩胛锁降服 / 139
第五节　投摔后实施的跟腱锁降服 / 144

第六节　投摔后实施的脚踝锁降服 / 152

第七节　投摔后实施的脚趾固降服 / 174

第八节　投摔后实施的膝固降服 / 179

第九节　投摔后实施的膝关节切割 / 199

第十节　投摔后实施的螺丝锁降服 / 206

第十一节　投摔后实施的髋关节锁降服 / 216

第十二节　投摔后实施的脚跟勾降服 / 224

第一章
闪电投摔技术

提到投摔技术，许多人会认为桑搏的投摔方法与日本的柔道投摔技术并无二致，其实不然。

由于历史原因和地域因素，桑搏的起源深受日本柔道和蒙古摔跤的影响。在俄罗斯，传统的桑搏运动仍然是一项以摔跤技术为主的徒手对抗性运动，被称为桑搏式摔跤。桑搏式摔跤的特点是，可以手脚使绊和运用反关节技术，可以站立，也可以跪撑，类似于日本的柔道技术，所以也有人称为"俄罗斯柔道"。

不可否认，桑搏的摔法的确吸收和学习了许多柔道的技术，但相比较而言，桑搏的摔技力道凶狠，动作快如闪电，更具实用性，更适合在战场上应用。它是建立在科学基础之上的，是从实战过程中逐步发展完善的，其实用性毋庸置疑。和柔道一样，桑搏式摔跤在正式比赛中还是有很多规则和限制的。比赛时，不可以用手击打，更不可以剜眼或用手掐对方的喉咙。但是，作为自卫防身的武器用于实战时，它的一切规则都没有了，如果说唯一还有的，那就是制服对方，而且是不择手段地制服。

桑搏　俄罗斯实战徒手格斗术

第一节　桑搏投摔基本站立姿势

　　站立姿势是指敌我双方交手展开投摔与角斗之初所采用的站立姿态，在日本柔道中称为"体式"，在中国传统摔跤术中称为"跤架"。正确的跤架，既利于进攻，又便于防守，是任何一家摔跤门派都特别强调的基础动作，一切敏捷而准确的投摔动作都由此产生。

　　桑搏投摔技术中常用的站立姿势主要分为自然站立姿势和防守站立姿势两类。根据左、右手与脚的前后不同，以及身姿、重心的高低，还可以进行进一步的细分。其中，自然站立姿势又可以细分为正自然站姿、左前势自然站姿、右前势自然站姿三种；防守站立姿势又可以细分为正防守站姿、左前势防守站姿、右前势防守站姿三种。一般情况下，左手、左脚在前的姿势称为左前势，右手、右脚在前的姿势称为右前势。通常，采用左前势应敌者，进攻动作多在左边，采用右前势应敌者，进攻动作则多在右边。

　　自然站立姿势属于高架姿势，一般身高体壮者惯于使用；重心偏低的防守站立姿势则是身体矮小者偏爱的低架姿势。两者优劣各异，不分伯仲。

　　下面将详细介绍这几种基本站姿，从动作上看非常相似，技术要领也多有共同之处。在实际应用中，要根据攻防需要视具体情况决定取舍，以争取最有效、最有利的位置来实施攻击或防守，灵活运用，互为转换。

1　正自然站姿

　　正自然站姿又被称为高站架。这种站姿能够迅速起动，有利于在施技过程中轻松自如地向前后左右移动步子，迅速转换为其他站姿，进退灵活，是一种有利于攻防的基本站立姿势。

　　自然且适当的站姿是最基本的摔跤技术。不难看出，自然站姿是一种合理且轻松的姿势，是人体自然的体现，它的应变弹性很大，攻守皆可，是应用各种投摔技术的最佳姿势。同时，由于动作自然、姿态放松，身体各部位不会感到疲劳，易于进行持久战。

第一章　闪电投摔技术

⬅ 两脚自然分开平行站立，宽与肩齐，脚尖自然外撇，身体重心分落于两脚之上。胸部略微挺起，小腹回收，双臂自然下垂于身体两侧，面部端正，下颌微收，目视正前方。肩、膝与腰部要放松，切忌耸肩、弯腰、驼背、下颌突出。

⬅ 在实战应用中采用正自然站姿时，双手可以分别抓住对方双臂外侧或者内侧。在比赛中，如果双方身着摔跤服，可以用双手抓控对方跤服的两袖或者两襟。

2　左前势自然站姿与右前势自然站姿

⬅ 由正自然站姿开始，左脚向左前方迈出一小步（或者右脚向后撤一小步），身体微右转，并将身体重心略后倾，保持平衡，即成左前势自然站姿。身体各部位的要求与正自然站姿基本相同。

⬅ 由正自然站姿开始，右脚向右前方迈出一小步（或者左脚向后撤一小步），身体微左转，并将身体重心略后倾，保持平衡，即成右前势自然站姿。无论是左前势自然站姿，还是右前势自然站姿，都要求将身体重心平均分置于两脚之上，双臂自然下垂。

⬅ 在比赛或者实战应用中采用左前势自然站姿与右前势自然站姿时，可以用一只手抓住对方胸襟，另一只手抓住对方手臂肘关节外侧。即采用左前势自然站姿应敌时，左脚在前，左手抓住对方胸襟，右手抓住对方左侧手臂肘关节外侧；采用右前势自然站姿应敌时，右脚在前，右手抓住对方胸襟，左手抓住对方右侧手臂肘关节外侧。

3　正防守站姿

为了赢得对摔的胜利，我们应该尽可能多地变换姿势，将主动权掌握在自己手中。一时如蝴蝶一般轻盈地攻击对方的弱点，一时又像磐石一样牢固地占据有利位置。

出于这个目的，我们在对抗过程中适时地采取防守姿势也是必不可少的。比如，在对方准备通过抬举动作来破坏你的平衡时，你必须比他更多地降低身体重心来保持自己的稳定。这个时候就要果断地将身体姿态调整为防守姿势，因为防守姿势的身架和重心相对于自然姿势要低许多，更利于防守。同样，为了赢得胜利，也可以通过主动降低身体重心来破坏对方身体的平衡，最终达到摔倒对方的目的。

防守站姿又称为低站架。因为重心较低，姿态扎实，所以稳定性很好。但它属于身体非自然平衡的姿势，缺点也很明显，最主要的是不能轻松自如地移动脚步，长时间保持这种姿态易于疲劳。所以，在实战多数场合中是用于自我保护及防备对方的瞬间进攻。这一点，初学者有必要了解。

○ 由正自然站姿开始，双脚分开平行站立，略宽于肩。双膝微屈，略微下蹲，身体重心降低，腰部下沉，双臂自然下垂于身体两侧。面部端正，下颌微收，目视正前方。正防守姿势尽管很稳定，但身体正面和背面均有弱点暴露，因此除特殊情况外不会经常使用。

第一章　闪电投摔技术

4　左前势防守站姿与右前势防守站姿

◐ 在正防守站姿的基础上，左脚向左前方迈出一大步（或者右脚向后撤一大步），身体微右转，双腿屈膝、下蹲，身体重心下沉，即成左前势自然站姿。身体各部位的要求与正防守站姿基本相同。

◐ 由正防守站姿开始，右脚向右前方迈出一大步（或者左脚向后撤一大步），身体微左转，双腿屈膝、下蹲，身体重心下沉，即成右前势防守站姿。这两种站立姿势，仍然是将身体重心平均分置于两脚之上，双臂自然下垂。

◐ 实战应用时，一只手由对方一侧腋下穿过，手掌搭住对方背部，但不必刻意去抓拉对方的后背或者衣服，另一只手则抓住对方另一侧手臂上臂外侧或者衣袖，并用腋窝夹紧对方的前臂，上体微前倾，下颌内收。

技术要领

双方都采用自然站姿对峙时，如果对方右手在前抢抓你胸襟，你亦应使用同样的抓法和姿势来应对，这一点对于初学者而言是比较难适应的，因此必须在日常训练当中逐渐培养这个习惯，使之成为本能反应。

另外，还要着重强调的是，实战中要尽可能地依情况放松身体的肌肉，尤其是手臂不能过于紧张，否则你就会比对方提前出现疲劳现象。只有在你该发力的瞬间突然紧张，这样才能释放你的全部力量；反之，则尽量放松自己。这一点说起来简单，做起来却不容易，不仅初学者难以做到，就是训练多年的人也多不能运用自如，事实上这点要领唯有在艰苦的训练和反复的实践当中不断体会，才能熟练掌握并加以应用。

第二节　桑搏投摔中的步法移动

步法是投摔实战中进攻与防守得以有效实施的重要基础。

双方交手时，彼此施展技术，为了能够更好地发挥水平，自如地运用技巧，首先就要抢占优势位置，适时改变身体方向和调整身体姿态，前进、后退、旋转，随机变换，以便成功地破坏对方身体平衡，最终达到摆倒对手的目的，而这些都要依靠正确、熟练、敏捷的步法移动来实现。

同时，步法娴熟、准确、灵活、及时，不仅能使进攻达到良好的效果，而且还能够将身体各部分的力量集中到一点，保持身体的稳定状态，有效地化解掉对方的进攻。

桑搏投摔技术中常用的步法包括上步、撤步、跟步、退步、横步、背步等几种。本节将依次介绍。

1　上步

○ 当两脚分开一前一后站立时，前脚不动，后脚抬起向前迈一步，身体重心随之向前过渡，后脚变前脚，前脚变后脚，称为上步。这种步法和平常的走路基本一样，可以朝正前方、左前方、右前方迈进。

第一章 | 闪电投摔技术

2 撤步

○ 撤步与上步动作及方向恰好相反，当两脚分开一前一后站立时，后脚不动，前脚抬起向后退一步，身体重心随之向后移动，前脚变后脚，后脚变前脚，称为撤步。

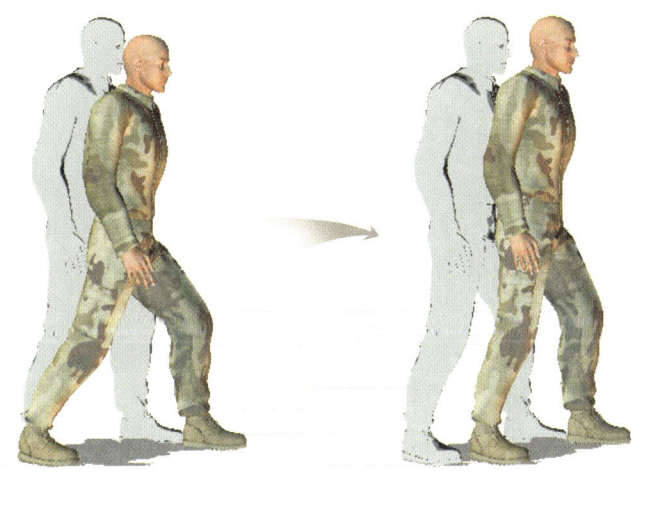

3 跟步

○ 跟步也叫前进步，是身体快速向前移动的步法。当两脚分开一前一后站立时，前脚先向前迈一步，将身体重心移至前腿，同时带动后脚向前跟进一步，保持两脚的前后位置和间距不变，这种快速向前移动双脚的步法称为前进步或跟步。

桑搏 | **俄罗斯实战徒手格斗术**

4 退步

> 退步与前进步动作及方向恰好相反，当两脚分开一前一后站立时，后脚先向后撤一步，将身体重心移至后腿，同时带动前脚向后撤一步，保持两脚的前后位置和间距不变，这种快速向后移动双脚的步法称为退步。

5 横步

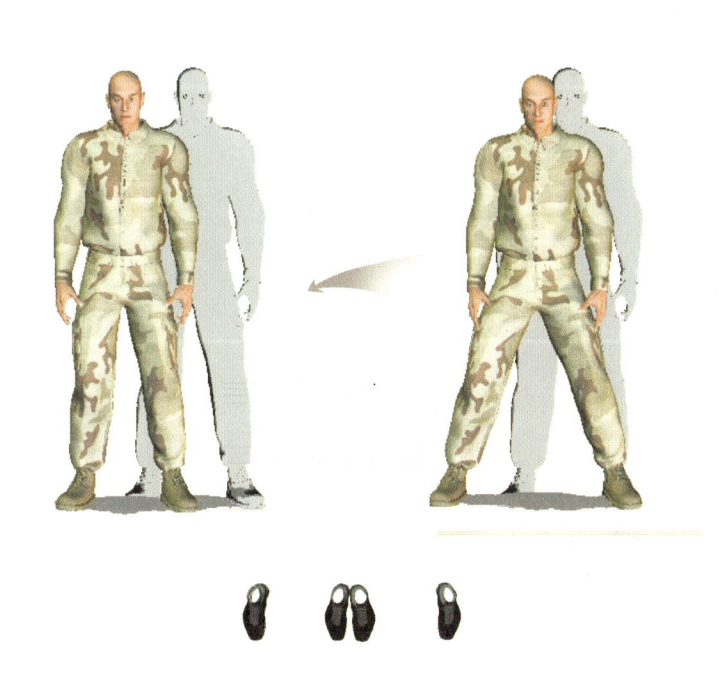

> 横步也可以称为横跨步，当采用正自然站姿或者正防守站姿时，双脚左右平行站立，一只脚向身体一侧平行移动一步，另一只脚随之跟进一步，身体重心跟随移动，即横步。左脚率先向左侧横跨一步，右脚随后跟着移动，叫左横步；右脚率先向右侧横跨一步，左脚随后跟着移动，叫右横步。

6　背步

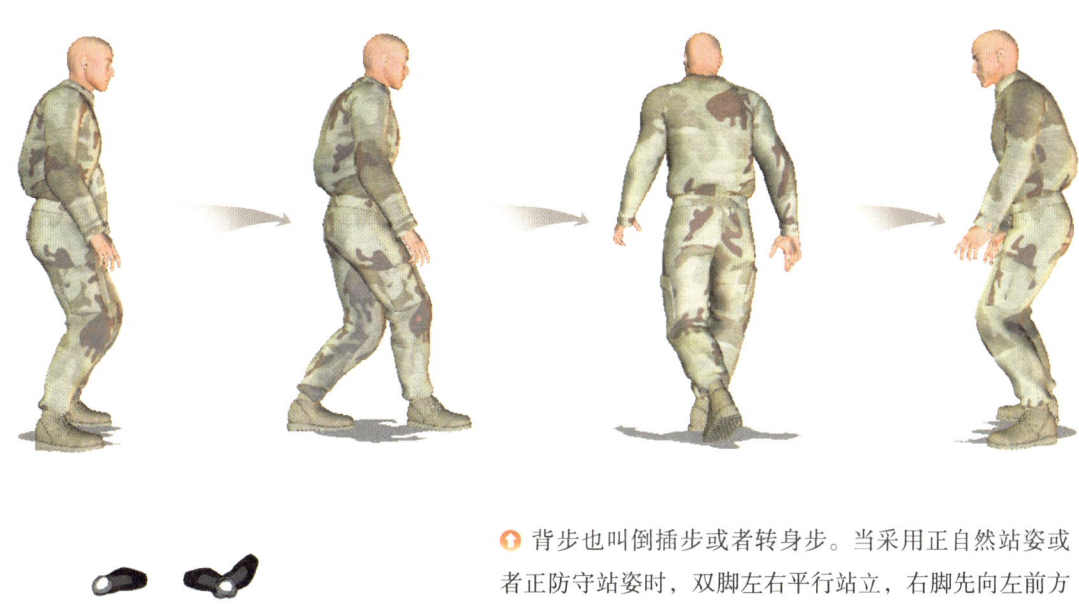

⬆ 背步也叫倒插步或者转身步。当采用正自然站姿或者正防守站姿时，双脚左右平行站立，右脚先向左前方迈一步，同时身体向左后转，随着身体的转动，左脚向左后方移动，身体转动180°，双脚并立，这种步法即背步。右脚先动，左脚后插为左背步；反之，左脚先动，右脚后插为右背步。这种步法在左前势或者右前势姿态下也可以使用。

第三节 桑搏受身训练

桑搏的跌摔技术主要来自蒙古摔跤、日本柔道、合气道，然而不论是摔跤还是柔道，入门者都要进行长时间系统专业的"受身"训练。所谓"受身"，就是"挨摔""被摔"，意思与中国摔跤中所说的"未学摔人，先学挨摔"相同。"三年受身"，这是流传在俄罗斯桑搏界的一句名言。

事实上，受身就是倒地的方法，受身训练就是一种提高自我保护意识和技巧的训练手段。受身技术是在被对手摔倒或者自己主动倒地时，为减轻自身因重力导致身体与地面冲撞产生的冲击力所采取的自我保护技术。从技术角度来说，就是被对方攻击失去重心将要倒地时，让身体利用惯性调整姿势，减少冲击，不致摔倒在坚硬的地面上受伤，而且可以借此迅速地恢复到有利于自己实施动作的姿势。

一名专业的桑搏式摔跤运动员，他运动生涯的大部分时间会花费在投摔和倒地训练上。在实战桑搏格斗体系中，跌摔技术占的比重同样很大，在被摔倒的情况下，为减少对身体的撞击，保护身体的安全就显得尤为重要。

实战中，许多初学者潜意识里首先都是怕被对手摔倒，结果必然会把很多的时间花费在设法避免摔倒上，而不是把精力集中在摔倒对手上。经验丰富的桑搏教练告诉我们，采用大量的倒地练习，会使练习者逐步克服恐惧心理，积极地投入各种角斗中去。没有了被摔倒的恐惧，也就没有了后顾之忧，可以放手一搏。

在格斗过程中，由于对方发力方向不同，我们常常会朝向不同的方位摔倒，有向后倒、向侧倒、向前倒等，所以我们要有针对性地学习并掌握安全的向前跌倒、向后跌倒、向侧跌倒、前滚翻跌倒、后滚翻跌倒等技术。这些技术学习起来并不难，有些动作甚至在我们中小学体育课中就接触并学习过。熟练掌握这些技术后，我们不仅可以在格斗中避免因为被动摔倒而导致头部和肢体关节等要害部位造成不必要的创伤，而且在日常生活中一旦身体突然因意外失去平衡或者不慎滑倒时，也可以减轻或者避免身体受伤。

第一章　闪电投摔技术

1　前受身

前受身是当我背后受力或者对方从正面用力拖拽而导致我向前跌倒时，防止身体正面（尤其是头和面部）撞击地面遭受损伤，而采取的一种常用的自我保护方法，特别适用于遭到背后偷袭等突发状况（一般来不及屈腿、收腹、低头）。这种技术在中国传统的武术门派地躺拳中被称为"栽碑"。

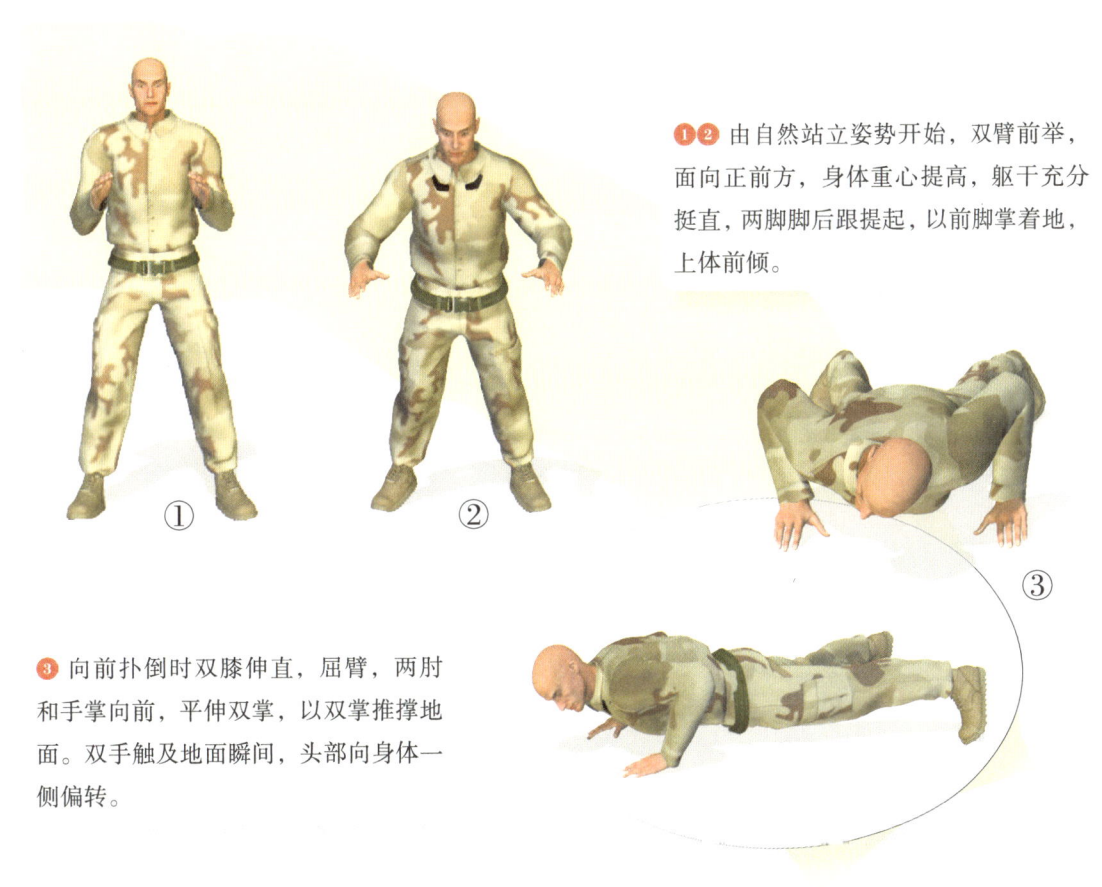

❶❷ 由自然站立姿势开始，双臂前举，面向正前方，身体重心提高，躯干充分挺直，两脚脚后跟提起，以前脚掌着地，上体前倾。

❸ 向前扑倒时双膝伸直，屈臂，两肘和手掌向前，平伸双掌，以双掌推撑地面。双手触及地面瞬间，头部向身体一侧偏转。

技术要领

向前倒时应注意腰要伸直，腹部不要着地，注意保护下颌、胸部及四肢关节。

注意，整个扑倒过程中膝盖不能弯曲，重心前倾时，脚跟要配合提起。双手前伸，但不应僵直，应该呈弧状，以便承受和缓解更多的冲击力，落地时应使手掌慢慢回收，以延长落地时间。日常训练时，应该加强手臂肌肉的力量训练。

开始应该在具有一定厚度的、比较柔软的垫面上进行练习，然后逐渐过渡到正常的垫面，最后可直接在坚硬的地面上完成动作。

| 桑搏　俄罗斯实战徒手格斗术

2　后受身

后受身俗称仰摔，一般是在遭受正前方的攻击导致身体重心失衡而向后摔倒时采取的防护措施。

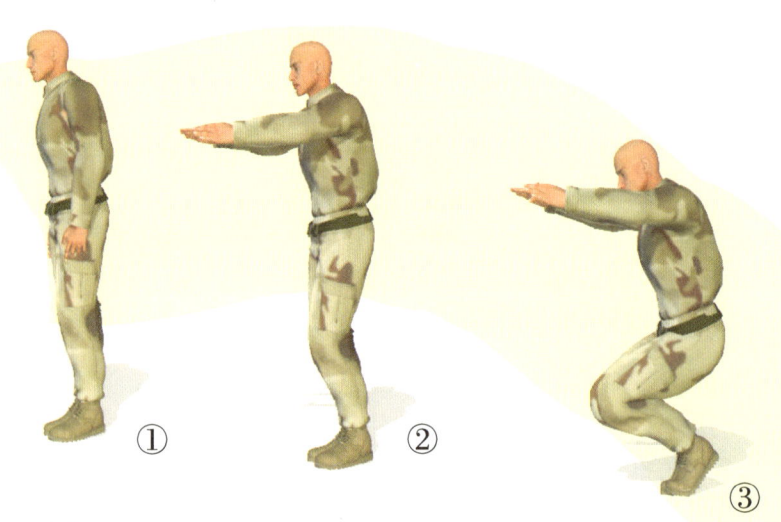

❸ 身体重心下沉，双腿屈膝下蹲，双脚脚后跟向上提起，以前脚掌接触地面支撑整个身体。含胸收腹，弓背低头。

❶❷ 由自然站立姿势开始，两臂向前平举，两腿稍弯曲。

❹ 在双腿即将全部蹲下的一刹那，下颌回收，上体立即向后仰躺，以后背着地。同时，双臂向身体两侧伸展，与躯干成45°角，随身体后倒分别向后下方身体两侧拍撑地面。双膝微屈，两腿自然随滚动上举。后背接触地面瞬间，双脚自然上扬，臀、髋向上提起，仅以后背、双臂和双手接触地面支撑身体。

技术要领

在身体后仰过程中，要强调低头勾颈，下颌要尽量回收，让背部承担冲撞地面时产生的力量，避免后脑撞击地面。牙齿要扣紧，这样可以避免身体在触地一刹那所产生的冲撞力给舌头带来损伤。背部触地瞬间，双臂自然伸直，用力拍打地面，利用伸展开的手臂和手掌来缓冲和吸收向后摔倒时产生的冲撞力，分散摔倒的冲击负荷。以后背坚实的肌肉接触地面，可以有效地保护自己免受伤害。注意拍击地面时手臂与身体形成的角度一定要合适，以保证手臂的安全，角度过大过小都不正确。

动作应注意从低到高，从弱到强，从慢到快，最初不要做勉强的、力不从心的练习。

第一章 闪电投摔技术

3 背侧受身

背侧受身，是针对重心失衡后朝身体一侧摔倒时采取的防护措施。向左、右两侧摔倒的技术都应该熟练掌握，因为实战中可能会向任何一侧跌倒。

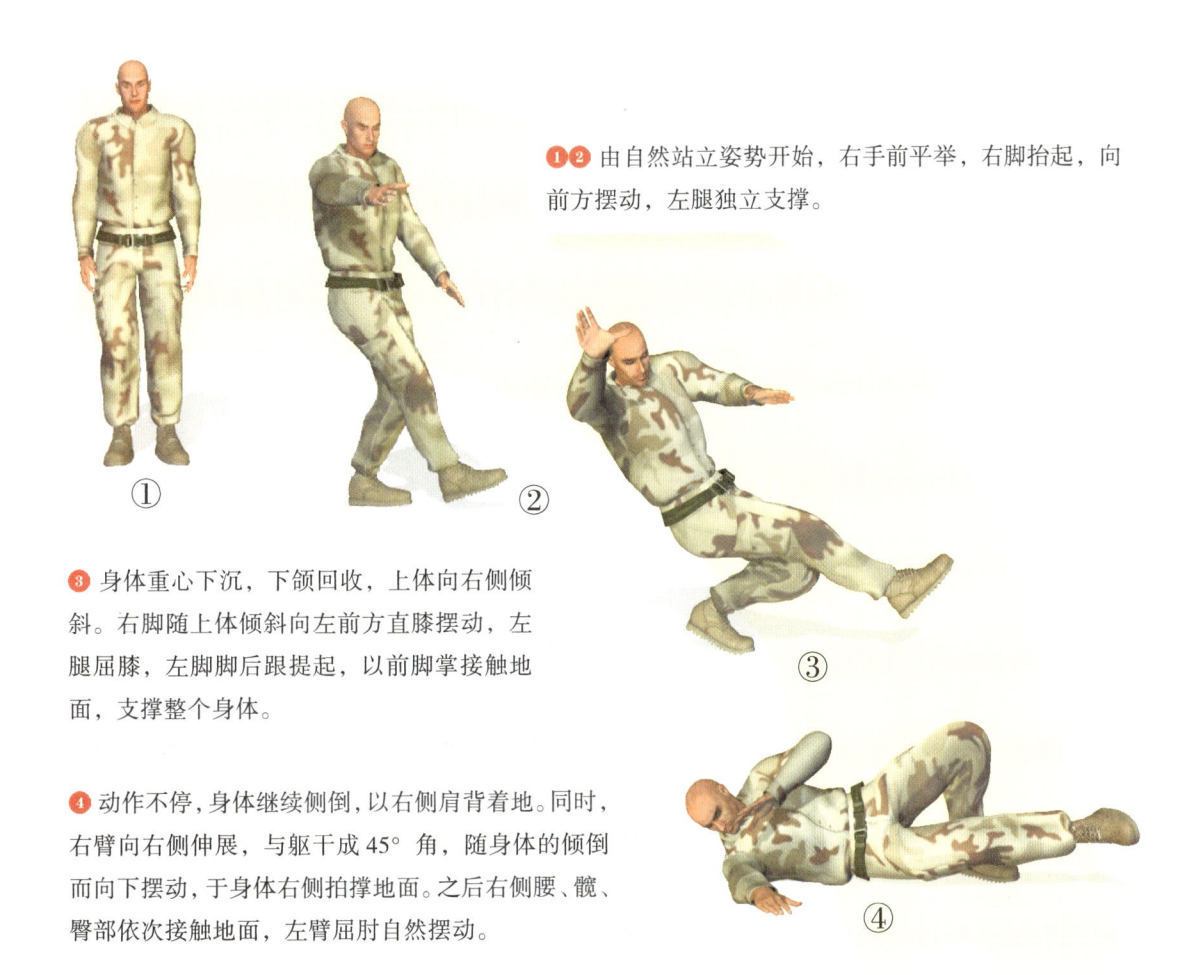

❶❷ 由自然站立姿势开始，右手前平举，右脚抬起，向前方摆动，左腿独立支撑。

❸ 身体重心下沉，下颌回收，上体向右侧倾斜。右脚随上体倾斜向左前方直膝摆动，左腿屈膝，左脚脚后跟提起，以前脚掌接触地面，支撑整个身体。

❹ 动作不停，身体继续侧倒，以右侧肩背着地。同时，右臂向右侧伸展，与躯干成 45° 角，随身体的倾倒而向下摆动，于身体右侧拍撑地面。之后右侧腰、髋、臀部依次接触地面，左臂屈肘自然摆动。

技术要领

身体向一侧摔倒时，一定要注意身体各部位着地的顺序，首先是身体右侧的肩背和手臂，要充分利用一侧肩背和手臂来缓冲和吸收侧摔时产生的冲撞力。其次是右侧腰部、髋部、臀部，最后右腿自然着地，只有按此顺次才能够达到缓冲冲撞力的作用。

倒地时右脚要有意识地向上摆动，右腿不要与右侧肩背同时触及地面，而应该是慢半拍着地。

桑搏　俄罗斯实战徒手格斗术

4 前滚翻受身

前滚翻是一种背后受力向前跌倒时,为了防止身体正面撞击地面遭受损伤而采取的自我保护方法。它很像体操运动中的前滚翻,但滚动的路线不是那么正,而且背部是沿斜线依次着地的。

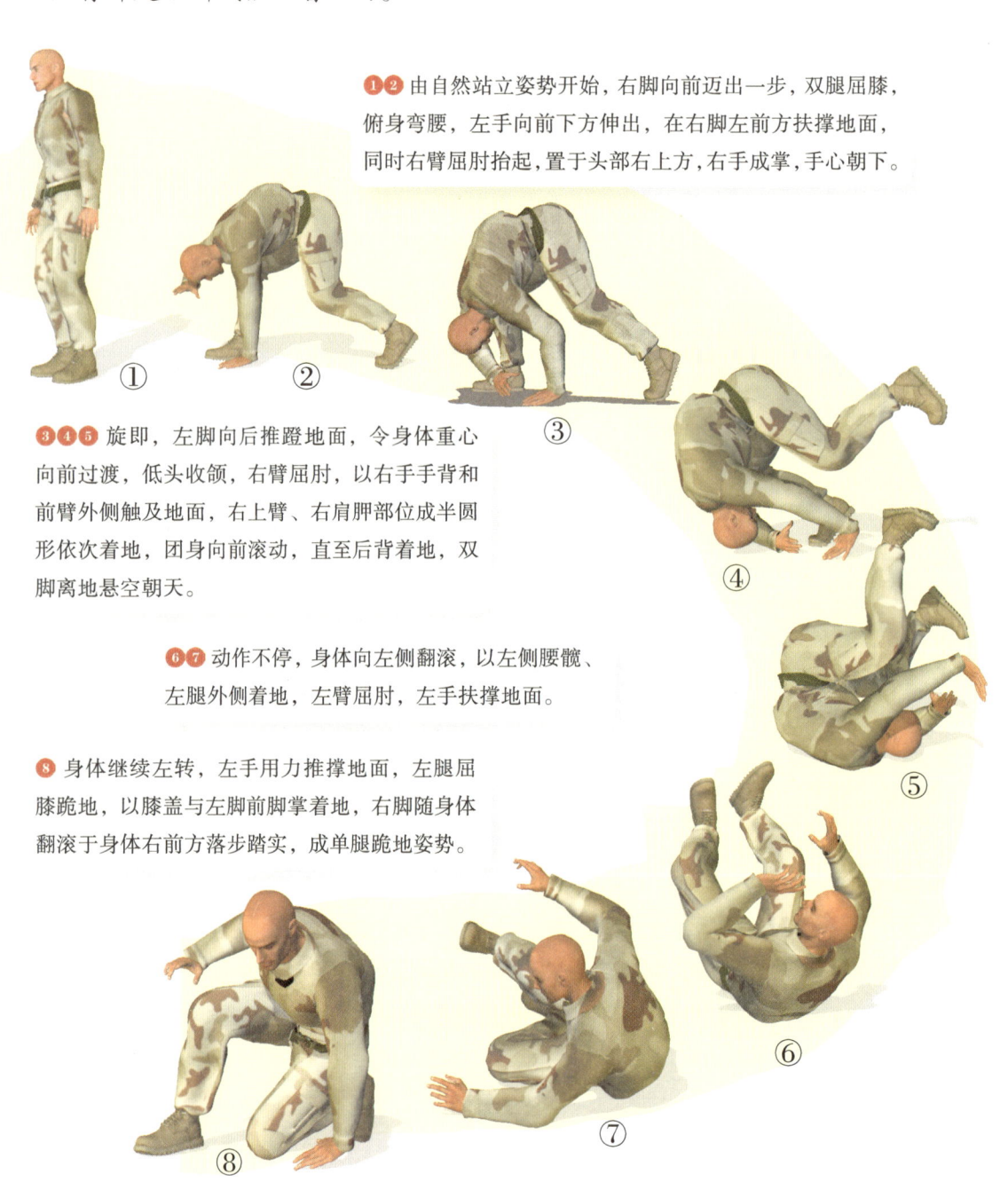

❶❷ 由自然站立姿势开始,右脚向前迈出一步,双腿屈膝,俯身弯腰,左手向前下方伸出,在右脚左前方扶撑地面,同时右臂屈肘抬起,置于头部右上方,右手成掌,手心朝下。

❸❹❺ 旋即,左脚向后推蹬地面,令身体重心向前过渡,低头收颌,右臂屈肘,以右手手背和前臂外侧触及地面,右上臂、右肩胛部位成半圆形依次着地,团身向前滚动,直至后背着地,双脚离地悬空朝天。

❻❼ 动作不停,身体向左侧翻滚,以左侧腰髋、左腿外侧着地,左臂屈肘,左手扶撑地面。

❽ 身体继续左转,左手用力推撑地面,左腿屈膝跪地,以膝盖与左脚前脚掌着地,右脚随身体翻滚于身体右前方落步踏实,成单腿跪地姿势。

5 后滚翻受身

后滚翻受身就是前滚翻受身的逆向动作,是身体向后翻滚时的一种保护方法。在滚动过程中,身体与地面接触的顺序正好与前滚翻相反,是臀部、背部、颈部、头部依次着地。

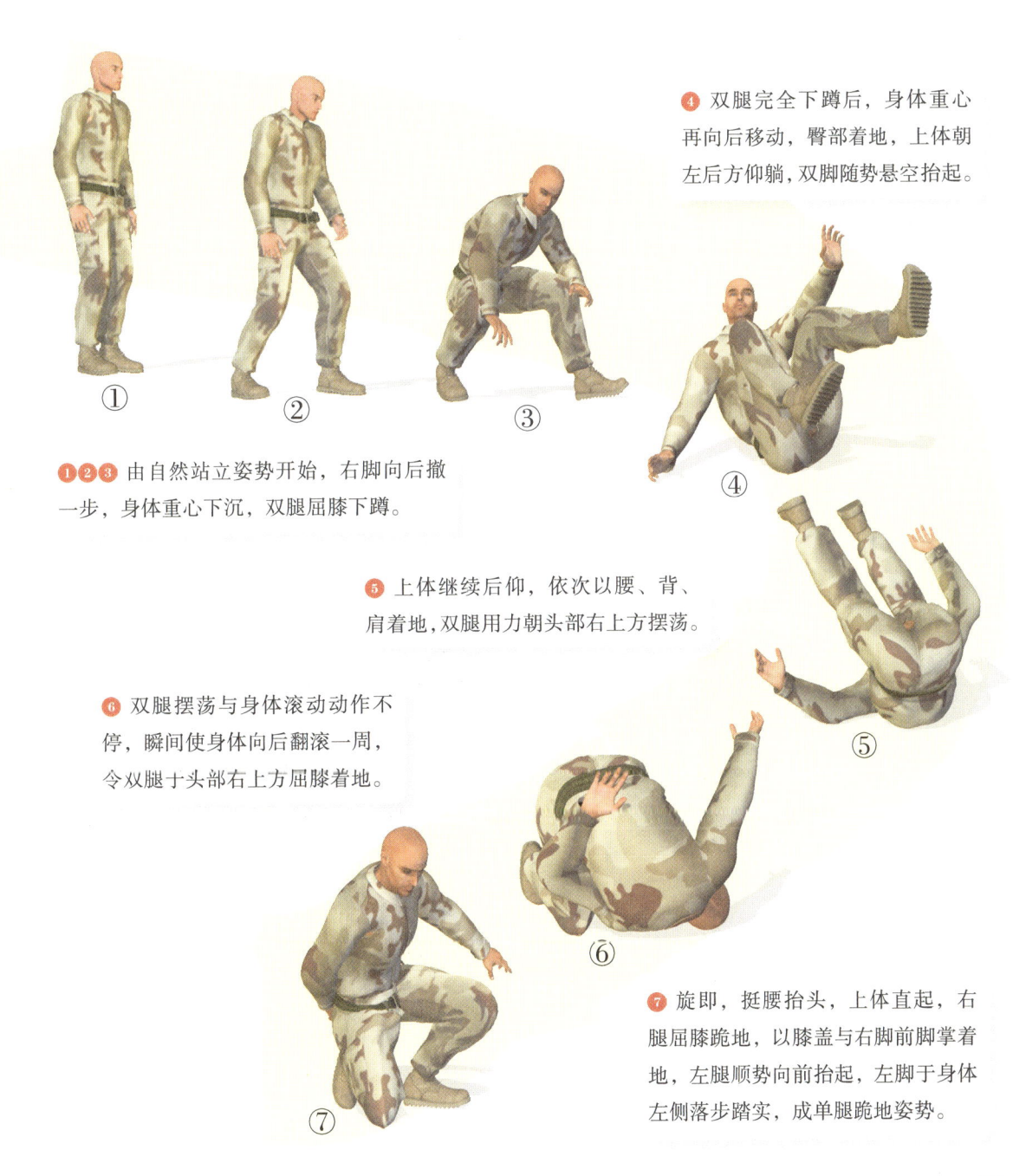

❶❷❸ 由自然站立姿势开始,右脚向后撤一步,身体重心下沉,双腿屈膝下蹲。

❹ 双腿完全下蹲后,身体重心再向后移动,臀部着地,上体朝左后方仰躺,双脚随势悬空抬起。

❺ 上体继续后仰,依次以腰、背、肩着地,双腿用力朝头部右上方摆荡。

❻ 双腿摆荡与身体滚动动作不停,瞬间使身体向后翻滚一周,令双腿于头部右上方屈膝着地。

❼ 旋即,挺腰抬头,上体直起,右腿屈膝跪地,以膝盖与右脚前脚掌着地,左腿顺势向前抬起,左脚于身体左侧落步踏实,成单腿跪地姿势。

桑搏　俄罗斯实战徒手格斗术

第四节　桑搏基本投摔技法

桑搏的投摔技术大致可以分为手技、腰技、足技、抛技四大类。

手技包括浮丢、过肩摔、肩车、体落、隅落、掬投等。

腰技包括浮腰、扫腰、钩进腰、跳腰、后腰、大腰等。

足技包括出足扫、钩进顶脚、内腿、大小内割、大小外割、膝车等。

抛技包括抛摔、后摔、隅返、侧挂、侧车、浮摔等。

因本书篇幅有限，仅将一些应用概率比较大、实用性比较强的摔技介绍给大家。

1　双手刈

双手刈又叫擒双腿摔，在综合格斗中被称作下潜抱摔，在中国跤里叫抱双腿。这是一种对方正面出击，我突然用双手搂抱住对方的下肢，并用力向回提拉，瞬间将其仰面掀翻在地的投摔技术。这种摔法比较容易破坏对方的身体平衡，动作简单易学。所以，双手刈自然也就成了格斗选手将对方拖入地面战斗阶段的最佳选择。

❶❷双方以正自然站姿对峙，在对方尚未发动攻击时，我突然屈膝降低身体重心，右脚快速向前上步，落于对方两腿之间。同时，双臂屈肘由对方双腿外侧扑抱住其双腿膝窝上方，头部顺势潜入对方右侧腋下，颈部右侧贴近对方右侧腰部，右肩头抵住对方小腹。

第一章　闪电投摔技术

❺❻ 动作不停，我双脚蹬地，双膝挺直发力。上体前俯，以右肩用力向前顶送对方躯体。双手继续向后上方提拉，彻底破坏对方身体的平衡。周身协调动作，瞬间可将对方仰面掀翻在地。

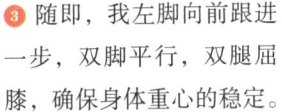

❸ 随即，我左脚向前跟进一步，双脚平行，双腿屈膝，确保身体重心的稳定。

❹ 继而，利用身体前冲的冲撞力，双手用力向后上方提拉对方双腿，迫使对方双脚离开地面悬空而起，整个身体的重心向后倾斜。

技术要领

　　双手刈技术一般在对方呈正自然站姿时使用成功率会比较高，如果对方采用右前势或者左前势站姿，成功率相对来说要低许多。因为从生物力学角度可知，人体的平衡是依靠下肢站立的姿态来保持稳定的。如果人体重心前后位移两厘米，就会失去平衡而摔倒。

　　要充分利用快速上步和身体前冲的冲撞力及双手向后上方的搂抱提拉之力，上下两股力量协调配合，交错发力，形成提拉和冲撞的生物力学结构，彻底颠覆对方的身体平衡。双手环抱住对方双腿时，要牢牢抓住其大腿内侧，双臂要用力向怀中揽抱，身体要尽量与对方贴紧。

| 桑搏 | 俄罗斯实战徒手格斗术 |

2　体落

体落在柔道中被称为丢体，在中国传统的摔跤术中叫作支别子。

这种技术是当对手身体重心移向一条腿外侧时，我利用上步、转体、进胯的动作，用一条腿绊住对方那条腿，以双手之力将对手摔向侧面或者前面的技法。

这种摔法具有进攻距离短、隐蔽性强、容易与其他技术组合成联络技术形成技战术变化等优点，在实战或比赛中使用的机会非常多，而且动作简单，可以进行连续的攻击，也可以用来反击。

❶ 双方以正自然站姿对峙，伺机而动，我用右手抢抓对方左胸襟，左手抓住对方右臂或者中袖外侧。

❷ 发动攻击之前，我身体微左转，左臂先屈肘向左上方抬起，左手内旋牵拉对方右臂。右手配合左手用力向同一方向拉扯对方胸襟，迫使其身体重心向右前上方移动。

❸ 随即，我右脚快速向左前方上步，落脚于对方右脚前外侧，身体重心略下沉。在左手牢牢牵制住对方右臂的同时，右臂屈肘，上臂与前臂折叠夹紧，右手攥紧对方胸襟，右前臂穿插至对方右侧腋下。

❹ 动作不停，我身体继续向左后方转动，左脚顺势向后背步，落脚于对方左脚前方或外侧，以前脚掌着地，使右侧腰胯正对对方腹部。同时，左手用力向左侧拉扯对方右臂，在右手攥紧对方胸襟的前提下，右肘尖向上抬起，以前臂支撑对方右侧腋窝。

18

第一章　闪电投摔技术

❻❼ 继而，在我右腿蹬直的一刹那，利用右腿蹬直产生的弹力，腰身猛然向左拧转，上体向左前下方俯身、低头，右肘抵顶对方右侧腋窝，双手继续用力向左下方牵拉对方右臂和胸襟。在我手臂的拉扯和下肢的别绊及腰部扭转的合力作用下，对方将彻底失去身体的平衡而被腾空摔至我体前。

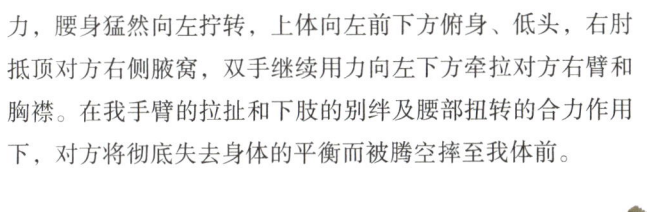

❺ 紧接着，我以左脚前脚掌和右脚脚跟为轴，向左后方转动身体，直至后背贴近对方胸腹部。然后，身体重心下沉，左腿屈膝，右腿蹬直成左弓步状态。同时，双手用力向左下方牵拉对方右臂和胸襟，令其左侧胸部紧紧贴靠于我右侧后背，导致其身体重心向右侧倾斜。

技术要领

　　体落技术的本质就是利用双手的拉扯动作来充分调动对方，使其身体失衡，并以此创造进攻机会，从而让对方的身体快速地从自己体侧旋转跌落在身前。这种技术成功的关键在于掌握好时机，当使用双臂牵引对方上肢、右脚上步时，对方的身体重心会相应地移动，这个时候是实施动作的最佳时机，背步、转体会使其顿失平衡。但是，如果你的右脚没有准确及时地落步于对方右脚外侧，则无法实现拉摔动作。

　　双手控制住对方手臂和胸襟，开始时先向左、向上牵拉，然后在转体后配合下肢别绊动作突然向下、向左后方拉扯。拉扯要牢固、有力、干脆，周身动作配合协调，一气呵成。

　　右脚上步时，要平稳踏实，且要尽量落脚于对方右脚外侧，与之形成脚踝交叉之状，在牵绊对方下盘的同时，以便给对方留出前滚转体摔出的空间。左脚向后背步时，要使自己身体右侧腰胯贴近对方腹部；身体背对对方时，右侧后背要尽量贴近对方左侧胸部，右侧胯部抵靠住对方腹部。

桑搏 **俄罗斯实战徒手格斗术**

3 过肩摔

过肩摔在柔道中被称为背负投，顾名思义，就是将对方的身体背负在自己后背上，使其腹部贴在自己的后腰上，然后利用肩膀的扛力，以肩背部和臀部形成支点，令其身躯由我肩膀侧上方翻滚摔下的方法。

这种摔技不仅在桑搏、柔道技术中非常重要，在其他一些现代和古典摔跤运动体系中也是极为常见的一种投摔手段。该技术在对方主动进攻时使用非常有效，是一名摔跤手必须掌握的基本投摔技法。

过肩摔与上一节讲解的体落在技术特点上有相似之处，但这种技术更适于应对比自己高大的敌人。这种投摔技巧即便是面对体型上有优势的对手也能使出，比起硬生生摔出对手省力不少，因此，它也成为各国军警在进行格斗训练时强调必须掌握的一种实用擒敌招式。

❶ 双方以正自然站姿对峙，伺机而动，我用右手抢抓对方左胸襟，左手抓住对方右臂或者中袖外侧。

❷ 发动攻击之前，我身体微左转，左脚后退一步，左臂屈肘向左上方抬起，左手内旋牵拉对方右臂。右手配合左手用力向同一方向拉扯对方胸襟，迫使对方身体向右前方移动，以破坏其身体平衡。

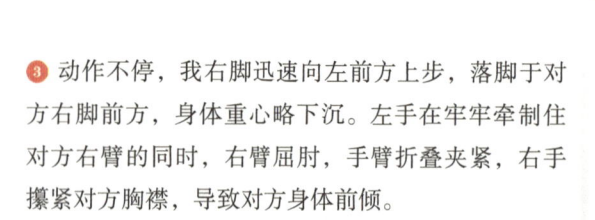

❸ 动作不停，我右脚迅速向左前方上步，落脚于对方右脚前方，身体重心略下沉。左手在牢牢牵制住对方右臂的同时，右臂屈肘，手臂折叠夹紧，右手攥紧对方胸襟，导致对方身体前倾。

第一章　闪电投摔技术

❹ 紧接着，我身体向左后方转动，左脚顺势向后背步，落脚于对方左脚前方，以前脚掌着地，使右侧腰胯正抵在对方右大腿上方。左手用力向左侧拉扯对方右臂，右手在攥紧对方胸襟的同时，右肘尖向上抬起，以前臂支撑对方右侧腋窝。

❻❼ 动作不停，我双脚猛然蹬地发力，利用双腿的弹力挺直膝盖。上体俯身前倾，腰身向左拧转，臀部用力向后上方支顶对手裆腹部。双手配合下肢与腰身动作用力向左下方牵拉对方右臂和胸襟，瞬间将对方由我右肩侧上方摔至体前。

❺ 旋即，以左脚前脚掌和右脚脚跟为轴，向左后方转动身体，直至后腰贴近对方胸腹部。身体重心下沉，上体略前躬，双腿屈膝下蹲，令臀部钻进对方裆内。同时，双手用力向左下方牵拉对方右臂和胸襟，令其胸部紧紧贴靠于我右侧后背，且身体重心向右侧倾斜。

技术要领

左手向左上方牵拉对方右臂，牵动对方身体重心移动的瞬间，身体要迅速左后转。左脚背步时，右臂须迅速屈肘穿插至对方右腋下，使对方的胸腹部紧贴自己的后背，上下肢动作要配合协调，脚步要灵活敏捷。以腰部为轴转体后，要迅速蹲身，将臀部钻入对方裆胯之内，要有背起对方的意识，才能真正达到背摔对方的目的。

在俯身摔出对方时，弯腰的同时臀部一定要向上撅顶，主要是利用双腿的蹬力将对方掀翻过去，而不是单单用腰部的力量。

另外，要强调一点，在转身投摔的过程中一定要用左手控制住对方的右臂，始终将其扛在自己肩膀上，防止其用这条手臂勒扼你的脖颈。

| 桑搏 | 俄罗斯实战徒手格斗术 |

4　大腰

　　大腰技术是用一只手牵引对方的一条手臂，在破坏对方身体平衡的前提下，用另一只手控制住对方的腰部，将其背在自己腰背之上，然后以腰部为支点将其摔向体前的投摔技法。最后摔出的动作主要是靠腰部的转动来完成的，整个动作看上去就像把一棵大树连根拔起再放倒一样。

❶ 双方以正自然站姿对峙，我率先用右手抢抓对方左胸襟，左手抓住对方右臂或者中袖外侧。

❷ 发动攻击之前，我身体微左转，左臂先屈肘向左上方抬起，左手内旋牵拉对方右臂，右手配合左手用力向同一方向拉扯对方胸襟，迫使其身体重心向右前上方移动。

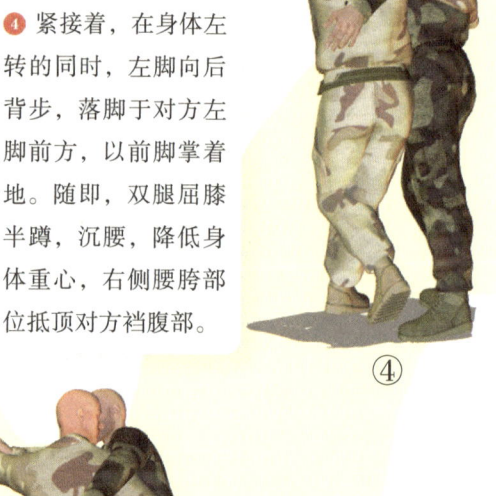

❸ 随即，我右脚快速上步，落脚于对方右脚前方，填腰进胯。同时，右臂自对方左侧腋下插入，屈肘搂抱住其腰背部。

❹ 紧接着，在身体左转的同时，左脚向后背步，落脚于对方左脚前方，以前脚掌着地。随即，双腿屈膝半蹲，沉腰，降低身体重心，右侧腰胯部位抵顶对方裆腹部。

第一章　闪电投摔技术

❺ 动作不停,我身体继续向左转动,令后背朝向对方。双腿半蹲,后腰及臀部贴近对方小腹部。上肢配合沿逆时针方向用力牵引对方上体,迫使其身体重心向右前方倾斜,不得不踮起脚尖来维持身体平衡。

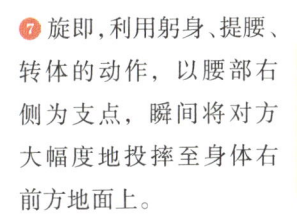

❼ 旋即,利用躬身、提腰、转体的动作,以腰部右侧为支点,瞬间将对方大幅度地投摔至身体右前方地面上。

❻ 左手牵拉对方右臂用力向自己左腰侧拉扯,右臂配合左手一并向同一运动方向发力搂挂、揽抱。同时,双脚蹬地,双腿挺膝,臀部支顶对方小腹,上体前躬,周身协调发力将对方身躯提离地面,将其背在自己腰背之上。

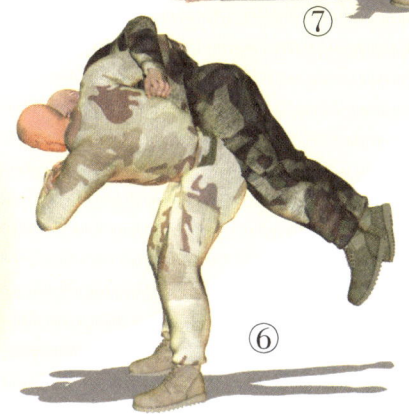

技术要领

　　破坏对方身体平衡的一刹那,即迅速上步、进胯,动作要快,抓住战机。转体时,双膝弯曲,采取半蹲姿态,后腰与臀部要贴紧对方的小腹部,左手要拉紧对方右臂,右臂要搂紧对方的腰背部。

　　躬身、提腰、挺膝,充分利用双腿蹬直的弹力将对方背在腰上以后,要以腰部为支点将对方投摔出去,动作连贯,一气呵成。同时注意,两脚的间距不宜过宽,否则很难以腰部为支点将对方背起,也就无法将对方从自己的腰部投摔出去。

　　特别强调的是,整个动作过程中,自始至终,你的右手都不能放松针对对方腰部的控制,直到你将对方背负在腰上并摔倒为止。如果你的右臂控制松懈,对方会本能地向后弯曲身体,你的腰背就无法抵住对方的腹部,也就无法充分发挥腰部向上的弹顶之力。

桑搏 俄罗斯实战徒手格斗术

5 腰车

腰车技术是用一只手牵引对方的一条手臂，在破坏其身体平衡的同时，另一条手臂控制住对方的脖颈，然后横腰进身，迫使对方将身体贴靠在自己腰上，旋即再配合双手及身体旋转的力量将对方摔至体前的技法。这种摔法看上去像磨坊的水车在转动，故而得名。

腰车在当前也是深受格斗爱好者们青睐的一种快速投摔技术，这与其技术特点和优势密切相关。它的技术特点具体说来就是力量大、速度快、隐蔽性强、易掌握。

❶ 双方交手，互相撕扯，我用右手抢抓住对方左臂或者中袖外侧，左臂屈肘揽住对方脖颈，左手抓住其后衣领或者左侧肩头。

❷ 发动攻击时，我左脚快速向前上步，填腰进胯，上体逼近对方。右臂屈肘向右上方抬起，右手内旋牵拉对方左臂，迫使对方身体向左前方倾斜。

❸ 随即，我身体向右转动，右脚向后背步，落脚于对方右脚前方，以前脚掌着地。双腿屈膝半蹲，沉腰，降低身体重心，左侧腰胯部抵顶对方裆腹部。

第一章　闪电投摔技术

❹ 动作不停，我身体继续向右转动，令后背朝向对方，双腿半蹲，臀部贴近对方小腹部。右手牵拉对方左臂使劲向自己右腰侧拉扯，左臂夹紧对方脖颈配合右手运动方向一并发力，迫使对方身体重心向左前方倾斜。

❻❼ 旋即，利用躬身、提腰、转体的动作，以腰部左侧为支点，瞬间将对方大幅度地投摔至身体左前方地面上。

❺ 继而，双脚蹬地，双腿挺膝，臀部支顶对方小腹，上体前躬，周身协调发力将对方身躯提离地面，将其背在自己腰背之上。

技术要领

　　注意脚步的移动要灵活稳定，进步转身之后，后腰与臀部务必要贴紧对方的腹部。左臂搂紧对方脖颈，破坏其身体平衡的同时，防止其向后仰身挣脱控制。随后，双腿先弯曲，目的是让后腰卡位到对方的小腹上。一旦卡位准确，双腿立即挺膝顶起对方的身躯，瞬间躬身转体实施投摔。要想在实战中将这一系列动作完成得行云流水，日常训练当中就要下大力气反复练习。就这个技术而言，一名严厉的桑搏教练甚至会让你把它反复练习几千遍。

　　其实腰车与大腰在技术要领上基本相同，只是左臂一定要牢牢控制住对方的脖颈，投摔时身体要略向右转，将对方的躯体摔向我身体左前方，这样才能保证自己身体的平衡稳定。

桑搏 俄罗斯实战徒手格斗术

6 扫腰

　　扫腰技术是在控制对方上身并破坏其身体平衡的前提下，插步进胯，然后以一条腿支撑身体重心，用另一条腿向后上方撩扫对方支撑身体重心的腿，以腰部为支点摔倒对方的技法。这种摔法充分利用了动力臂大于阻力臂的原理，将上肢牵拉与下肢撩扫两股反向力量同时释放，攻击速度快，成功率高。而且此技术隐蔽性比较强，实战中往往可以出其不意而制胜，并且收到"四两拨千斤"的效果。

　　扫腰，也有人称为拂腰，或者叫掉腰，只是翻译名称不同。

❶ 双方以正自然站姿对峙，我率先用左手抓住对方右臂或者中袖外侧，右手抓住对方后衣领。

❹ 身体左转动作不停，填腰进胯，上体逼近对方，左脚顺势向后背步，落脚于对方左脚前方，以脚掌着地。双腿屈膝半蹲，沉腰，降低身体重心，右侧腰胯部位正对对方裆腹部。

❸ 动作不停，我身体继续向左转动，双腿半蹲，右后腰与臀部贴近对方小腹部。左手牵拉对方右臂，使劲向自己左腰侧拉扯，右臂夹紧对方脖颈配合左手运动方向一并发力，迫使对方身体重心向右前方倾斜、浮起。

❷ 发动攻击时，我右脚向前上步，落脚于对方两脚间。身体微左转，左臂屈肘向左上方抬起，左手内旋牵拉对方右臂，右手配合左手用力向同一方向拉扯对方后领，迫使其身体重心向右前上方移动。

第一章　闪电投摔技术

❻❼ 旋即，我右腿直腿朝右后方横向撩扫对方右小腿外侧。上体配合向左前方躬身旋转，以右侧腰胯部和大腿部为支点，瞬间将对方大幅度地投摔至身体右前方地面上。

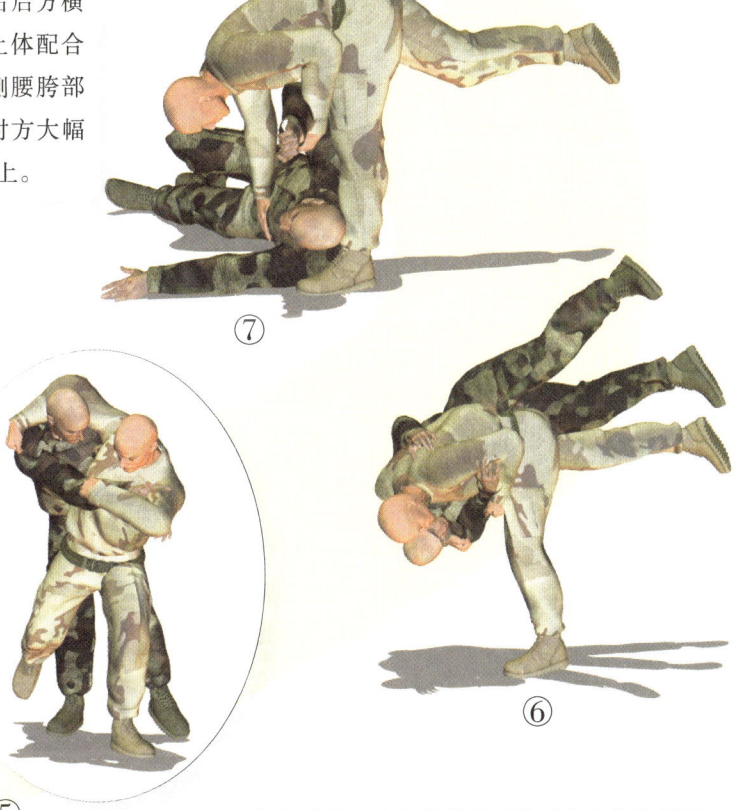

❺ 紧接着，在上肢牢牢牵拉对方上体的基础上，右腿伸出，朝对方右腿外侧摆动，大腿后部贴紧其右大腿前部。同时，身体重心移至左腿，形成左腿独立支撑身体的状态。

技术要领

　　右脚上步时，幅度不宜过大。转身进胯时，腰臀部不要插入过深，贴住对方腹部即可，否则不利于右腿的起动。腰的作用是在对方身体重心向右偏移时将其浮起，然后利用右腿撩扫对方的右腿，彻底破坏其重心的稳定。

　　左手在一开始时是向左侧或者左上方拉扯，在转体填腰时则要向左下方用力，利用拉扯的力量尽量使对方的身躯倒贴在自己腰上，自己腰部及身体右侧与对方上体合严（紧贴在一起）。右腿向右后方撩挑时，左腿膝盖不要过于挺直，应略微弯曲，以保持自身重心的稳定。

　　另外，扫腰技术需要施技者拥有力量、柔韧性、平衡能力，这些都需要在日常训练中重视基本功的强化训练。

27

7 内股

内股技术也叫内腿，是在通过上肢动作破坏对方身体平衡的前提下，插步进胯，然后以一条腿支撑身体重心，另一条腿穿插至对方两腿间，用大腿后侧猛烈推动对方大腿内侧，向后弹挑撩举对方下肢，使其彻底丧失控制身体平衡的能力，然后利用转体的力量，以腰臀部为支点摔倒对方的技法。

内股投摔一般在足部空间较大的情况下使用，技术动作相对复杂，防范起来也比较困难。与扫腰技术类似，区别在于用于撩扫的腿攻击的位置不同，扫腰是撩扫对方支撑腿外侧，内股则是在对方双腿内侧实施动作。

❶ 双方以正自然站姿对峙，我率先用左手抓住对方右臂或者中袖外侧，右手抓住其后衣领。

❷ 发动攻击时，我右脚向前上步，落脚于对方两脚间。身体微左转，左臂屈肘向左上方抬起，左手内旋牵拉对方右臂，右手配合左手用力向同一方向拉扯对方后领，迫使其身体重心向右前上方移动。

❸ 随即，我身体继续左转，填腰进胯，上体逼近对方。左脚顺势向后背步，落脚于对方左脚前方，以前脚掌着地。双腿屈膝半蹲，沉腰，降低身体重心，右侧腰胯部位正对对方裆腹部。

❹ 身体左转动作不停，双腿半蹲，右后腰与臀部贴近对方小腹部。左手使劲向自己左腰侧拉扯对方右臂，右臂夹紧对方脖颈配合左手运动方向一并发力，迫使其身体重心向右前方倾斜、浮起。

第一章　闪电投摔技术

❻❼ 旋即，我左腿蹬地，以右腿后部或者膝窝位置向对方左腿内侧弹挑撩举。同时，上体向左侧前方躬身旋转，以右侧腰胯和大腿为轴，瞬间将对方大幅度地投摔至身体右前方地面上。

❺ 紧接着，在上肢牢牢牵拉对方上体的基础上，右腿向后伸展，摆动至对方两腿之间，令对方骑在我右侧腰胯之上。同时，身体重心移至左腿，形成左腿独立支撑身体的状态。

技术要领

在左手牵拉对方右臂上步、背步时，要使自己右胸部与对方上体贴紧，右侧腰胯抵顶住对方腹部。要利用右臀部使对方两腿尽量分开，让对方整个身体骑在你的腰上。以臀部形成一个支点，右腿撩举动作不过是加大杠杆作用。

右腿向后撩举时，要充分利用弹起的力量，使对方双脚脱离地面。右腿发动攻击时，正确的着力点应该是对方左腿大腿内侧。支撑腿膝盖不要过于挺直，应略微弯曲，略降低重心，以保持自身的平衡。

注意，在实战中向后撩起的右腿可能会给对方的生殖器官（睾丸）造成一定的创伤，这点在日常练习时要特别注意。

桑搏　俄罗斯实战徒手格斗术

8　内刈摔

内刈摔属于投摔技法中典型的足技，也叫内割摔，或者叫里勾腿。柔道中称作大内刈或大内割。刈者，如用镰刀割草一般。

这种技术是在双方正面发生冲突时，将一条腿突入对方两腿之间，然后由内向外屈膝，以小腿缠挂对方的一条腿，或者向后划打、撩扫，以彻底破坏其身体重心的平稳，从而使其仰面摔倒。

此技术动作既简单又有效，尤其是身体矮小的人在对付高大的对手时更适合使用，攻击效果极佳。

❶ 双方以正自然站姿对峙，我率先用左手抓住对方右臂或者中袖外侧，右手抢抓对方右侧胸襟。

①

❷ 发动攻击时，我左脚向前上步，落脚于对方两脚间。左臂屈肘向左上方抬起，左手内旋牵拉对方右臂，右手配合左手用力向对方右上方提拉、推搡对方胸襟，迫使其身体重心落在两脚脚后跟上。

②

❸ 随即，腰胯向右拧转，双臂用力拉扯对方上体，令自己上体逼近、冲撞对方上体，使彼此胸部贴紧。右脚顺势向后背步，落脚于对方右脚前方，以前脚掌着地，双腿屈膝半蹲，沉腰，降低身体重心，左侧腰胯部正对对方裆腹部。

③

| 第一章 | 闪电投摔技术 |

❻❼ 在左腿划拨对方下盘的一刹那，腰胯猛然向左转动，身体重心前冲，双臂用力向前推送对方上体，瞬间令其身体失衡，仰面摔倒于我身前。

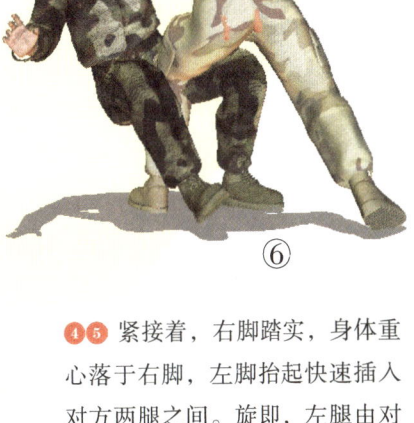

❹❺ 紧接着，右脚踏实，身体重心落于右脚，左脚抬起快速插入对方两腿之间。旋即，左腿由对方两腿间向左后方划拨对方的左腿，划拨的同时屈膝回收自己的小腿，将对方的左腿叠加或者勾挂在自己大小腿之间。

技术要领

这种技法成功的一个前提是将对方的身体重心调整到其双脚脚后跟上，所以上肢的拉扯与冲撞是非常必要的，如果上体不能贴紧对方的身躯，容易被其反攻。所以，双手抓把要迅速准确，脚步跟进要灵活敏捷，动作连贯协调，看起来像是在跑动中进行攻击。

左脚向前穿插突入对方裆内时，身体要以侧位和对方形成直角，左脚不要插入过深，先以脚跟进入，当屈膝向后划拨、勾挂对方左腿时，应以脚尖轻轻划过地面。同时，左脚在整个滑动和拨打过程中，不宜起腿过高，应该是向左后下方沿弧形路线拨打，而非朝左后上方发力，腰部必须配合降低，这样才能正确运用腰胯拧转动作来增加左腿划拨的力度。

| 桑搏 | 俄罗斯实战徒手格斗术 |

9 外刈摔

外刈摔也叫大外刈、大外割，或者叫切别。

大外刈是在迫使对方身体重心向一侧后方倾斜时，由其身后用一条腿向斜后方切别抽打对方那条承重腿，彻底破坏对方身体平衡，同时我上肢反向发力，利用自己的体重在瞬间形成合力，导致对手仰面后摔跌倒的技法。

实战中，大外刈根据手法及抓把位置的不同，可以演变出袖口大外刈、插臂大外刈、圈臂大外刈、反圈臂大外刈、偏门大外刈等多种变化形式。由于本书篇幅所限，仅介绍外刈摔最基本的用法。

❶ 双方以正自然站姿对峙，我率先用左手抓住对方右臂或者中袖外侧，右手抢抓对方右侧胸襟。

❷ 发动攻击时，我左脚向对方右脚外侧上步。同时，左臂屈肘向左侧上方抬起，左手内旋牵拉对方右臂，右手配合左手用力向同一方向推搡对方胸部，迫使其身体重心向右侧移动。

❸ 随即，我身体重心向左前方移动，以左腿独立支撑身体，右腿顺势经自己左腿与对方右腿间空隙向前摆动抬起。同时，双臂收拢、拉紧，使自己的上体前冲，贴紧对方上体，令其身体向右后方倾斜。

第一章　闪电投摔技术

❹❺❻ 动作不停，我左脚蹬地，双腿挺膝，右腿再猛然向后划弧回荡，刈挂、切别对方后腿，上体前躬，同时左手向自己左腰侧拉扯对方右臂，右手推搡其胸部，双手犹如逆时针扳转方向盘，迫使对方身体失衡而仰面跌倒。

技术要领

左手的拉扯与右手的推搡及左脚的上步动作要同时进行，协调一致，全力将对方的身体重心挤到其右腿之上，这是发动攻击的准备条件，务必做到。左脚上步要落脚于对方右脚外侧，但不要离得太远，身体右侧尽量与对方身体右侧贴紧，如果上体贴靠不紧，容易遭到对方的反击。

右腿向后刈挂时，仿佛钟摆向后回荡一般，要以右脚尖贴着地面向后快速运动，不要抬得过高，否则打击力度不够。同时，左脚配合蹬地，利用挺膝的弹力辅助发力。左腿膝盖挺直，但不要僵直，而要略微弯曲，以保持自己身体的平衡。同时左脚脚尖一定要内扣，以防弯腰躬身时重心不稳。

总体来说，右腿在向前摆动时，要提胯提臀，划弧线前行，且要求臀髋放松，向后摆荡时则要发力刚猛，干脆果断，肌肉瞬间紧张，只有这样才能产生足够的爆发力。这就是我们常说的"软起硬落"。

33

桑搏 俄罗斯实战徒手格斗术

10 巴投

巴投是典型的抛摔技法，属于舍身技，在实战中也是非常实用的技术，不仅在摔跤类的比赛中常常能够见到，在近年来世界上非常流行的各种综合格斗比赛中，也往往成为众多选手的得意技，尤其是对那些小个子的选手，更可说是制胜法宝。

这种技法在实施时，主要是利用自身重心向后倾倒的主动仰躺倒地手段，迫使对方失去平衡而前扑，并用一只脚蹬抵对方腹部，将其蹬举起来，然后借助向后滚动的惯性将对手躯体经自己头顶上方掀抛而出。其实这就是我们中国武术中俗称的"兔子蹬鹰"。

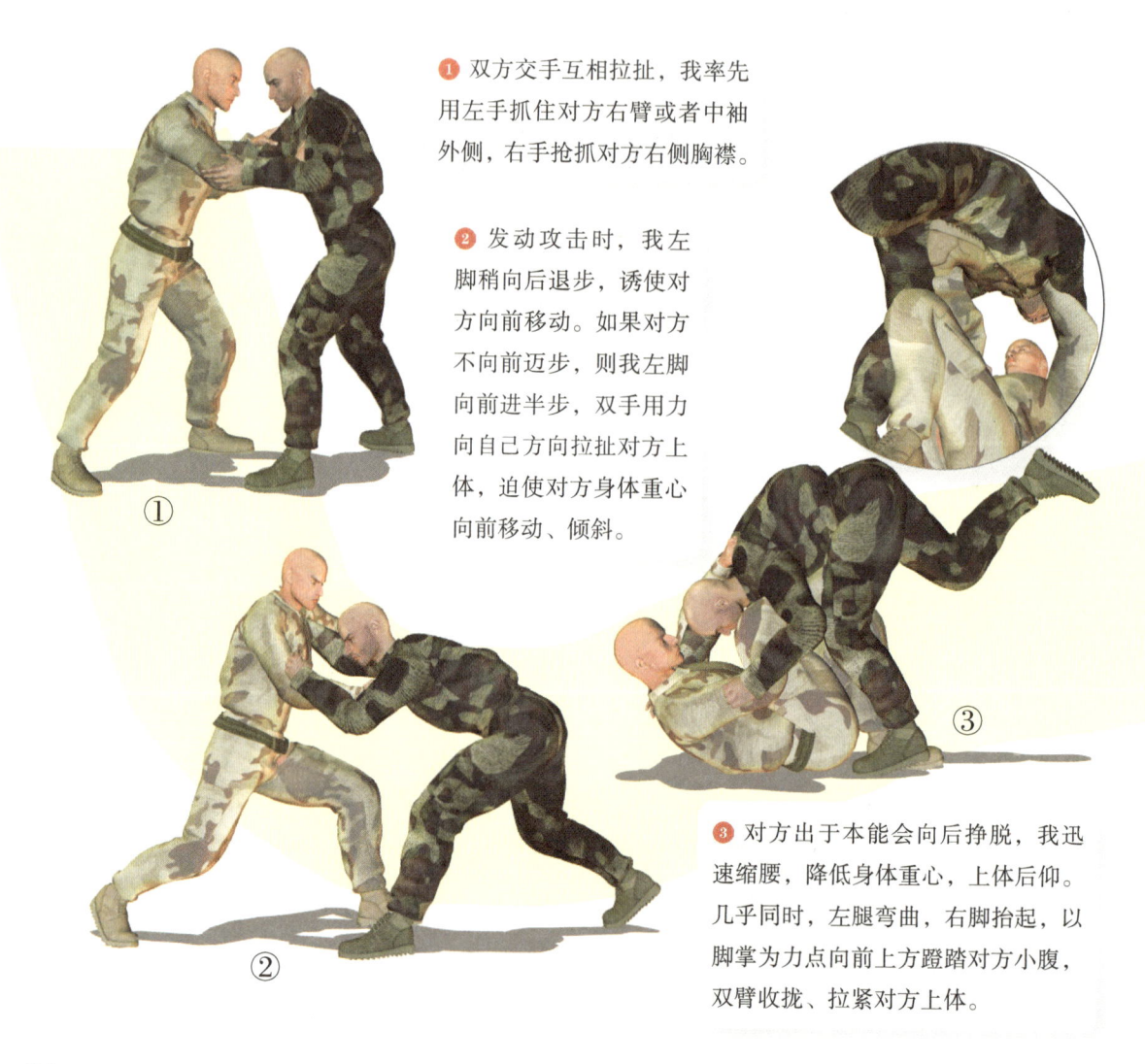

❶ 双方交手互相拉扯，我率先用左手抓住对方右臂或者中袖外侧，右手抢抓对方右侧胸襟。

❷ 发动攻击时，我左脚稍向后退步，诱使对方向前移动。如果对方不向前迈步，则我左脚向前进半步，双手用力向自己方向拉扯对方上体，迫使对方身体重心向前移动、倾斜。

❸ 对方出于本能会向后挣脱，我迅速缩腰，降低身体重心，上体后仰。几乎同时，左腿弯曲，右脚抬起，以脚掌为力点向前上方蹬踏对方小腹，双臂收拢、拉紧对方上体。

第一章　闪电投摔技术

⑥⑦ 成功将对方抛摔过去之后，我可以随之向后团身翻滚，顺势骑乘在对方身躯之上，立即跟进实施进一步的控制，掌握主动权。

④⑤ 动作不停，双手用力向自己方向拉扯对方上体的同时，借助身体后倒之势，我右脚猛然用力蹬出，瞬间将对方由我头部上方掀翻过去。

技术要领

首先，拉扯对方上身，会迫使其本能地将左脚向前滑进一步，借此来维持身体平衡，事实上这是对他的一种诱导。诱导对方沿直线前进是非常重要的，这是抛摔成功的前提。

在降低身体重心向后倒地时，要以臀、腰、背部依次向后滚动着地，注意不要造成自我损伤。臀部应贴近自己左脚脚后跟处着地。

当左脚上步后，要立即将身体重心移至左脚上，这样会使后倒与蹬腿动作顺畅连贯。同时，双手拉紧，避免对方逃脱。右脚蹬踏的部位应该准确，正确的着力点应为对手的腹部，而不是胸部或者裆部。右脚发力推蹬时，要保证自己的身体与对方的身体在一条直线上。

11 隅返

隅返也可以称作隅翻。

隅返技术是在双方采用正防守站姿对峙时，我先迫使对方身体向正前方前倾，然后利用自己身体向后倒地的动作，以一只脚的脚背抵住对方一条腿大腿内侧，以脚背和小腿胫骨为力点举起对方身体，用力向后上方撩掀，并配合双手的拉扯动作，将对方由头上掀翻过去的摔法。

隅返整个动作看上去有点像巴投，都是利用自己舍身倒地的方式来将对方抛摔到头部上方的地面上，区别在于出腿攻击的方式不同。巴投是用脚底向上推蹬，发力点是脚底；而隅返发力是脚背和胫骨位置，出击方式是沿弧线运行的撩掀，释放的是一种弹力。

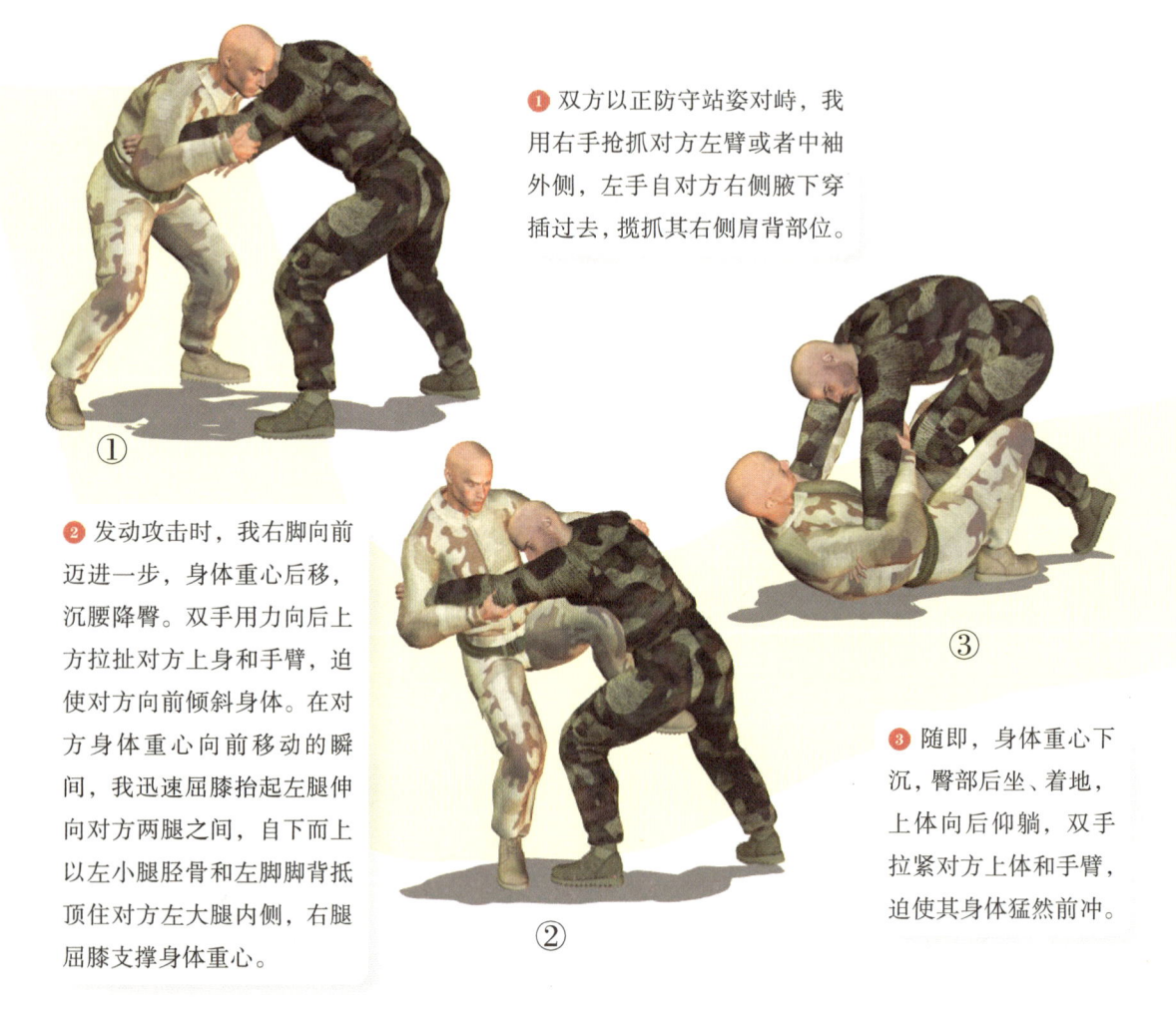

❶ 双方以正防守站姿对峙，我用右手抢抓对方左臂或者中袖外侧，左手自对方右侧腋下穿插过去，揽抓其右侧肩背部位。

❷ 发动攻击时，我右脚向前迈进一步，身体重心后移，沉腰降臀。双手用力向后上方拉扯对方上身和手臂，迫使对方向前倾斜身体。在对方身体重心向前移动的瞬间，我迅速屈膝抬起左腿伸向对方两腿之间，自下而上以左小腿胫骨和左脚脚背抵顶住对方左大腿内侧，右腿屈膝支撑身体重心。

❸ 随即，身体重心下沉，臀部后坐、着地，上体向后仰躺，双手拉紧对方上体和手臂，迫使其身体猛然前冲。

第一章　闪电投摔技术

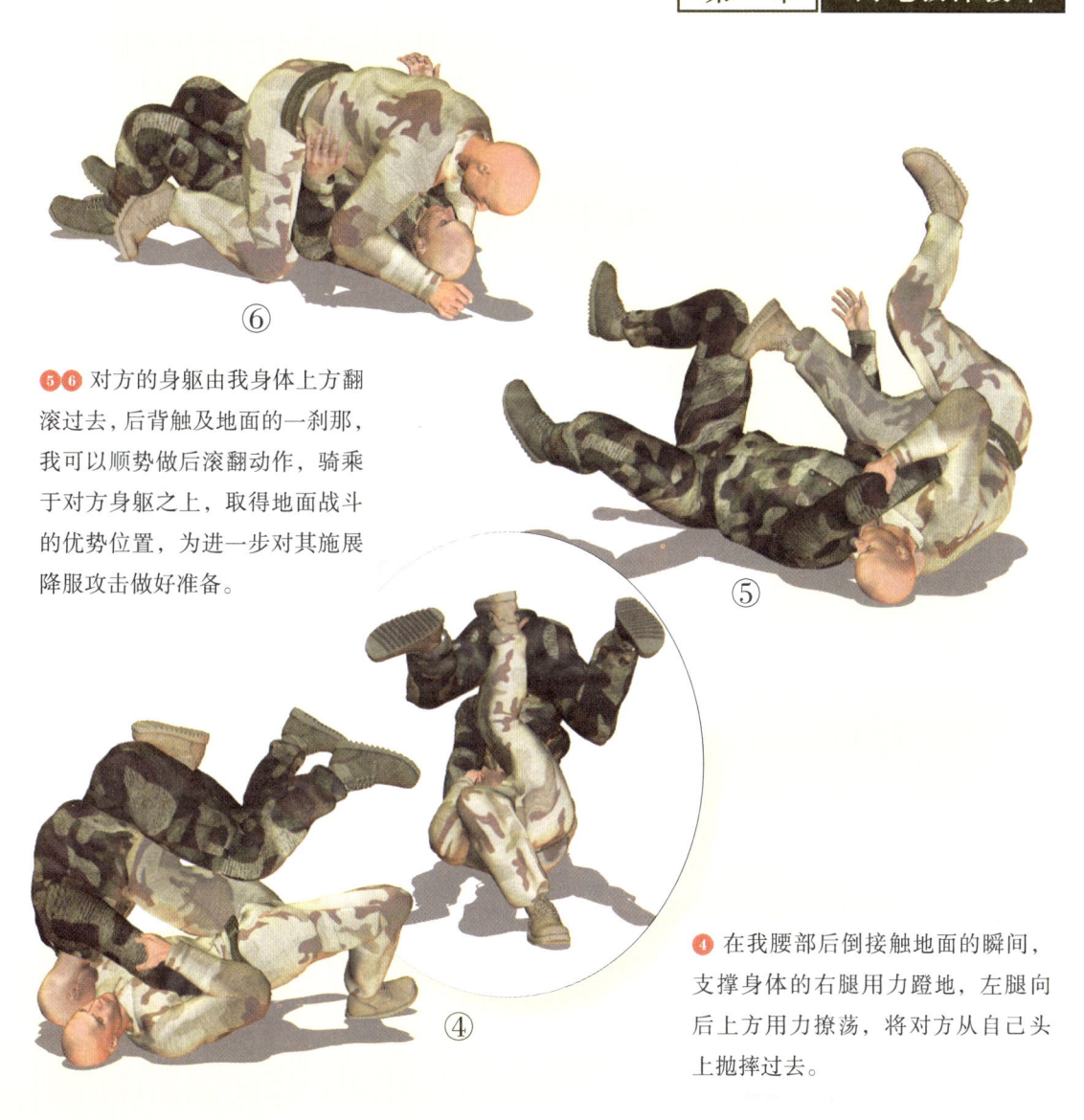

❺❻ 对方的身躯由我身体上方翻滚过去，后背触及地面的一刹那，我可以顺势做后滚翻动作，骑乘于对方身躯之上，取得地面战斗的优势位置，为进一步对其施展降服攻击做好准备。

❹ 在我腰部后倒接触地面的瞬间，支撑身体的右腿用力蹬地，左腿向后上方用力撩荡，将对方从自己头上抛摔过去。

技术要领

采用防守站姿对峙时，身体重心不宜放得过低，否则不容易施展此技。我方必须主动攻击，双手要有意识地用力向后上方拉扯对方手臂和上体，上下肢配合协调，这样才更有利于技术的顺利实施。

另外，要注意左腿出击勾挂的位置要掌握好，如果是在街头实战当中面对歹徒，可以直接以小腿胫骨、脚踝、脚背为力点去勾挂对方的裆部，抛摔的同时还会对其要害造成重创，无疑会起到制服敌人的奇效。但是，在比赛或日常训练当中，左腿勾挂的这个点一定要准确地定位在对方左大腿内侧这个位置上，避免给对方造成不必要的伤害。

12 带躯返

带躯返可称作带躯翻，也有人译作带取返。

带躯返与隅返技术动作基本相同，区别主要在于双手的把位略有差异，即在投摔之前抢先用一只手由对方后背抓住其后腰腰带，用力拉扯，然后利用后滚翻将其掀翻过去。带躯返也可以说是隅返的一种变通应用方法。

① 双方以正自然站姿对峙，我率先用左手抓住对方右臂或者中袖外侧，右手抓住其胸襟。

④ 继而，身体重心后移，沉腰降臀，右臂屈肘用力向下压制对方后背，迫使对方向前倾斜身体。在其身体重心向前移动的瞬间，我迅速屈膝抬起右腿伸向对方两腿之间，自下而上以右小腿胫骨抵顶住对方左大腿根部内侧，左腿屈膝支撑身体重心。

② 发动攻击时，我右脚突然向后撤步，双手用力向后下方拉扯对方上体与手臂，迫使对方身体前俯，令其重心向前下方移动。

③ 随即，趁对方上体前俯之机，我右手松开其胸襟，迅速伸展手臂向前探抓对方后腰腰带，左手内旋向上拉扯对方右臂。

第一章　闪电投摔技术

❽ 对方的身躯由我身体上方被掀翻过去，后背触及地面的一刹那，我迅速做后滚翻动作，骑乘于对方身躯之上，取得地面战斗的优势位置。

❻❼ 在我方腰部后倒接触地面的一刹那，支撑身体的左腿用力蹬地，右腿向后上方用力撩荡，配合上肢动作，瞬间将对方从自己头上抛摔过去。

❺ 动作不停，我身体重心下沉，臀部后坐、着地，上体向后仰躺。左手揽紧对方右臂，右手使劲向后拉扯其后腰腰带，迫使其身体失衡，猛然前冲。

技术要领

　　右臂抓住对方后腰腰带后，要立即屈肘回拉，并以肘尖用力向下抵压对方后背。这是必须强调的动作，这样做的目的是让对方的头部尽量低于其骨盆，迫使其身体重心前倾。

　　在降低身体重心向后倒地时，臀、腰、背部要依次向后滚动着地，注意不要造成自我损伤。

39

13 外卷摔

外卷摔也叫外腰卷，在柔道中称为外卷入，也是一种典型的舍身技。

这种技术是将对方的一条手臂压夹在自己一条手臂之下，转身背向对方，身体向下弯，腰部向后突出，使对方靠在我的背上，并以一条腿别住对方承重腿，然后利用腰背向外转卷的力量，顺势将对方由我身上滚落在地的方法。

相对于外卷摔技术，在柔道运动中还有一种技术叫内卷摔（内卷入），有些类似于单手背负投，但是在桑搏中运用得比较少。

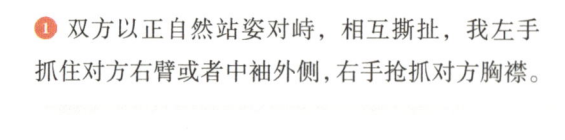

❶ 双方以正自然站姿对峙，相互撕扯，我左手抓住对方右臂或者中袖外侧，右手抢抓对方胸襟。

❷ 发动攻击时，我右脚向前上步，落脚于对方右脚前方，身体随之左转。左臂向左上方抬起，左手内旋向左侧拉扯对方右臂，右手配合左手动作朝同方向发力，迫使对方身体重心向右前方移动。

❸ 动作不停，我身体继续向左转动。左脚顺势向后背步，落脚于对方左脚前方，以前脚掌着地，使右侧腰胯正对对方腹部，右胸贴近对方右胸。左手用力向左侧拉扯对方右臂，同时右手松开对方胸襟，右臂随身体转动向对方右侧肩、头上方伸展，并屈肘以腋窝夹住对方右上臂。

❹ 身体左后转动作不停，右脚向右后方伸出至对方右腿外侧，以前脚掌着地，左腿屈膝踏实。左侧臀部抵住对方腰胯，使对方胸腹部贴靠在自己后背上。

第一章　闪电投摔技术

❺ 旋即，我左手猛然向自己左腰侧用力牵拉对方右臂，右臂下压，腋窝夹紧对方右臂随左手运动方向发力，以后背为支点抵顶对方的身躯，令其身体离地悬空。同时，降低身体重心，俯身向左翻滚，主动倒地。

❽ 随后，我可以将身躯向右侧翻转，左腿向左后方摆动，右腿向右前方摆动，双腿岔开。双臂锁抱住对方肩颈，形成袈裟固。

❻❼ 周身协调动作，在右脚别住对方右腿的前提下，利用身体在纵轴上的顺时针旋转，瞬间将对方由自己的腰背一侧卷翻至身体另一侧，令其仰面滚落于地。

技术要领

在身体重心降低准备实施侧向翻滚，身体即将触地之前，要用右手手掌外侧及手背位置接触地面来辅助翻滚，而非手掌掌心着地，否则容易导致手臂挫伤。

右臂伸展夹住对方右臂后，右侧身体一定要与对方身体右侧挨紧，中间尽量不要留有空隙，否则很容易遭到反击。

右腿一定要牢牢别住对方右腿，这点非常重要，这是成功实施卷摔的关键。卷动时，身体重心要向右下方沉落，动作突然、迅猛，要充分利用身体滚动的卷拧力量带动对方身躯一并翻滚。

注意，当对方很容易被摔时，自己就没必要同其一并倒地了，只需让其摔下去，除非要跟进到地面战斗阶段。当然在大多情况下，自己会和对方一起滚倒在地，这也是外卷摔被定义为舍身技的原因。

卷起并摔倒对方的力量强度取决于右腿切入对方身体的角度，当你踮着脚尖切入并将对方卷进自己身体的一刻是比较危险的，此刻对方可以利用身体的重量对你施加最大的压力，因此必须掌握切入角度，否则就会被对方从背后锁住脖颈。这点务必引起重视。

桑搏 | **俄罗斯实战徒手格斗术**

14　浮技

　　浮技也是一种舍身技。前文中我们多次提到舍身技，比如巴投、隅返、带躯返、外卷摔，它们都属于舍身技，同时也都是足技。这些技术有一个共同的特点，就是都要通过自己身体主动倒地来实现摔倒对方的目的，有些"舍身取义"的意思，所以就把它们统称为"舍身技"。

　　浮技是利用自己伸出的一条腿别绊住对方的下肢，然后身体主动侧倒，配合上肢的拉扯，破坏对方身体重心的平衡，利用身体倾斜的势头，瞬间将对方由自己身体上方悬浮划过，最终摔至体侧的方法。

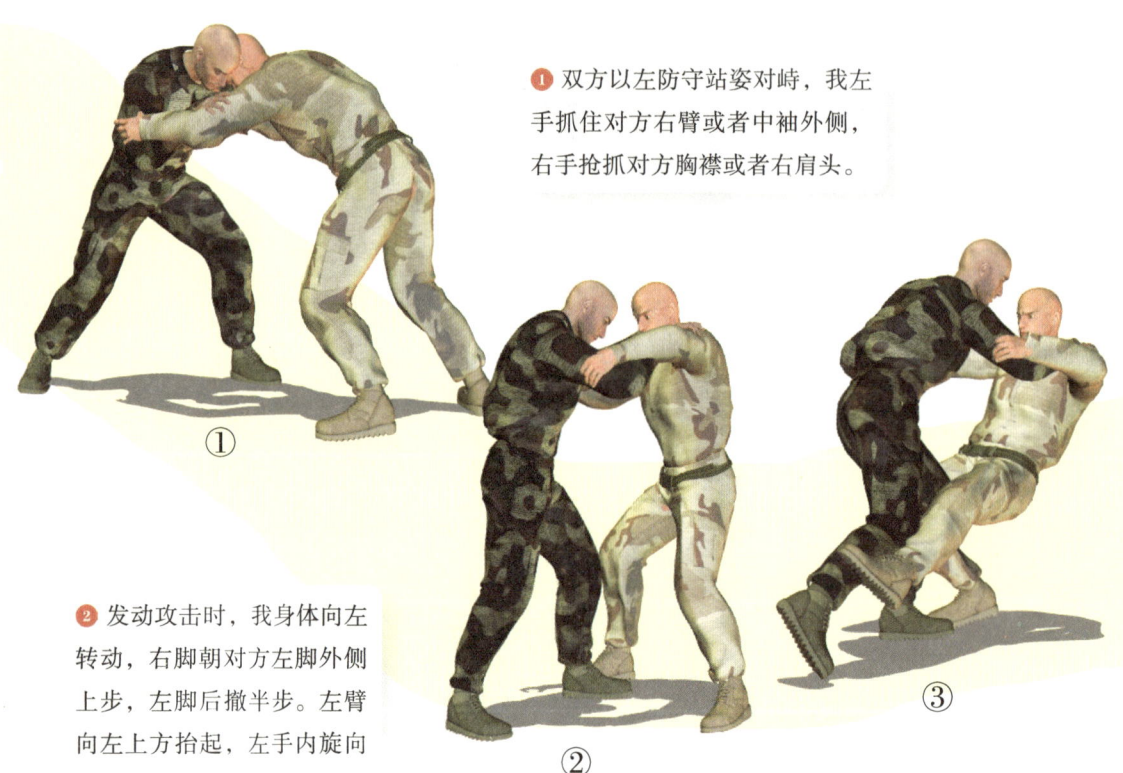

❶ 双方以左防守站姿对峙，我左手抓住对方右臂或者中袖外侧，右手抢抓对方胸襟或者右肩头。

❷ 发动攻击时，我身体向左转动，右脚朝对方左脚外侧上步，左脚后撤半步。左臂向左上方抬起，左手内旋向左侧拉扯对方右臂，右手配合左手动作朝同方向推搡其胸襟，迫使对方身体重心向右前方移动，诱其向前迈进右脚。

❸ 趁对方身体重心不稳向右倾斜，并准备向前迈进右脚维持平衡时，我突然向左前方伸出左脚，以左腿别住对方右腿外侧。同时，身体重心下沉，落到右脚上。我左手继续用力向左后方拉扯对方右臂，右手向上推搡，令其身体向右侧过度倾斜。

第一章　闪电投摔技术

❼ 进一步，我可以迅速扑上去，用胸膛牢牢压住对方的上身。同时，用双臂锁抱住其肩颈，对其实施侧向压制，为进一步展开关节降服奠定基础。

❺❻ 动作不停，左手拉，右手推，双手如扳转汽车方向盘一般，瞬间将对方掀翻至我身体左侧的地面上。

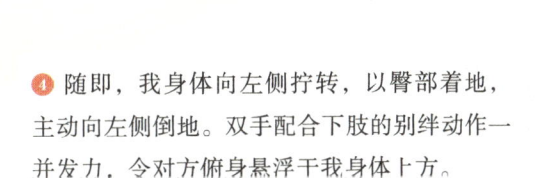

❹ 随即，我身体向左侧拧转，以臀部着地，主动向左侧倒地。双手配合下肢的别绊动作一并发力，令对方俯身悬浮于我身体上方。

技术要领

　　当你将身体重心集中到右脚上时，身体要稍稍向左后方倾斜，右腿保持弯曲，给右下腹部增加力量。同时，自然地伸出左腿。左腿出腿要快，并加强左手的拉动力度，上下肢动作要协调配合。一边转身，一边拉动对方上身，形成合力。

　　放低身体时，右脚靠近对方左大腿后侧。臀部着地时，上肢用力向左上方掀动对方上体，左腿要别绊住对方下肢不放，以彻底使对方的身体浮起来。

15　浮落

浮落也叫浮丢。这种技术是在双方对峙时，突然后撤前腿，降低身体重心，利用身体后退的动势和手臂拉动的力量使对方身体丧失平衡，而被掀翻抛出。

与浮技一样，浮落的进攻原理也是要将对方的身体先浮动起来，然后再将其摔倒在地。区别在于实施浮落时，自己不会随对方一同倒地，也就是说浮落不属于舍身技。

❶ 双方互相拉扯，以防守站姿对峙，我左手抓住对方右臂或者中袖外侧，右手由对方左侧腋下穿过，揽抓住其左侧腰背位置。

①

②

❷ 发动攻击之前，我先向后移动脚步，带动对方跟进，当对方右脚向前迈进且尚未落步踏稳之际，我左腿迅速向后撤步，屈膝下跪，以膝盖和前脚掌着地支撑身体。同时，双手用力向后拉扯对方上体，迫使对方将身体重心全部过渡到他的右腿上。

❸❹ 当对方身体向右前方倾倒时，我左手瞬间猛然发力向自己左腰一侧拉扯，右手配合推送，上体向左侧转动，双手如扳转方向盘一般，将对方的身躯浮起，自我身前向我左后方抛出。

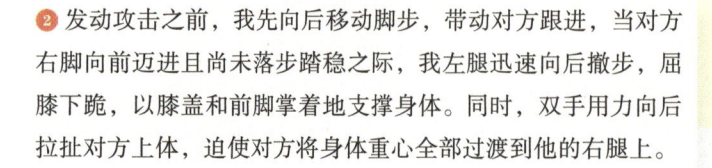

③

④

第一章　闪电投摔技术

变通应用

①②③④⑤⑥ 浮落技术在实战中也可以在站立状态下实施，同样能够达到摔倒对方的目的。只是要求攻击者在拉扯对方上身和手臂的时候，下肢脚步要配合幅度足够大的快速移动，利用身体的大幅度旋转迫使对方的身躯浮动起来，最终因身体重心失衡而跌倒在地。

技术要领

在浮落技术里，脚步移动后退要灵敏迅速，而且后退的时机与技巧是成功施展技法的关键。如果你动作要领正确，又能够把握住对方身体前倾的时机，那么双手不必太用力就能把对方抛摔出去。

当你左腿屈膝跪下时，注意要将左脚脚尖跷起，即用前脚掌着地，以保持身体的平衡稳定，切勿用脚背着地。跪下时，身体不要过度倾斜。

整体动作协调，发力顺畅，会使对方有一种自己的身体被牵动悬浮起来的感觉。

桑搏　俄罗斯实战徒手格斗术

16　掬投

掬投也叫戽斗摔，戽斗是一种灌田汲水用的旧式农具，戽斗摔顾名思义就是像倒置戽斗那样抱住对方双腿向上提掀，令其上下颠倒、重心失衡而跌倒的一种摔法。格斗爱好者喜欢把这种摔法叫"天狗摔"，通俗来讲就是，先把对方捞起来，再扔到地板上，给其来个"倒栽葱"。现在有些柔术比赛或柔道比赛已经禁止使用这种摔法了，但是桑搏选手都很喜欢用这招。一般在对方侧身发动攻击时使用，成功的概率最大。

① 双方对峙，展开打斗，对方率先发动攻击，突然拧身抬起右腿，以右脚蹬踹我胸腹部。我迅速向右转动身体，躲避对方右脚。同时，伸出右臂自下而上抄接对方右腿，化解其攻势。

② 随即，我左脚快速向前上步，身体随之向右转动，重心下沉，右臂屈肘顺势揽抱住对方右腿。左臂随身体转动经对方体前穿过，内旋向后搂抱住对方腰胯部位。

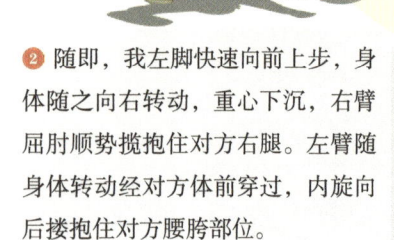

③ 动作不停，我双腿挺膝，身体重心猛然向上提起，双臂一并用力向上提抱，瞬间发力将对方双腿悬空提起。

④ 当我身体挺直，将对方的身躯提抱到一定高度后，再重重将对方向下掼摔在地面上。在此过程中，左臂配合右臂牢牢控制住对方右腿，将其揽抱至怀中，使其小腿紧贴在我右胸前。

第一章　闪电投摔技术

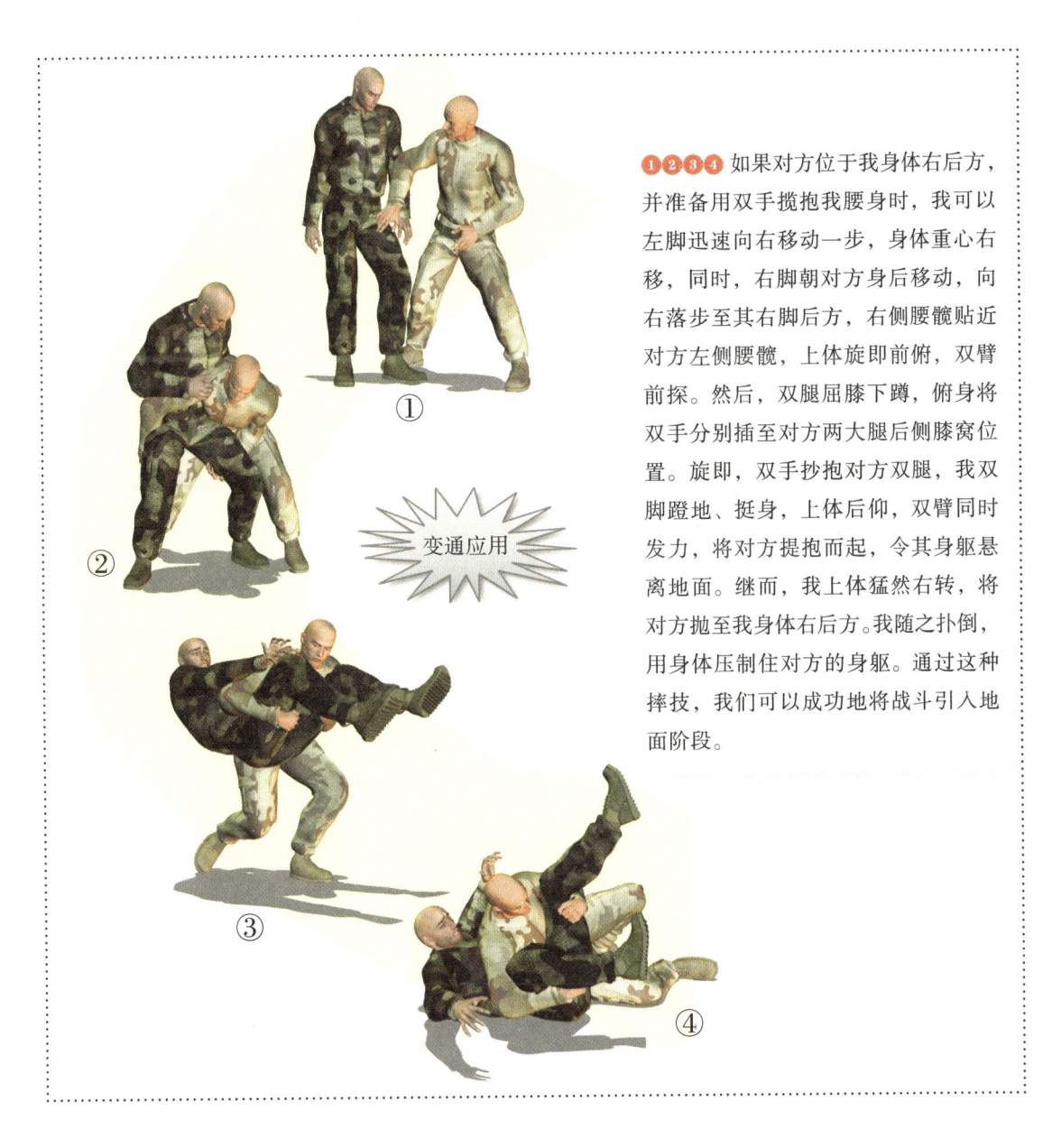

①②③④ 如果对方位于我身体右后方，并准备用双手揽抱我腰身时，我可以左脚迅速向右移动一步，身体重心右移，同时，右脚朝对方身后移动，向右落步至其右脚后方，右侧腰髋贴近对方左侧腰髋，上体旋即前俯，双臂前探。然后，双腿屈膝下蹲，俯身将双手分别插至对方两大腿后侧膝窝位置。旋即，双手抄抱对方双腿，我双脚蹬地、挺身，上体后仰，双臂同时发力，将对方提抱而起，令其身躯悬离地面。继而，我上体猛然右转，将对方抛至我身体右后方。我随之扑倒，用身体压制住对方的身躯。通过这种摔技，我们可以成功地将战斗引入地面阶段。

变通应用

技术要领

掬投这种摔技要求实施者具备足够大的力量，要有鲁智深倒拔垂杨柳的气势，出手时动作果断麻利，一气呵成。

将一条腿绕到对方身后，是掬投得以成功实施的前提。身体下蹲，一条手臂越过对方腰部将其提抱起来后，要立即转动身体，避免被对方将自己的身体向前推倒，或者被其控制住脖颈。

向上抄抱对方下肢时，就仿佛用铲子向前上方撮东西一样，瞬间铲起对方的腿弯。

17　出足扫

出足扫也叫送足扫，在极真空手道中被称作拂足扫。这种技术是通过用一只脚扫动对方迈出的脚，来破坏其身体平衡，最终达到摔倒对方这一目的，属于摔技中典型的足技。具体操作时，首先要利用上肢动作去引导对方，诱使其将一只脚迈出来，当其重心过渡到迈出脚上时，立即出足扫动其这只脚，瞬间将对方摔倒。

❶ 双方以正自然站姿对峙，我率先用左手抓住对方右臂或者中袖外侧，右手抓住其胸襟或衣领。

❷ 发动攻击时，我左脚向后撤步，身体微左转，左臂屈肘向左上方抬起，左手内旋牵拉对方右臂，右手配合左手用力向同一方向拉扯对方衣领，迫使其身体重心向右前方移动。对方为了维持身体平衡，右脚会不由自主地向前迈出一步。

① 　　② 　　③

❸ 通过上肢的牵引动作成功将对方右脚向前引出后，我迅速抬起左腿，用左脚脚掌贴在对方右脚脚踝外侧，并猝然横向扫踢。

第一章　闪电投摔技术

④⑤ 左脚扫踢的同时，我腰髋左转，带动左手向左后方拉扯对方右臂，右手向前下方猛推对方胸部。上下肢协调配合，瞬间发力即可破坏对方身体的平衡，将其摞倒在地。

技术要领

　　出足扫成功的关键是先破势，所谓破势就是破坏对方身体的平衡，也就是柔道中所说的"崩"。怎么破坏重心呢？单纯只用手臂的力量，是难以带动不配合的对方的，你的手应该和你的身体协调统一，用整个身体移动的势能去带动对方，整个身体转动起来的势能是远远大于单纯用手去带动的力量的。本势中，利用你往后退的身体动能将对方向前带，就会很轻松地破坏对方重心的稳定。

　　出足扫踢的时机一定要掌握好，应该在对方右脚迈出即将踏实的一刹那进行横向扫踢，如果对方右脚踏实了，其身体重心完全落实在右脚上后，再扫踢就错过了最佳时机，不是扫不动，而是增加了扫踢的难度。

　　对方的脚被扫过的方向是其迈出脚的脚尖所指的方向，在某些情况下，向其右脚内侧斜扫也行之有效。

| 桑搏 | 俄罗斯实战徒手格斗术 |

18 后摔

后摔也叫后抛摔，这种摔法在日本柔道中较少有人使用，在欧美的摔跤运动和桑搏中使用较多。其技术动作类似于职业摔跤中的德式后桥摔［德国摔角手 Karl Gotch（卡尔·库奇）所创造］，或者自由跤中的过胸摔，区别在于对方身体着地时是哪个部位接触地面，共同特点都是需要攻击者具有足够的力量才能轻松地将对方身躯提抱起来，然后直接将对方扔向自己身体的后方。

后摔这一技术对于攻防双方来说危险性和技术难度都很高，因此对于使用者的身体力量、反应速度要求也很高。建议初学者去正规场馆，在有丰富经验的教练监护指导下练习，避免受到创伤。

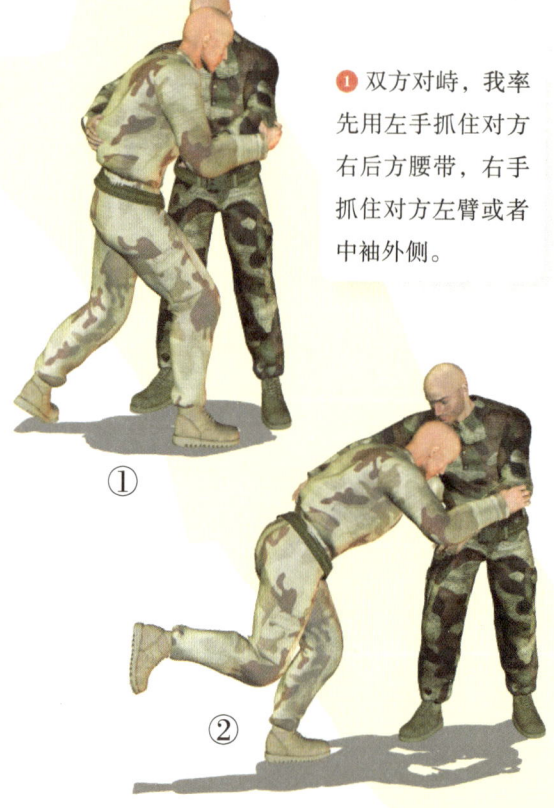

❶ 双方对峙，我率先用左手抓住对方右后方腰带，右手抓住对方左臂或者中袖外侧。

❷ 发动攻击时，右脚突然向后撤步，双手用力向后下方拉扯对方上体与手臂，迫使对方身体前俯、重心向前下方移动。

❸ 通过技术动作迫使对方身体出现晃动后，我右脚再快速向前上步。

❹ 动作不停，在右脚落步踏实后，左脚迅速朝对方右脚后方移动。身体重心下沉，双腿屈膝下蹲成马步。双臂控制住对方的腰身和手臂，并有意识地向上提拉，防止对方双腿屈膝也随我蹲下来，对方一旦蹲下我就没有力量能将其提抱起来了。

第一章　闪电投摔技术

❽ 对方倒地后，我随之扑压在其身上，对其实施侧向压制或者骑乘在其身上，取得地面战斗的优势地位。

❼ 周身协调发力，瞬间将对方从自己头上抛摔过去。

❺❻ 动作不停，双脚蹬地，腰腹部向前上方顶撞对方右侧髋部，上身后仰，带动双臂同时用力向上提抱对方的身躯，迫使其双脚离开地面，令其整个身躯从我胸部上方朝我头顶上方翻过去。

技术要领

　　实施后摔时，首先要腿部发力，双臂抱紧对方并以肩部为轴向后上方托举对方，腰部承接力向后翻，自然地让对方后背着地。注意，自己一定要控制住腰和腿，不能自己先坐下来。在摔跤比赛中，对方双肩以上部位先着地算作后桥摔，否则算作后背摔。实战中，哪个部位先着地就无所谓了，攻击者追求的往往是最大的创伤结果。

　　这种摔法的危险性极高，对方容易断颈，自己也容易拉伤、摔头。所以倒地瞬间，自己的头要屈起来，不要让头先着地。日常训练当中，抢起对方身体的时候，腰部可以向身侧转动，让对方的侧面尽早着地，以免其颈部受伤。这样，自己落地后就是趴着的姿势，而非仰面朝天，便于地面攻击的展开。

　　在比赛和日常训练时，将对方向后投抛时，要避免对方头部着地，应令其后背着地。当然，在军警格斗实战中，对付敌人和歹徒时就无所谓了。

51

| 桑搏 | 俄罗斯实战徒手格斗术 |

19　膝车

　　桑搏运动中技术动作的名称基本上都是沿用柔道中的叫法，大家可能注意到了，凡是带"车"的摔技，动作特点都是将对方的身体像转动水车一样旋转而掀翻在地，膝车也是这样的。它是通过控制对方的脖颈，结合手臂的牵拉动作，迫使对方的身体以我一条腿的膝盖部位为轴，像轮盘一样由我的身体内侧翻转到外侧的一种摔法。这种技术适合在对方采用左（右）前势自然站姿或者左（右）前势防守站姿时使用。

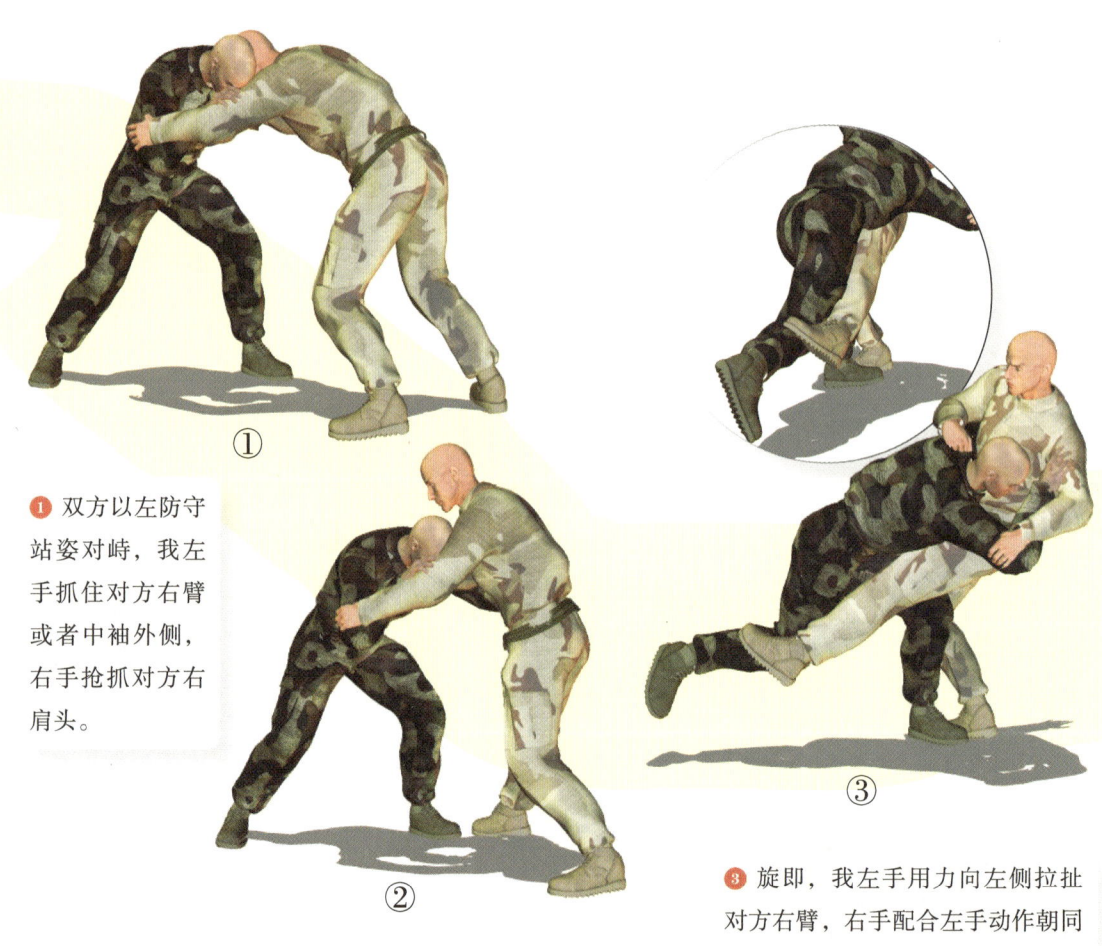

①

❶ 双方以左防守站姿对峙，我左手抓住对方右臂或者中袖外侧，右手抢抓对方右肩头。

②

❷ 发动攻击时，我身体向左转动，右脚朝对方左脚外侧上步，左脚顺势后撤半步。

③

❸ 旋即，我左手用力向左侧拉扯对方右臂，右手配合左手动作朝同一方向推搡其右肩，迫使对方身体重心向右前方移动。同时，抬起左腿，自左向右扫踢对方右腿。

第一章　闪电投摔技术

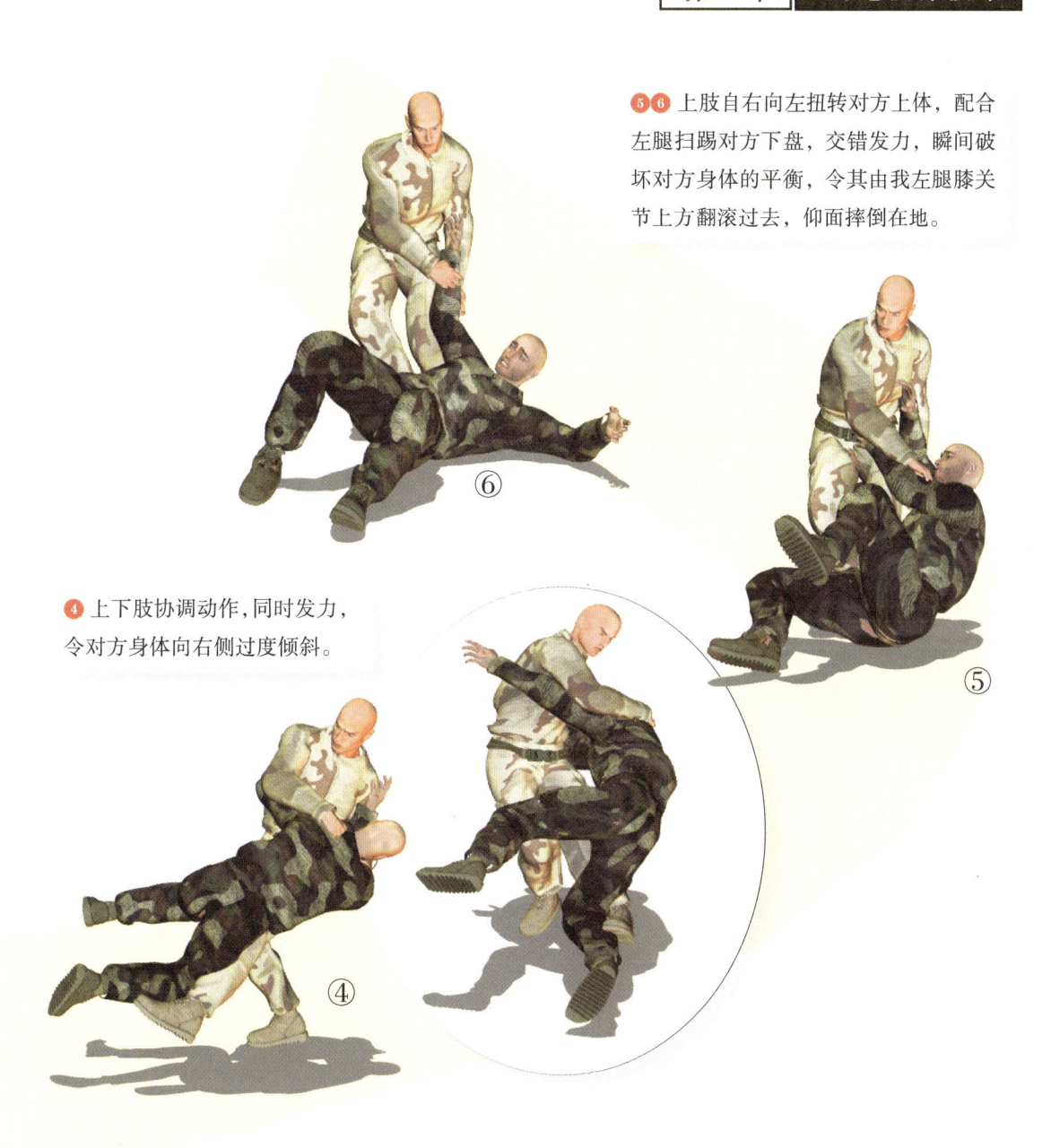

❺❻ 上肢自右向左扭转对方上体，配合左腿扫踢对方下盘，交错发力，瞬间破坏对方身体的平衡，令其由我左腿膝关节上方翻滚过去，仰面摔倒在地。

❹ 上下肢协调动作，同时发力，令对方身体向右侧过度倾斜。

技术要领

　　膝车不是一个靠力量来完成的摔技，许多初学者试图借助身体的重力把对方向后拉倒，这是不对的。它成功的关键是掌握上下肢配合的技巧，即阻挡对方腿的同时通过左手拽右手推的动作来实现。

　　另外，动作过程中的一些不起眼的细节也要格外注意。比如，右脚上步一定要落脚到对方左脚外侧，目的是拉近与对方的距离。左腿扫踢对方右腿的位置是右腿外侧，而非正面。扫踢的同时，自己的身体一定要向左转，这样是为了给对方让出翻滚过去的空间。

| 桑搏 | 俄罗斯实战徒手格斗术 |

20　肩车

肩车是利用一只手抓把、拉扯等方式迫使对方身体不稳后，我身体突然下潜，用另一只手从内侧去抄抱对方下肢，将对方横扛在自己肩上，用肩背顶住对方胸腹部，然后起立向左前方或者右前方将其沿弧线轨迹抛摔出去的技法，就好像对方的身体以我为支点画一个圆圈一样，形式上也可以视作一种"蹲式背负投"。

这种技法在对付那些比自己身材高大的对手时，效果甚佳。俄罗斯人习惯将这种摔技叫"磨坊"，可能是因为整个动作看起来像是磨坊的水车转轮在旋转。

❶ 双方以左前势站姿对峙，我首先发动攻击，右手抢抓对方左臂或者中袖外侧。

❷ 在右手控制住对方左臂的瞬间，身体向右转动，左脚顺势向前上步，落脚于对方双腿之间。同时，右手腕关节内旋，向右上方拉扯，迫使对方身体重心向左前方移动。

❸ 动作不停，我右脚跟进半步，身体继续右转，重心下沉，双腿屈膝下蹲。左臂自对方裆下穿插而过，屈肘向前揽抱住其左大腿。头部潜入对方左侧腋下，后脑贴近对方左侧腰肋，左肩抵顶住对方裆腹部。同时，右手向右下方牵拉对方左臂，迫使对方俯身将胸腹部趴伏于我肩背上方。

第一章　闪电投摔技术

⑥⑦ 继而，我上体陡然向右侧倾斜，腰部向左侧翻转，以左肩向上扛顶对方裆腹部。同时，右手向左下方牵拉对方左臂，左手配合右手向上掀送对方左腿，瞬间将对方由我肩头掀翻下去，令其身体跌摔至我右前方地面上。

⑦

⑥

④⑤ 随即，双臂收拢，腰部向上顶，双脚蹬地，双膝挺直。周身协调动作，站直身体将对方扛起于肩背之上。

④

⑤

技术要领

要尽量利用右手的牵拉力量使对方身体失去平衡而倾斜，顺势蹲身，蹲身时要有意识地将肩膀插入对方裆内，使对方的大腿紧挨着自己的左侧颈部。双腿下蹲时，要注意不能过于弯腰，避免身体前倾，否则蹲得过死很难再挺膝站起，也容易破坏自身重心的平稳，导致跌倒，最好使自己的身体保持一种向后仰弯的状态。

右手牵扯着对方的左臂，是为了破坏对方身体平衡并将其左侧腋窝打开，为后续动作创造活动空间。开始时是向右上方拉扯，之后过渡到向右下方用力，同时要注意与左臂动作协调配合。如果你只用左手和左肩的力量，而右手没有正确的牵拉动作，是很难扛起对方并轻易将其投摔出去的。

55

桑搏　俄罗斯实战徒手格斗术

在桑搏投摔技术中，不仅可以在站立状态下使用肩车技术，也可以在双膝跪撑状态下使用，对付身材矮小的对手更适用。

❶ 实战中，双方对峙，相互拉扯，我首先发动攻击，右手抢抓对方左臂或者中袖外侧。

❷ 右手控制住对方左臂，手腕内旋用力向右侧拉扯，迫使对方身体重心向左前方转移。同时，我身体向右转动，左脚顺势向前上步，落脚于对方双腿之间。

❸ 随即，我身体重心下沉，双腿屈膝跪地，以双脚脚尖和两膝支撑身体。左臂自对方裆下穿插而过，屈肘向前揽抱住其左大腿。头部顺势潜入对方左侧腋下，后脑贴近对方左侧腰肋，左肩抵顶住对方裆腹部。同时，右手向右下方牵拉对方左臂，迫使对方俯身将胸腹部趴伏于我肩背上方。

❹❺ 继而，我上体向右侧倾斜，腰部向左侧翻转，以左肩向上扛顶对方裆腹部。同时，右手向左下方牵拉对方左臂，左手配合右手向上掀送对方左腿，瞬间将对方由我肩头掀翻下去，将其摔于我身体右前方。

❻ 进一步，可以针对对方左臂展开关节降服。

第二章
地面缠斗技术

俄罗斯的格斗专家们认为，在徒手格斗过程中，尤其是无限制的街头打斗中，击中或摔倒对方，并不意味着取得了最终胜利，只有利用自身的优势将对方完全控制或束缚住，使其彻底丧失反抗能力，才能算是结束战斗。而这种最终令对方彻底屈服的技术，百分之七八十是在地面上进行和完成的，地面缠斗技术是整个格斗过程的终结和关键。这种技术在现代军警实战操作中，具有非常鲜明的现实意义。美国司法部门曾做过统计，在过去的二十年里，几乎百分之九十五的执法行动是在地面将犯罪分子擒获的。

如果说投摔技术是俄罗斯桑搏运动的灵魂，那么地面缠斗技术就是桑搏运动体系的脊柱，也可以说是桑搏除投摔外的另一个显著特色。现在的桑搏地面缠斗有着一套完整的技术体系和系统的基础训练方法，内容涵盖压制固控技术、扼绞窒息技术、关节降服技术、投摔降服技术、压制降服技术、突破防守技术、逃脱反制技术等诸多方面。桑搏地面缠斗，在技术内涵上可以用"浩瀚"这个词汇来形容，其攻防手段之丰富，绝对令人叹为观止。

第一节　地面缠斗基本控制与压制技术

在任何一种站立格斗比赛中，要想时刻占尽先机，并取得最终胜利，作为格斗者必须先清楚地意识到，获得并保持主导的优势体位是极其重要的。

站立格斗如此，地面缠斗也是这样，在看似混乱无章、你来我往的地面纠缠过程中，想要获得最终胜利的首要前提就是，你必须率先建立一种有利于自己的姿势。更确切地说是应该从技术层面掌握一系列有利于自己的姿势，并在实战中不断应用，且始终维持自己在姿势上的优势，然后才可以在此基础上展开进一步的攻击。如果你没有占据一个优势位置，呈现出一种主导的姿态，并充分有效地控制住对方的身体和运动，你就无法实施进一步的攻击。假如在肉搏过程中，你一时丧失了这种姿势上的优势，就要利用其他技术迅速重新建立起来，起码在你的头脑中要有这种意识，这一点至关重要。

地面缠斗中常见的身体姿势基本上可以划分为两类：一类被称为主动姿势，或者叫攻击姿势，这种姿势更有利于率先发动凌厉的攻击，比如骑乘势、膝抵势等；另一类被称为被动姿势，也可以叫防守姿势，多用于被动防守，诸如封闭式防守、开放式防守等。

主动姿势也叫攻击姿势，是这样一个概念，即在搏斗过程中具有主导地位的位置和有利于自己控制、降服对方的身体姿势；被动姿势则是在自己处于弱势形势中，采取的一种自我保护姿势。这两类姿势在实际运用中，所体现出来的优劣作用是相对而言的，不是绝对的。当你处于防守姿势时，我们要进行的不仅仅是被动的防守，还要思考如何在这个位置上进行进攻。实战中，当你被迫处于下位时，选择正确恰当的防守姿势，你非但不会被动，反而会占据一些优势，因为你在防守过程中可以有效地保护自己，消耗对方的体力，并且会获得许多施展降服技的机会。

在学习桑搏地面缠斗技术时，首先要掌握的就是基本的地面攻防姿势，这是"万丈高楼平地起"的基础，就像在学习中国武术时，首先要从马步桩、弓步桩学习训练开始一样，是必需的，也是必要的。在其他如柔术、柔道等涉及地面技术的格斗体系中，也都会着重强调这一原则。

第二章　地面缠斗技术

1　骑乘势

　　骑乘势是地面缠斗中最常见、最主流的姿势，当然也是最具优势的姿势。因为你是骑乘在对方的躯干之上，四肢没有受到任何约束，而且全部体重都倾压在对方身体上，无论对方是仰面朝天还是趴伏在地，居高临下的你都可以肆无忌惮地挥拳摆臂击打对方的头部，或者尽情地施展你的降服绝技，轻而易举地制服对方。然而对方却因为受到地面空间的制约，很难施展攻击性拳法，即便打出一拳，也因为手臂无法向后挥舞，腰部不能转动助力而导致攻击软弱无力。所以，在当今世界流行的桑搏、巴西柔术、综合格斗（MMA）技术中，都将骑乘势列为首要掌握的基本姿势，其重要性可见一斑。

　　桑搏地面缠斗中的骑乘势可以分为正面骑乘、反向骑乘、骑乘压制等诸多分支技术。

◐ 正面骑乘时，臀部不要过于靠近对方的腰髋部，要稍微向前上方一点，尽量将臀部贴在对方腹部的位置。臀部不要完全落坐在对方的身体上，即不要将身体重心全部落在臀部上，身体重心尽量由双腿来支撑。两腿及膝盖部位一定要夹紧对方身体两侧腰肋。双脚向后勾住对方臀部。用一只手按压对方胸部或者卡掐其脖颈，防止其坐起来进一步发动攻击。

◑ 反向骑乘时，上体略向前倾，以确保不被对方拉扯到肩膀。双腿屈膝并拢，夹紧对方双腿，双手控制住对方的双腿。双脚平稳有力地踩踏地面，保持自身的平衡。将自身的体重通过臀部集中压制在对方的胸腹部上。

◐ 骑乘压制是正面骑乘势的技术延伸，多用于对付下位选手起桥逃脱。一般是在取得正面骑乘优势之后，俯身将自身的体重集中压制在对方的胸部。臀部向下压制对方的腰髋，令其臀部始终贴在地面上。双腿向后伸展，双脚脚踝勾住对方双腿。右臂屈肘圈揽住对方的脖颈，牢牢控制住其上体。左手扶撑地面，以加强自身的稳定性。

桑搏　俄罗斯实战徒手格斗术

2　侧向压制

　　侧向压制也可以称作侧向胸固、横向胸固，在柔道中叫作横四方固、侧四方压制。顾名思义，是施技者由对方身体侧面实施动作的压制技术。一般情况下，在针对对方实施了有效的侧向压制后，其是很难逃脱的，无论是左右翻滚，抑或是上下颠簸，都将是徒劳之举。

🔶 侧向压制时，对方仰躺在地上，我跪扶于对方身体右侧，上体前俯，将左手自对方脖颈后方绕过，并牢牢抓住其左侧脖领或者左肩头。左肩头向下顶压对方头部右侧下颚部位，右手则由对方两腿间插至其后腰并抓住后腰带，如果实战中对方没有系腰带，可以牢牢抓住对方臀部左侧外裤部位。然后，双臂用力合拢，重心下沉，用胸部死死压住对方胸部，将其后背牢牢固定在地面上，令其无法翻滚与挣脱。

🔷 一般在形成压制状态后，对方都会本能地进行反抗，或上下颠簸，或左右拧转，为了防止其挣脱束缚，我们还可以进一步实施固控。我可以将搂抓对方腰臀部的手迅速抽出，自对方躯干上方绕过，牢牢抓住自己左臂手腕部位，形成环状锁扣。随即，在双臂锁紧的同时，双腿屈膝一并向前提顶，分别用膝盖抵住对方右侧腋下和腰肋部位，上下肢形成夹持状态，令其无法翻转。

🔶 也可以在用胸部牢牢压制住对方胸部的基础上，用双臂圈抱住对方左臂，令其置于我左肩头上方。头部尽量向左压制住对方左上臂，这种方式更有利于对其进一步实施针对手臂的关节降服。

第二章　地面缠斗技术

3　袈裟固

袈裟固实际上也属于一种侧向压制技术，由于双腿伸展，状态宛如僧人披上一袭袈裟，故而得名。这种技术也是典型的柔道技术，在柔道中可以细分为本袈裟固、崩袈裟固、枕袈裟固、后袈裟固四种。

这种技术相对于前面介绍的那些压制方法，在机动性和灵活性上更具优势，对方在被动局面下无论是按顺时针方向还是按逆时针方向辗转移动，我们都可以以臀部为轴，摆动双腿随之转动，使自己始终处于优势压制状态。

同时，由于动作要求双腿岔开，配合臀部着地，使下肢形成"人"字型，从而令整个压制的构架更加稳定、有力，故袈裟固技术也成为地面缠斗中极为常见的且非常实用的控制技术之一。

◐ 具体实施动作时，左腿向后伸展，与右腿形成"人"字形。右臂屈肘圈揽住对方脖颈，右手扣抓其右侧肩头。左臂屈肘将对方右臂夹持在腋下，左手控制住对方右上臂。左肩略向后倾斜，这样有助于将自身体重全部倾轧在对方的身躯上，加强对其上体的控制。尽量让右腿膝盖靠近自己的右手，甚至可以用右手搬拉膝窝位置。

4　纵向压制

桑搏中的纵向压制是相对于侧向压制而言的，也叫上方胸固，顾名思义就是在对方头部上方纵向实施的固控压制手段。在柔道中被称为上四方固、上四方压制。这种技术对于体重相对较轻的人来说更加有利，在针对强大对手施展压制时更为有效。

◐ 双腿屈膝，扎实稳定地支撑地面。双膝牢牢夹紧对方头部，尽量降低身体重心，用腹部压住对方脸面，固定住其头部。然后收紧肘部，双臂夹持住对方的腰身，如果对方有束腰带的话，可以用双手抓住其腰带两侧。侧脸抵压住对方的腹部。身体要始终与对方的身体处在一条直线上，这样对方的身体就很难进行翻转动作。

5 封闭式防守

封闭式防守是地面缠斗中最常见、最基本，也是技术含量最高的一种防守姿势。在封闭式防守姿态下，你可以施展出无数种降服技和扼绞技。

封闭式防守是仰躺状态下双腿屈膝环扣在一起，夹住对手腰部而形成的一种防守方法。大家知道腰部是人体运动发力的中枢。通过双腿的夹持，不仅可以使对方做出的动作难以发挥威力，而且可以使其与自己保持一定的距离。我们可以通过双腿控制对方腰身来拉近双方距离，或者破坏其身体重心稳定、限制对方活动范围，从而创造和获得很多针对其上肢和脖颈实施降服的机会。

◐ 处于下位仰躺状态时，双腿屈膝环锁住对方的腰身，双脚脚踝交叉勾扣在一起。左臂屈肘夹住对方右臂，左手扣抓其右臂肱三头肌。右手控制住对方的脖颈，利用右臂的屈伸，可以有效地控制双方间的距离。双腿夹对方的腰部时要牢固，但不必过于用力，因为夹持的目的不是夹断腰，而是使对方的动作受到限制，而我的腰部则是可以自由活动的，如果对方针对我头部实施击打，我可以灵活地躲闪。

6 开放式防守

开放式防守是相对于封闭式防守而言的，是说两条腿没有扣锁在一起，而是完全打开的，但仍然是处于正对着对方，并控制着对方某一个身体部位的状态。相对于封闭式防守，开放式防守是一种更利于逃脱的防守姿势。

◐ 在地面缠斗中，我被迫仰躺于地面，两腿分开，对方双腿屈膝跪伏于我双腿之间。对于我来说，这是一种非常被动的局面，为了不与对方过多纠缠，与其保持一定距离，可以抬起双脚蹬踏对方腰胯部位，令其无法俯身实施压制和进攻，从而起到防守的作用。要特别注意的是，在开放式防守状态下，双脚很容易被对方捕获，并被实施脚踝锁。

第二章　地面缠斗技术

7　背后控制

在所有地面缠斗类的格斗体系中，背后控制都被认为是一个非常具有优势的攻击位置，甚至可以说它比骑乘位更加具有优势。因为一旦你获得了这个位置，你便在战斗中占据了主导地位。在这个位置上，对方很难知道你要干什么，你对他做出的任何攻击动作都无法被其洞悉。对方防御能力自然会衰减，也就很难对你做出那些具有威胁的动作了，你可以在较少被反击的情况下轻松地布置降服技术。不夸张地讲，无论是在比赛中，还是实战中，一旦你控制了对方的后背，胜利也就板上钉钉了。

○ 标准的背后控制方式是，处于对方背后时，双腿屈膝勾住对方腰髋，控制其臀部的运动。双脚脚踝勾住对方两大腿内侧。右臂由对方右肩前绕过揽抱对方上体，左臂屈肘由对方左侧腋下穿过揽抱对方上体。双臂环抱住对方的上体，双手牢牢缠扣在一起。胸部紧贴对方后背。头部抵顶对方头部，以加大控制力度。

○ 右图展示的这种是上位背后控制，也叫背后骑乘。臀部骑坐在对方的后腰上，双腿屈膝勾入其胯内，前胸压伏在对方的后背上。保持头部与对方拉开一定距离，防止被对方用手臂揽抱住。右臂绕过对方右肩头，用右手将对方左前臂按压在地面上。左臂由其左侧腋下穿过，用左手扣按自己的右手腕，辅助发力,防止对方翻身逃脱。

○ 左图展示的这种背后控制是仰躺状态下的背后控制，也叫下位背后控制。无论从什么方位控制对方的后背，都可以非常轻松地由此展开针对对方脖颈实施的绞杀攻击，这正是背后控制令人恐惧的主要原因。

63

| 桑搏 | 俄罗斯实战徒手格斗术 |

8 膝抵压制

　　膝抵压制是一种地面缠斗中针对对方实施打击最有利的姿势，也有人称为"膝压制"，在巴西柔术中被称作"浮固"，是将自己悬浮在对方身躯之上，令其牢牢固定于地面。在世界很多格斗技术中都可以见到，尤其在无限制街头打斗或综合格斗（MMA）比赛中，更是屡见不鲜。

　　这种姿势可以将全身的力量全部倾注到膝盖上，确切地说就是将你的全部体重施加在对方的躯体上，往往可以决定决斗的胜负。在激烈的肉搏中，针对对方腹部的跪抵，可以导致其筋疲力尽而放弃反抗；针对其胸、肋部的跪抵，甚至可以使对手瞬间遭受创伤。这种姿势能够创造出许多攻击时机，从而达到快速解决战斗的目的。同时，这种姿势不仅能帮助你有效实施打击，而且如果你需要，还可以用最快的速度站立起身，撤退并摆出有利的站立格斗架势。

　　在实际应用时，我们可以在突破对方防线，击倒或摔倒对方后，顺势形成这种姿势，也可以根据需要由骑乘势等其他姿势转换为这种姿势，应用起来是比较广泛且容易的。

● 对方倒地时，立即从侧面逼近，右腿屈膝，以膝盖和小腿胫骨部位为力点向下抵压住对方胃部。右脚脚跟提起，以前脚掌着地。另一条腿则向身体一侧伸直蹬踏地面，保持身体的平衡，左脚踏实，全脚掌着地。左手牢牢抓控对方右手腕部。右手用力按压对方左侧肩膀，令其无法翻转身体。躯干远离对方。

● 实战中，也可以用膝盖抵压对方的脖颈实施窒息抵压，攻击威力也十分巨大。要注意的是，无论怎么用，在形成膝抵姿势时，支撑地面伸直的那条腿，伸出的距离要适当。幅度过大会影响自身的重心平稳，幅度过小抵跪力度受到影响，而且容易被对方捕获。所以，要根据个人的身高恰当掌握，灵活运用。而且膝抵压制虽然非常有利于发动攻击，但相对于骑乘势等攻击姿势而言，它并不是一种非常稳定的姿态，所以在形成这种优势姿态的瞬间，要迅速展开势如破竹般的连续攻击，迫使其只有招架之功，绝无还手之力，切勿贻误战机。

第二章 地面缠斗技术

第二节 针对地面控制的逃脱方法

当你被对方骑乘了或者遭到压制时,你应该作何反应?是用力去推搡对方,还是死死抱住其不放?在被动局面中,应该注意哪些问题呢? 这些都是初学地面缠斗技术的人经常会思考的问题。

首先,盲目用力推搡对方的身体是无济于事的,那是无谓的反抗。实战中,如果你是被一名技术和体重都远远超过你的对手骑乘或压制,你这么做非但达不到逃脱的目的,反而会耗尽自己的体力,而且会给对方制造出许多实施臂锁降服的机会。

你可能又会回答,应该死死抱住对方,这样可以防止对方进一步的打击。没错,你当然可以这样,但是这只是一种消极的防守方式,短暂缓解体力是可以的,一味僵持就对你不利了。因为你在抱住对方的同时,也就意味着与对方身体绑定在一起了,你不仅会遭到长时间的压制,而且根本无法扭转局面,化解危机,而且这样的消极防御手段,对于那些体力上远远超过我们的对手来说,也很难达到阻止其展开攻击的目的,有时对方只需很轻易地将支撑地面的手臂伸入你的脖颈下面挤压,就可以挣脱你的搂抱,这样反而将你手臂的破绽暴露给对方,受制于人。

桑搏教练告诉我们,正确处理思路是,一旦被控制或压制,应该注意始终保持正确的防守姿势,并密切注视对方的一举一动,等待对方动作露出破绽后,再寻找机会实施逃脱。要善于去发现和抓住这样的机会,并运用正确的方法化险为夷,赶快从对方的胯下逃脱出来。这就是接下来要给大家介绍的桑搏逃脱技术。

桑搏逃脱技术是指,当你处于被动局面,被对方骑乘或压制后,如何迅速抽身逃脱的一些地面技术。

处于被控制或被压制状态是一种非常危险的境况,如果不及时逃脱,比赛中你会因此失分,实战中你将遭受对方进一步的遏制或打击。只有尽快从困境中解脱出来,你才不会继续处于被动局面,才可能绝地反击。所以说,地面缠斗中掌握正确的逃脱技术是非常必要的,这一点毋庸置疑。

| 桑搏 | 俄罗斯实战徒手格斗术 |

1 摆脱骑乘控制的方法

❶❷❸ 实战中，对方骑乘在我身上。当其还没有俯身对我实施进攻时，我突然挺腰抬髋，将对方向我头顶上方掀动。迫使对方身体向前移动，双手扶地，身体重心平均分布于四肢。

❹ 随即，我身体略微向左侧拧转，右手按住对方右腿根部髋关节位置，左手按住其右腿接近膝盖部位，左腿随身体的转动略微伸展、平放，右腿屈膝向后移动，右脚尽量回收，靠近自己的右侧臀部。

❺ 身体继续猛然向左拧转，右侧臀部抬起，以左侧躯干着地，双方同时用力推撑对方右腿，右脚配合蹬地，将腰胯翻转并向右后方移动，令躯干和右腿成90°，左腿屈膝，膝盖部位顺势由对方两腿间抽出。

❻ 动作不停，我身体再向右拧转，令后背着地，左腿随之内旋，以膝盖扣住对方右侧腰肋部位。

第二章　地面缠斗技术

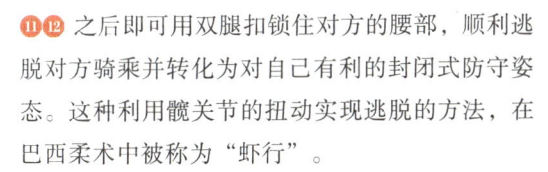

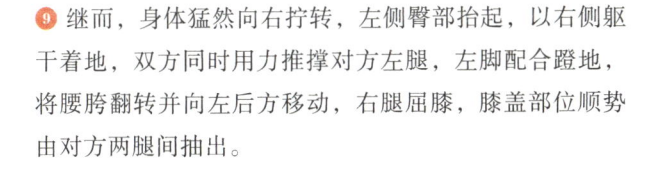

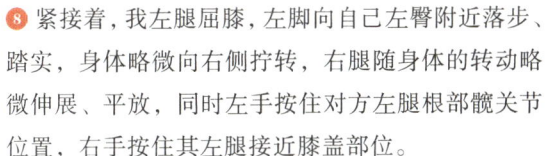

⑪⑫ 之后即可用双腿扣锁住对方的腰部，顺利逃脱对方骑乘并转化为对自己有利的封闭式防守姿态。这种利用髋关节的扭动实现逃脱的方法，在巴西柔术中被称为"虾行"。

⑩ 将右腿顺利抽出的瞬间，身体再向左拧转，令后背部着地仰躺。

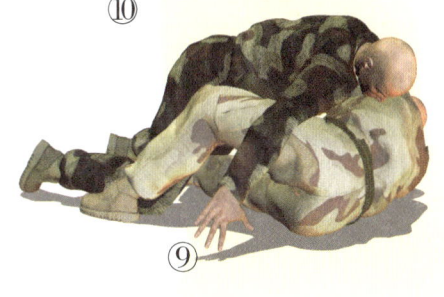

⑨ 继而，身体猛然向右拧转，左侧臀部抬起，以右侧躯干着地，双方同时用力推撑对方左腿，左脚配合蹬地，将腰胯翻转并向左后方移动，右腿屈膝，膝盖部位顺势由对方两腿间抽出。

⑧ 紧接着，我左腿屈膝，左脚向自己左臀附近落步、踏实，身体略微向右侧拧转，右腿随身体的转动略微伸展、平放，同时左手按住对方左腿根部髋关节位置，右手按住其左腿接近膝盖部位。

⑦ 此时，左脚可以顺利地从对方双腿间抽出。

67

桑搏　俄罗斯实战徒手格斗术

2　摆脱封闭式防守的方法

❶ 地面缠斗时，我双腿屈膝跪伏于地，腰身处于对方双腿封闭式防守中，将上体略前倾，重心前移，用双手牢牢按住对方双臂肱二头肌位置，将其双臂按压在地面上，防止其起身发动攻击。

❷ 实施突破防守时，我身体重心后移，弯腰、俯身、低头，以前额抵顶住对方腹部。

❸ 在双手按住对方双臂肱二头肌，并用头顶住其腹部的前提下，双腿猛然蹬地挺膝，臀部向上提起，身体重心骤然提升。

❹ 动作不停，抬头，上体仰起，双腿蹬直站立，双方依然牢牢按压住对手双臂。

❺ 继而，我双腿屈膝半蹲，身体重心略下沉，上体保持平衡稳定。

❻ 旋即，双方由对方双臂处快速移开，挪按至对方胃部，同时双腿猝然挺膝绷直，臀髋用力向上提顶，瞬间挣脱其双腿束缚。

第二章 地面缠斗技术

⑫ 动作不停，我双腿于地面向右移动。在牢牢压制对方的前提下，右臂迅速自对方脑后穿过，屈肘揽住其后颈，右手扣抓左手，固定住对方上体，形成侧向压制势态。

⑪ 进一步，我身体重心下沉，双膝跪地，上体用力向下压制对方左腿。

⑩ 动作不停，我右腿屈膝向前移动，下跪，以膝盖为力点抵压住对方胃部。左手揽住其右大腿，右手扳住其右肩位置，从而形成对自己有利的局面。

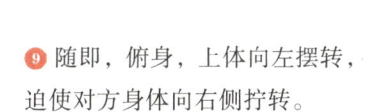

⑨ 随即，俯身，上体向左摆转，迫使对方身体向右侧拧转。

⑦⑧ 紧接着，我双臂屈肘内收，置于对方裆前两大腿内侧。然后，迅速用双臂自外向内圈抱住对方双腿，左手扣抓右手腕部，将其双腿牢牢锁定。

69

桑搏 | **俄罗斯实战徒手格斗术**

3 摆脱背后控制的方法

❶ 地面打斗过程中，我臀部着地成坐姿，对方位于我背后，双腿勾挂住我双侧髋部，双脚置于我双腿内侧。同时，对方右臂屈肘勾揽住我右侧脖颈，并挥动左臂准备针对我脖颈实施裸绞降服。我迅速低头收紧下颌，用右手拉扯对方右臂，以减小其勒扼力度，同时抬起左手阻挡对方左手的动作。

❷ 旋即，我迅速用双手抓握住对方左臂手腕部位，用力将其朝头部上方拉起，高度超越我的头顶。

❸❹ 动作不停，我双手攥紧对方左手腕部，使劲向头顶右侧拉扯。脖颈则顺势向左侧歪斜，令头部由对方左侧腋下绕至其左上臂外侧。

第二章　地面缠斗技术

⑨ 身体向右侧翻转动作不停，使自己从对方的背后控制中成功逃脱出来，并顺势扑压对方的上体，令其身体倾倒在地，对其实施侧向压制。

⑧ 紧接着，我左脚用力蹬地，推动身体骤然向右侧翻滚，使自己右侧身体向下。

⑥⑦ 然后，我左手放松对其左手腕的抓握，改抓左脚脚踝，并用力将其向身体左侧拉扯，将其成功扳拉至我左腿外侧。继而，我左腿屈膝内收，以前脚掌着地，防止对方将左腿重新勾回来。

⑤ 头部顺利摆脱控制后，我双手用力向右下方拉扯对方左臂，将其上臂扛在我右侧肩头之上。

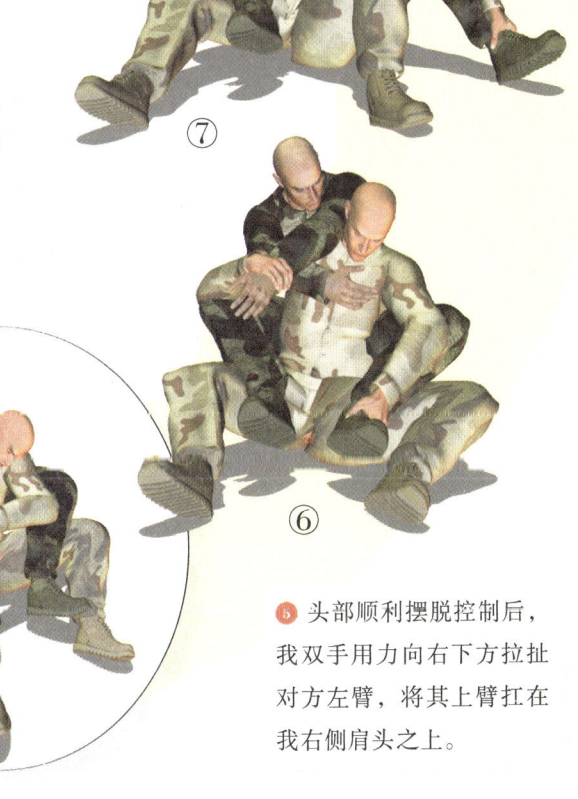

71

4 摆脱袈裟固的方法

❶ 实战中，我处于被动局面，仰躺于地面，对方于我身体右侧，以袈裟固技术控制住我的脖颈与右臂，令我处于被动局面。

❷ 我可以迅速用左手向右侧猛推对方右侧头部，同时身体用力向右侧翻转，挣脱对方的束缚。

❸❹ 动作不停，我身体继续向右翻转，左腿随势抬起，跨过对方身体。臀部拱起，左手推撑对方头颈部。

❺ 继而，在身体翻转至面部朝下时，左脚着地，左腿骑跨于对方腰背后方。左臂用力压制对方右肩胛，右腿屈膝跪地，双手扶撑地面。

第二章　地面缠斗技术

❾ 最后，身体向后仰躺，臀部着地，双腿压制住对方上体，臀部贴紧对方右肩胛骨。然后，腰部猛然前挺，以小腹部及耻骨部为支点用力向前抵顶对方右上臂外侧。同时，双臂揽紧对方右臂用力向后将其捋直，形成手臂十字固，摆脱压制后成功降服对方，转危为安，反败为胜。

❽ 进一步，可以将身体向右转动，带动左脚移动至对方头部左侧。双手翻拧对方右臂，针对其肩关节实施别锁。

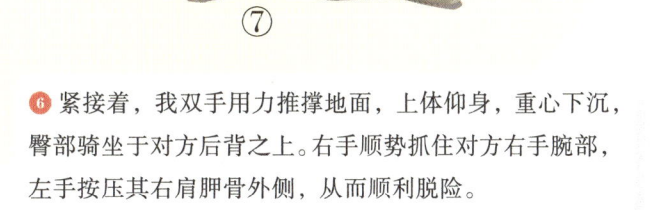

❼ 接下来，我身体重心上提，左腿先由对方身体上方绕过，然后向对方身体左侧接近头部的位置落步。随即，臀部后坐，从而形成针对对方侧肋部位的骑乘。同时，用双手揽住对方右臂，用力将其向上提拉，尽量使其竖直。

❻ 紧接着，我双手用力推撑地面，上体仰身，重心下沉，臀部骑坐于对方后背之上。右手顺势抓住对方右手腕部，左手按压其右肩胛骨外侧，从而顺利脱险。

桑搏　俄罗斯实战徒手格斗术

5　摆脱侧向压制的方法

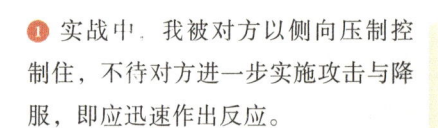

❶ 实战中，我被对方以侧向压制控制住，不待对方进一步实施攻击与降服，即应迅速作出反应。

❷ 在对方双臂尚未合拢收紧之际，我迅速将左手及前臂抵住对方左侧脖颈与腮部位置。同时，左腿屈膝，左脚向臀部方向收拢。

❸ 然后，左臂用力推撑，迫使对方脖颈向一侧歪斜，抬起头来。

❹ 几乎同时，我左脚用力蹬地，推动身体向右侧翻转，臀髋部随势向后移动，从而使自己的身体由对方身下顺利解脱出来。

❺ 也可以在用左手推开对方脖颈的一刹那，迅速抬起左腿，以左腿膝窝部位勾挂住对方的脖颈，用力向下压制，然后再向外辗转身体，逃脱出来。

❻ 进一步，可以从这个位置发起反击。

第二章　地面缠斗技术

第三节　桑搏绞窒降服技术

绞窒降服技术（Choke）主要是针对对方脖颈部位实施的攻击技术，通过扼、绞、锁、铡、钳等手段，可以压迫对方颈部侧面的动脉，致使大脑供血不足、缺氧；压迫咽喉则可导致对方呼吸困难。

一个格斗者无论体格多么强壮，四肢多么发达，脖颈都是脆弱的，这也是许多格斗大赛中禁止针对脖颈实施锁别的原因。这种技术一旦成功实施，就可以让对方彻底屈服，放弃抵抗。

绞窒降服主要是用上肢来完成攻击动作，利用双臂针对对方脖颈实施的扼绞窒息技术一般可以划分为两类，其中一类称为裸绞。裸绞是不需要利用自己或者对方的衣服进行扼绞和窒息的方法，这种技术简单实用，行之有效。裸绞一般有两种形式：一种是针对对方脖颈两侧的动脉进行遏制，导致其大脑供血不足，比如"铡刀"技术；另一种方法是针对对方的咽喉气管进行遏制，导致其呼吸困难、窒息，比如"断头台"技术。

扼绞窒息技术的另一类则是利用对方的衣服或道服进行攻击，在有道服的比赛中较为常见，借助对方的衣领、衣襟和腰带实施扼制。这类技术在内容和形式上比裸绞要丰富一些，但是因为受到道袍这个客观条件的制约，在很多比赛中却无法发挥威力，比如在综合格斗比赛中就无法施展。在军警实战运用中，其攻击效果也不是特别明显，因为特情人员的着装一般都是适用于实战的作训服，甚至赤膊上阵，相对于道服紧衬利落，所以抓扯其衣服比较困难。因此相对而言，裸绞更加实用。

除此之外，也有少数攻击手段是用下肢来完成的，比如腿部三角绞。方法是双腿搭扣在一起，形成三角形，将对方的脖颈置于这个稳固的三角形中间，然后逐步向中心收拢双腿，达到扼绞对方脖颈的目的。

事实上，利用下肢实施的扼绞威力更大。因为双腿无论是从肌肉还是力量而言，都要比双臂强悍得多。这种技术的一个特点是应用灵活，可以从任何一个角度发动攻击。

（注：正式的桑搏式摔跤比赛中是禁止扼颈动作的，实战桑搏没有任何限制。）

桑搏 俄罗斯实战徒手格斗术

1 铡刀绞（血绞）

铡刀绞是一种地面缠斗中常用的高效的绞窒降服招数，也是一种典型的血绞技术。血绞，主要是利用肢体或者道服的某个部位来挤压或者勒扼对方颈部的颈动脉（双侧或单侧），以达到阻止血液向脑部流动之目的，从而造成脑供血不足而休克、晕厥。更准确、专业一点的说法是给颈动脉窦造成压力，导致神经介导反射性晕厥。这种手段的降服速度更快、威力及创伤更大。

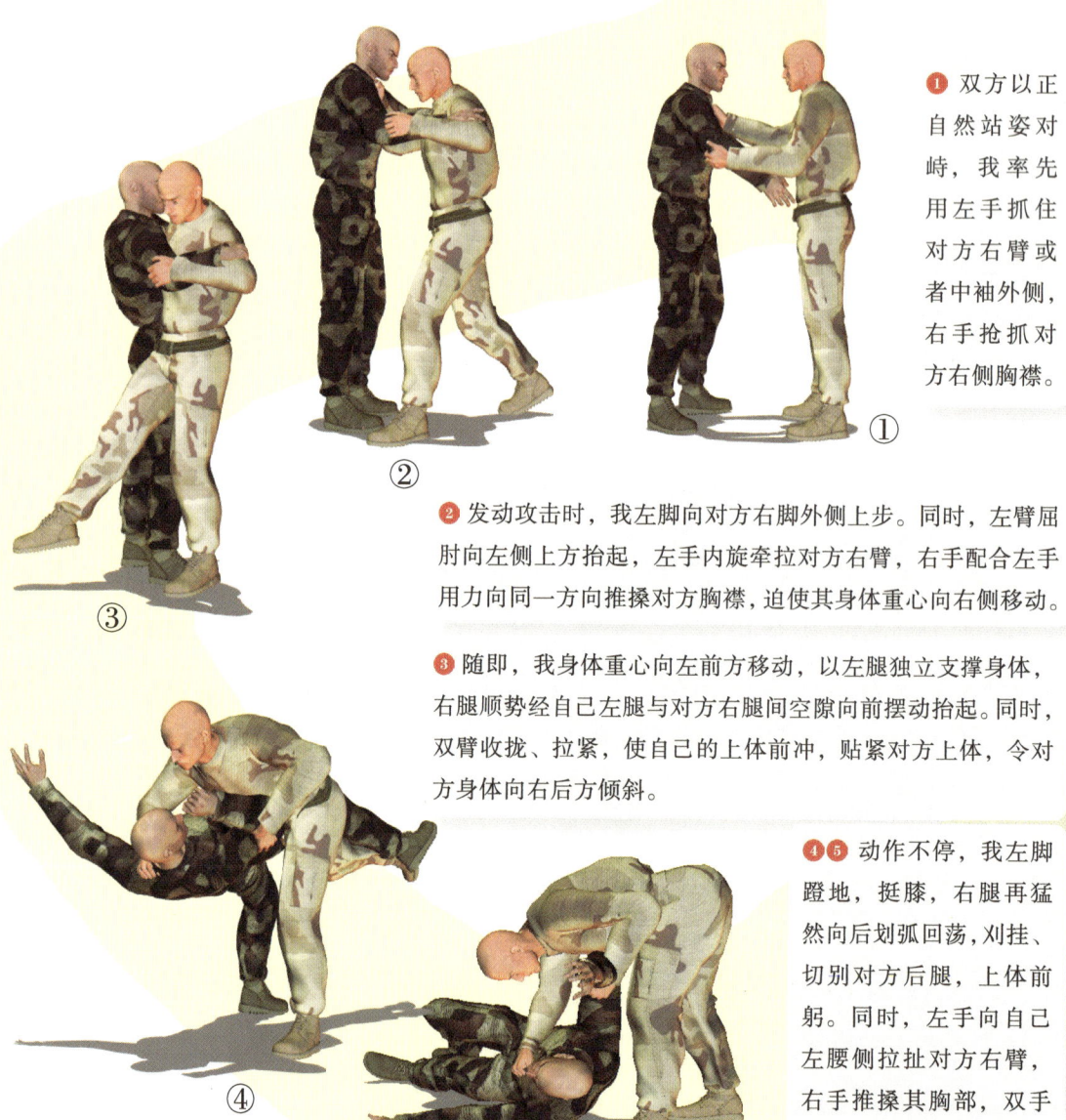

❶ 双方以正自然站姿对峙，我率先用左手抓住对方右臂或者中袖外侧，右手抢抓对方右侧胸襟。

❷ 发动攻击时，我左脚向对方右脚外侧上步。同时，左臂屈肘向左侧上方抬起，左手内旋牵拉对方右臂，右手配合左手用力向同一方向推搡对方胸襟，迫使其身体重心向右侧移动。

❸ 随即，我身体重心向左前方移动，以左腿独立支撑身体，右腿顺势经自己左腿与对方右腿间空隙向前摆动抬起。同时，双臂收拢、拉紧，使自己的上体前冲，贴紧对方上体，令对方身体向右后方倾斜。

❹❺ 动作不停，我左脚蹬地，挺膝，右腿再猛然向后划弧回荡，刈挂、切别对方后腿，上体前躬。同时，左手向自己左腰侧拉扯对方右臂，右手推搡其胸部，双手犹如逆时针扳转方向盘，迫使对方身体重心失衡而仰面跌倒。

第二章　地面缠斗技术

⑨ 动作不停，我上身再次前俯，在左臂牢牢圈揽住对方后颈的前提下，以上体的重量带动右臂向下压制，以前臂尺骨为力点挤压对方脖颈，从而达到扼制其颈部动脉血液流动之目的，进而将其降服。

⑧ 继而，我上身略微抬起，右手推离地面，屈肘向左摆动，并顺势抓住自己左上臂内侧，以右前臂抵压住对方右侧脖颈。

⑥⑦ 对方摔倒后，我迅速跪伏于其身体右侧，伺机发动进攻。对方出于本能会用手推搡我，准备坐起身来，我趁其头部抬离地面之机，迅速向前俯身，右手支撑地面，左手自左向右由对方脖颈后侧穿过，并屈肘抓住其左侧肩头，形成圈揽之势，胸部压制对方前胸。

技术要领

　　俯身圈揽对方脖颈的动作要迅速，抓住战机。揽住其后颈瞬间，左手立即抓住对方左侧肩头，防止其脱逃。

　　右臂以前臂尺骨为力点向下挤压时，要充分借助上体前俯的力量，用自身的体重去绞杀目标，不要一味使用蛮力，这样在持久战中可以有效地节省体力。

　　实施绞技时，双臂要上下交错，协同用力，如一把铡刀扼绞对方的脖颈，并注意要利用上体前俯辅助发力。整个动作要连贯、协调、一气呵成，切勿脱节迟滞。

77

| 桑搏 | 俄罗斯实战徒手格斗术 |

2 背后勒扼（气绞）

绞窒降服技术，根据施力方式和受力位置的不同，主要可以分为"气绞"和"血绞"两大类。

前文讲解的铡刀绞属于血绞，本势介绍的背后勒扼则是典型的气绞降服技术。气绞主要是将绞窒勒扼的力点作用在对方的喉咙部位（气管、喉结、咽喉），一般不会达到快速晕厥的效果，但可以导致对方咽喉疼痛、呼吸不畅。长时间地被气绞，也会发生窒息。

❶ 实战中，对方处于被动局面，双腿屈膝跪伏于地，呈龟式防守姿态。我站立于对方身体右后方，俯身用双手按住其后背，准备发动攻击。

❷ 首先，我抬左腿跨过对方后背，将臀部骑坐在其后腰上，双腿屈膝勾入其胯内，前胸压伏在其后背上。右臂绕过对方右肩头揽住其脖颈，左臂由其左侧腋下穿过，形成背后骑乘之势。

❸ 发起进攻时，我先用右手将对方左前臂按压在地面上。左手扣按自己的右手腕，辅助发力，防止对方翻身逃脱。

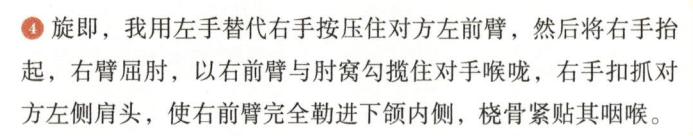

❹ 旋即，我用左手替代右手按压住对方左前臂，然后将右手抬起，右臂屈肘，以右前臂与肘窝勾揽住对手喉咙，右手扣抓对方左侧肩头，使右前臂完全勒进下颌内侧，桡骨紧贴其咽喉。

第二章　地面缠斗技术

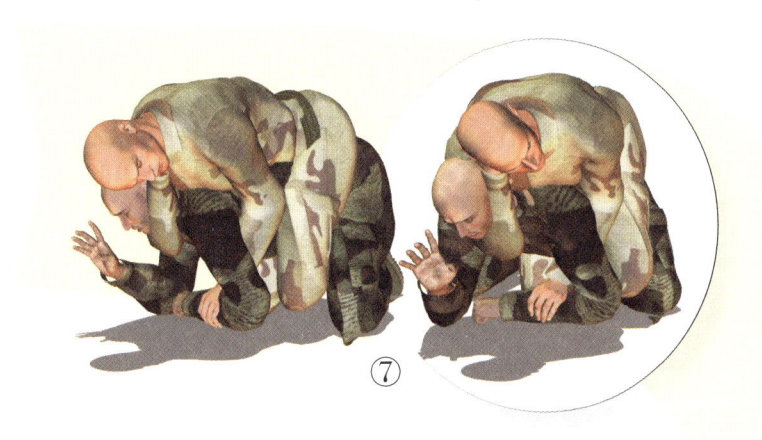

⑦

❼ 如果对方挣扎的力度比较大，试图翻滚身躯，我可以继续用左手按压住其左臂，使其无法滚动身躯。右前臂勒入对方下颌下方后，立即屈肘夹紧对方脖颈。右手顺势扳住自己右侧后脑勺部位。然后，在右臂用力勒紧对方脖颈的同时，头部配合向右侧挤压自己的右手手掌。此时，我右上臂与前臂分别针对对方脖颈两侧颈动脉形成挤压，这种利用单臂实施的血绞，瞬间发力即可令对方屈服。

❻ 动作不停，我以左前臂压着对方左肩头，借助这个支点，左肘向内侧摆动，双手合十，用力向上提拉，利用杠杆原理勒扼对方的脖颈。以右前臂桡骨为力点针对对方喉咙施加压力，令其呼吸困难，最终将其降服。

⑥

⑤

❺ 接下来，将左臂抬起，屈肘将前臂抵压在对方左肩上方，形成一个支点。右手顺势扣抓自己的左手。

技术要领

通过对诸多实战案例的分析，我们会发现，绞室技术因为都是围绕脖颈展开攻击的，所以也不能说气绞与血绞的攻击方式是绝对独立分开的，有的时候绞技是"气血混合"的，气绞伴随着血绞，血绞伴随着气绞。关键在于攻击者在具体运用技术动作时想要达到什么样的目的，通过调节与变化手臂的位置和方向来转换作用力点，最终确定绞室的形式。

| 桑搏 | 俄罗斯实战徒手格斗术 |

3　裸绞降服

　　裸绞是一招从对方背后实施绞杀的招数，这种绞窒技术威力巨大，实用性相当高，它能够用较小的力量制服强壮的对手，无论对方技术多么优秀、意志多么坚强，面对裸绞时也都只能乖乖就范。

　　裸绞技术多是在取得背后控制优势的前提下发动攻击的，无论对方是仰面朝天还是俯面朝地，都可以由其背后布置实施。实战中多用于背后偷袭，是军警控制抓捕敌人或者罪犯时常用的擒拿技术。

　　这里需特别提醒一下，绞窒技术一般都会在极短的时间内令对方窒息甚至昏厥，极易造成不可逆转的伤害，所以，在日常训练当中要密切注意训练伙伴的反应，尤其注意安全问题，掌握好分寸，点到为止，避免造成不必要的训练创伤。

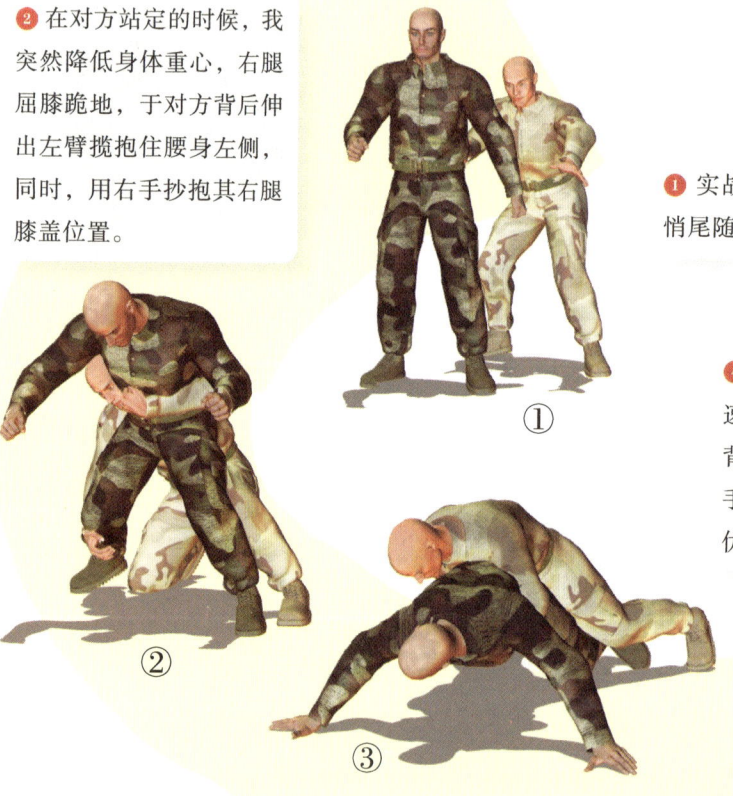

❷ 在对方站定的时候，我突然降低身体重心，右腿屈膝跪地，于对方背后伸出左臂揽抱住腰身左侧，同时，用右手抄抱其右腿膝盖位置。

❶ 实战中，对方在行走，我悄悄尾随，准备实施偷袭。

❹ 对方身体趴倒的一瞬间，我迅速随之前扑，顺势骑乘于对方后背之上，双腿夹紧对方躯干，双手按压其双肩，取得背后骑乘的优势。

❸ 动作不停，我右手向下滑动，勾抓对方右脚踝。然后，左脚用力蹬地，身体骤然右转、前冲，以左肩为力点推顶对方后背，右手配合向上提拉其右脚踝，迫使对方身体重心失衡而向前扑倒。

80

第二章　地面缠斗技术

❽ 最后，我左臂迅速屈肘，左手内旋，以手掌按住对方后脑部位，双臂夹紧，左手用力下压，针对对方脖颈形成裸绞。瞬间发力，即可令其屈服。头部可以配合用力抵压自己左手手背，以加大扼绞的力度。

❼ 动作不停，我上体继续前俯，胸部贴紧对方后背，左臂向前伸展，右手顺势抓住自己左上臂肱二头肌位置。

❺ 继而，我上体向前俯身，用右手扶撑对方头部右前方地面，并用左手自下而上扳拉对方额头，迫使其向上抬起头来，令其颈部下方露出空隙。

❻ 随即，我右臂屈肘，右手自右向左由对方脖颈下方穿插至其左肩上方，以右前臂桡骨横揽住其咽喉，准备实施扼绞。

技术要领

用左手扳拉对方头部，使其抬起头来，这一动作是实施扼绞窒息的前提。对方处于趴伏状态时，会本能地低头缩颈，甚至用双手抱住头部进行防护，只有成功地将对方的头颈抬起，才可以顺利进行之后的攻击步骤，左手扳拉对方额头或者口鼻都可以达到令其仰头就范之目的。

右臂屈肘自对方脖颈下方穿插的动作要迅速、准确到位，要求右臂肘部内侧与对方脖颈、咽喉贴紧，切勿留有余地。之后，右手一定要牢牢抓住自己左臂，双臂要用力夹持，从而使扼绞的结构更加坚固。发力时要以右前臂桡骨为力点勒紧对方咽喉。以右臂臂肘扼勒对方的咽喉时，左手反方向施加压力，头部可以用力向右下方抵压对方头部，这样会使扼绞更加具有威力。

桑搏 俄罗斯实战徒手格斗术

4　围巾绞

围巾绞的施力方式和受力位置与铡刀绞非常相似，区别在于在实施绞技时围巾绞要先控制住对方的一条手臂，并将其缠绕到对方脖颈上，仿佛给他围上一条围巾。这种攻击方法不仅可以达到绞窒的目的，同时还会对其手臂造成创伤。

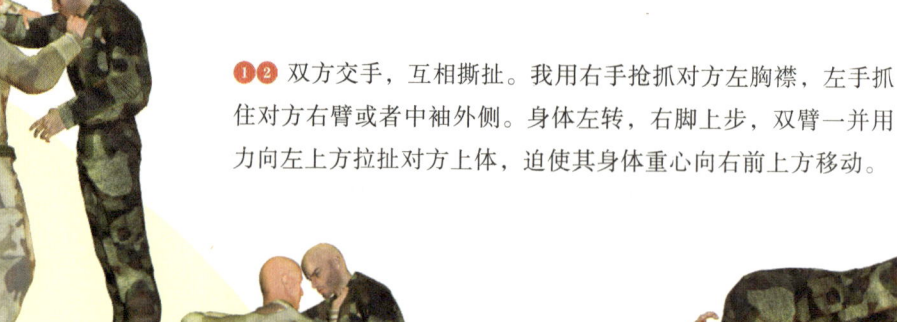

❶❷ 双方交手，互相撕扯。我用右手抢抓对方左胸襟，左手抓住对方右臂或者中袖外侧。身体左转，右脚上步，双臂一并用力向左上方拉扯对方上体，迫使其身体重心向右前上方移动。

❸ 动作不停，我身体继续向左后方转动，左脚顺势向后背步，落脚于对方左脚前方或外侧，以前脚掌着地，使右侧腰胯正对对方腹部。左手用力向左侧拉扯对方右臂，右手在攥紧对方胸襟的同时，右臂屈肘使手臂折叠夹紧，右肘尖向上抬起，以前臂支撑对方右侧腋窝。

❹ 紧接着，以左脚前脚掌和右脚脚跟为轴，向左后方转动身体，直至后背贴近对方胸腹部。身体重心下沉，左腿屈膝，右腿蹬直成左弓步。同时，双手用力向左下方牵拉对方右臂和胸襟，令其左侧胸部紧紧贴靠于我右侧后背，以及身体重心向右侧倾斜。

第二章　地面缠斗技术

❾ 待对方右臂被我绕至其脑后时，右手再向回拉扯，使我右前臂圈揽住对方脖颈左侧与咽喉部位，同时左臂以前臂尺骨为力点用力向下挤压对方脖颈右侧，双臂协同动作，瞬间形成扼绞之势。

❽ 继而，右手牢牢抓紧对方右手手腕，用力朝其头部上方推送，直至将右臂绕至其脑后。

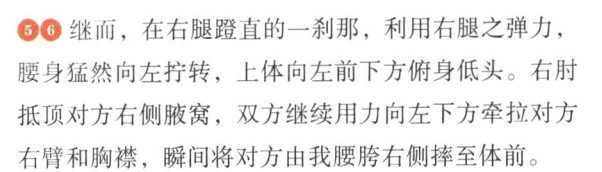

❺❻ 继而，在右腿蹬直的一刹那，利用右腿之弹力，腰身猛然向左拧转，上体向左前下方俯身低头。右肘抵顶对方右侧腋窝，双方继续用力向左下方牵拉对方右臂和胸襟，瞬间将对方由我腰胯右侧摔至体前。

❼ 随即，我上体前俯，身体重心下沉，双腿屈膝下蹲，右手用力向下推送对方右臂，迫使其手臂弯曲。同时，左臂屈肘，自左向右由对方右臂肘内侧穿过，并顺势屈肘抓住自己右上臂。

技术要领

　　双手控制住对方手臂和胸襟，开始时先向左、向上牵拉，再转体配合下肢别绊动作突然向下、向左后方拉扯，拉扯要有力、干脆。左脚向后背步时，要使自己身体右侧腰胯贴近对方腹部。身体背对对方时，右侧后背要尽量贴近对方左侧胸部，右侧胯部抵靠住对方腹部。

　　摔倒对方后，一定不要放松对其手臂的控制，这是进一步实施绞杀的前提。俯身下蹲时，注意保持自身的平衡稳定，不要让对方顺势拉扯跌倒。

　　右手抓握对方右腕推送盘绕至其脑后，再向回拉扯，这一系列动作要连贯顺畅。在扼绞瞬间，要以右臂桡骨为力点抵顶对方颈部左侧，以左臂尺骨挤压其颈部右侧，双臂上下交错发力。绞杀一刹那，上体前俯，以助发力，臀部后抬，保持自身平衡。这种扼绞技术在实施的同时也针对对方的右臂形成了弯臂锁降服，会令其肘关节造成损伤。

5　手臂三角绞（由上位实施的）

手臂三角绞是用双臂构成的三角形框架，将对方的脖颈和其一条手臂锁控其中，然后双臂收紧，利用自己的手臂和对方被困住的那条手臂对其脖颈两侧动脉实施勒扼与挤压，从而达到令其大脑供血不足之目的。它与之前章节介绍的裸绞的区别就在于，双臂构成的三角形框架中多了一条对手的手臂，而且这条手臂在整个降服过程中起到了至关重要的作用。它作为一个支点对对方脖颈一侧的动脉形成挤压，这是能够成功降服对方的一个关键。也正因为这一点区别，它的技术难度相对于裸绞要高一些，要求选手的反应能力更快、肢体协调能力更强、综合素质更高。

❶ 地面缠斗中，对方仰躺于地面，我取得优势，骑乘在对方身上。

❷ 发动攻击时，我突然俯身用胸部压制住对方的胸部。同时，右臂屈肘揽住对方的后脖颈，左手扶撑地面。

❸ 对方为了摆脱我的骑乘压制，可能会用右前臂使劲向上推抵我咽喉，以迫使我与其拉开距离，为逃脱骑乘创造动作空间。

❹ 我迅速用左手按住对方右上臂外侧肱三头肌位置，并用力将其向右侧推送，尽量使对方右臂贴靠在其脖颈右侧。

第二章　地面缠斗技术

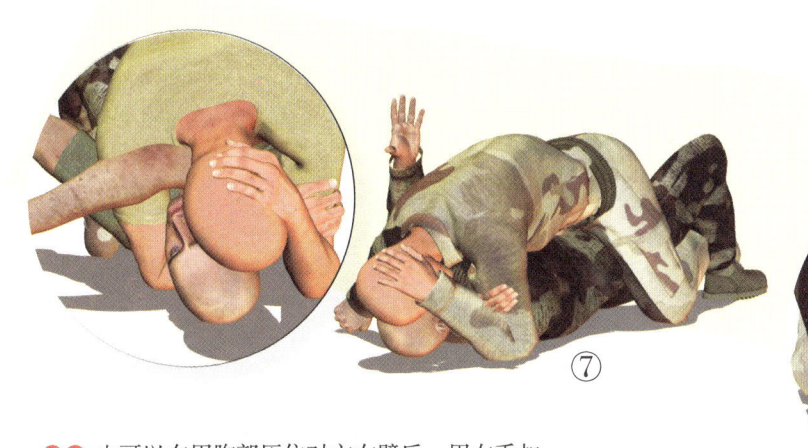

⑥⑦ 也可以在用胸部压住对方右臂后，用右手扣抓住自己左上臂内侧肱二头肌位置。然后，左臂屈肘，左手扳住自己的后脑勺，以进一步加大扼绞力度。双臂瞬间收紧，可令对方彻底屈服。这种降服技术就是手臂三角绞。

⑤ 旋即，我身体迅速前倾扑压，以前胸压住对方右臂。然后，左手抓住自己右手腕部，双臂形成圈锁之势，并用头部右侧抵压对手右侧脸颊，将其后背牢牢压制于地面。同时，为了防止对方挺腰抬胯将我掀翻下去，我可以将双脚向后伸展，缠绕住对方双腿，以提高自己的稳定能力。双臂形成固锁时，头部一定要配合手臂动作，一并将对方的肩、颈、臂牢牢箍紧，防止其脱肩转体。

技术要领

在具体实施手臂三角绞时要注意，双臂控制住对方脖颈与一条手臂后，双肩一定要合拢，头部一定要向内侧用力抵压，这样才能彻底夹紧对方的头颈与这条手臂，令其没有一丝活动空间，从而丧失任何反抗的能力。

另外，要注意的是，在双臂实施三角绞的过程中，双腿对对方下肢的缠锁不能放松，防止其翻滚身躯。

85

6 手臂三角绞（由下位实施的）

手臂三角绞的一个特点是应用灵活，可以从任何一个角度发动攻击，不仅可以由骑乘上位展开实施，而且在处于被动的下位情况下也可以用于防御反击，实践证明效果很好，往往能够瞬间翻转上下位的优劣局面，化被动为主动。

① 地面缠斗中，对方身躯陷于我的封闭式防守之中，被我用双腿钳制住腰部。对方利用上位优势用双手用力向下按压我的双肩，使我后背紧贴在地面上，限制了我的反击和防御能力。

②③ 在对方展开攻击之前，我抢先用双手抓住对方左臂，用力向上将其左臂由我身上推开。

④ 当对方左手手掌离开我右肩时，我再用力将其左臂朝我头部左上方拖拽。同时，臀髋配合向上挺起，带动双腿夹紧对方腰部向上推送，迫使其身体重心也一并朝我头部左上方倾斜。

⑤ 旋即，我上体前探，以左臂屈肘揽住对方脖颈，右臂抱住其腰背。此时，无形中对方左臂陷入双方脖颈之间，这为我下一步对其实施手臂三角绞降服奠定了良好的空间基础。

第二章　地面缠斗技术

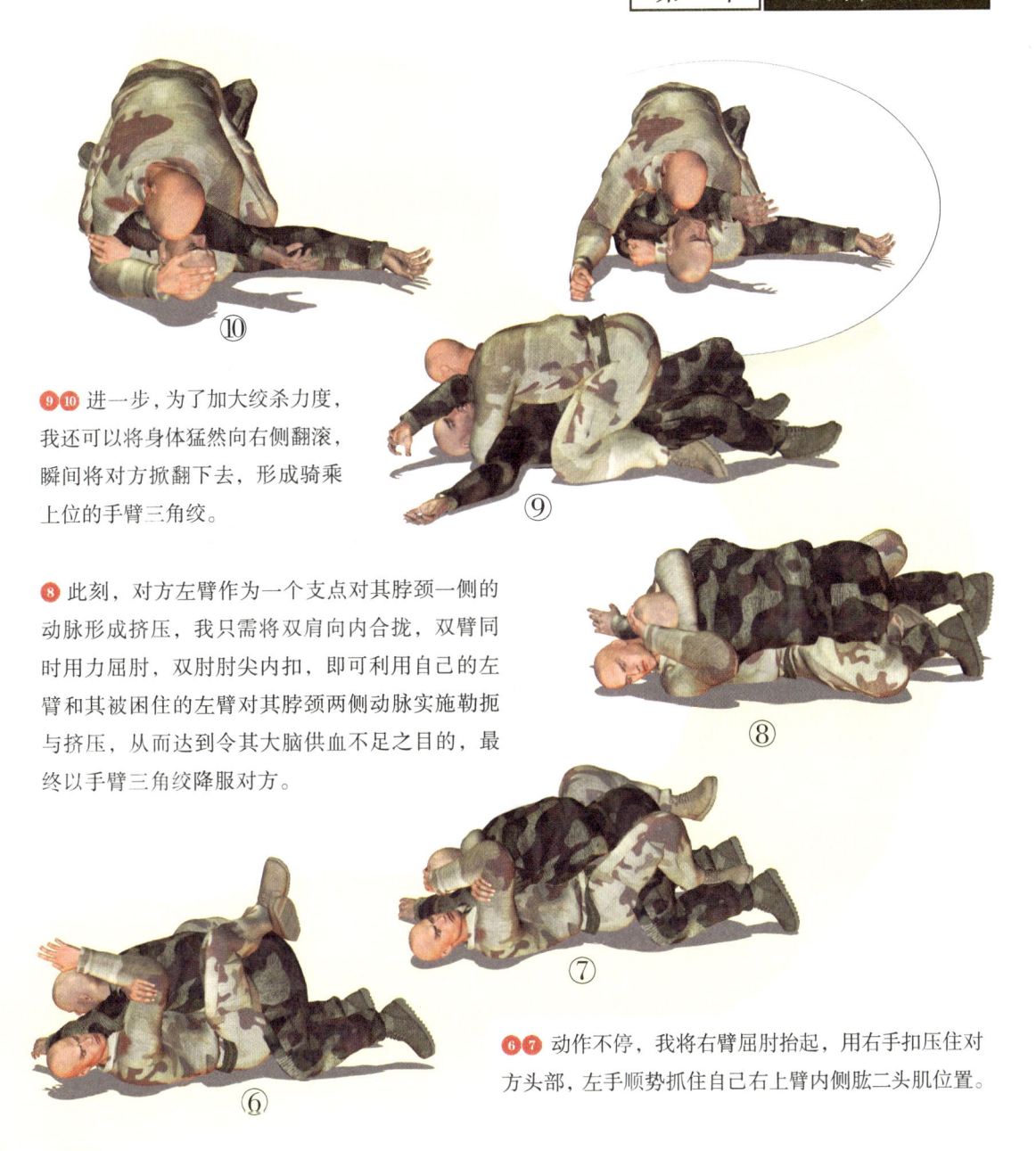

⑨⑩ 进一步，为了加大绞杀力度，我还可以将身体猛然向右侧翻滚，瞬间将对方掀翻下去，形成骑乘上位的手臂三角绞。

⑧ 此刻，对方左臂作为一个支点对其脖颈一侧的动脉形成挤压，我只需将双肩向内合拢，双臂同时用力屈肘，双肘肘尖内扣，即可利用自己的左臂和其被困住的左臂对其脖颈两侧动脉实施勒扼与挤压，从而达到令其大脑供血不足之目的，最终以手臂三角绞降服对方。

⑥⑦ 动作不停，我将右臂屈肘抬起，用右手扣压住对方头部，左手顺势抓住自己右上臂内侧肱二头肌位置。

技术要领

　　由上位展开的手臂三角绞相较于下位实施的三角绞更加具有威力，也更加节省体力，处于上位时，你可以将整个身体的重量施加到手臂上。反之，对方处于上位时，尽管其一条手臂被你捆住，但是其另一只手是自由的，对方会本能地用这只手扶撑地面，以加大挣脱的力度。所以，在实战中，下位选手一旦用双臂锁定对方脖颈后，如果条件允许，最好是能够迅速翻滚身躯将对方压制在身下，这样自上而下地实施手臂三角绞更加具有降服威力。

7　肩固

　　肩固技术其实是手臂三角绞中的一类，两者有异曲同工之妙。肩固多是由正面上位或者侧控位发动攻击，比如在取得骑乘势上位、侧向压制等优势体位，或者在运用摔跤技术撂倒对方的一刹那，都可以进一步顺利地运用肩固技术降服对方。

　　肩固降服的降服原理与手臂三角绞技术相同，同样都是利用双臂将对方的脖颈和其一条手臂控制住，然后收紧双臂，利用自己的手臂和对方被困住的那条手臂对其脖颈两侧动脉施加相向的压力，最终使对方因大脑供血不足而被我降服。

　　由于这种绞窒技术在降服对方的同时，还能够达到将对方的后背牢牢地固定在地面上的目的，所以它也属于"固技"的一种，故而被称作肩固。

❶ 对方仰躺于地面，我由其身体右侧趴伏，展开侧向压制，双臂环抱其上体，令其后背紧贴地面。

❷ 对方出于反抗的本能，会用左前臂向上推顶我下颌及咽喉部位，挣扎顽抗。

❹ 继而，我双腿屈膝收拢，令两膝盖抵住对方右侧躯干。上体前俯、低头，臀部向上抬起。右臂屈肘，以前臂支撑地面，左手抓住自己右手腕部，头部顺势向左用力抵住对手左上臂外侧。周身动作协调，双臂合拢，连同对方左臂与脖颈一并牢牢锁定。

❸ 我顺势用右手向左侧推拨对方左上臂外侧，将其推送至我左侧肩头处，并尽量靠近我左侧肩头。

第二章　地面缠斗技术

❾ 进一步，我可以用左手抓住自己右上臂内侧位置，右臂屈肘，右手扳住自己的后脑勺，以提高扼绞威力。最终双臂屈肘收紧，对对方实施肩固降服。

❽ 在双臂牢牢锁控住对方脖颈和左臂的前提下，我左腿向左前方摆动，右腿向右后方摆动，双腿伸展成"人"字型。左侧臀部着地，同时头部向左侧抵压住对方左臂外侧，以加大上肢的锁控力度。

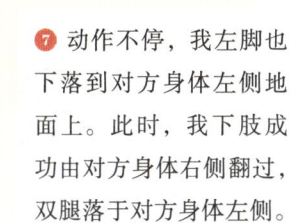

❼ 动作不停，我左脚也下落到对方身体左侧地面上。此时，我下肢成功由对方身体右侧翻过，双腿落于对方身体左侧。

❻ 紧接着，我右脚在对方身体左侧地面下落。几乎同时，左脚用力蹬地，使左腿向上抬起。

❺ 随即，臀髋向上提起，右脚用力蹬地，右腿向上高高抬起，使身体倒立竖起。

技术要领

在具体实施时要注意，双臂控制住对方脖颈与一条手臂后，头部一定要向内侧用力抵压，将整个身体的重量施加到手臂上，这样才能彻底夹紧对方的头颈与这条手臂，令其没有一丝活动空间，从而丧失任何反抗的机会。

右手推送对方左臂要迅速、准确到位，并立即低头俯身，双臂屈肘收拢，牢牢扼住其脖颈；双脚蹬地动作要协调、有力。

下肢由对方身体一侧翻越至另一侧的过程中，双臂要始终牢牢控制住对方的脖颈和左臂，切勿松脱。

桑搏　俄罗斯实战徒手格斗术

8　蟒蛇绞

蟒蛇绞，顾名思义就是像蟒蛇一样绞杀对手，是缠斗高手对付摔跤手抱腿摔时常用的一种反击技术。

蟒蛇绞本质上是从对方正面针对其头部实施的手臂三角绞，并且在绞锁住对方脖颈的基础上翻滚身躯，以增加降服力度。由于身体翻滚时仿佛蟒蛇在地上打滚，故而得名。

❶❷ 当对方向前蹲身，前腿跪地，并伸出双手扑抱我位于前面的左腿的一刹那，我左脚迅速向后撤步，同时俯身，双掌自上而下按压对方后背，利用身体重量将对方向下压制，令其双手无法抱拢我双腿，从而成功破坏其下潜抱摔的意图。

❸ 对方被迫俯身扑倒不得不用双手扶撑地面，我迅速随之俯身，双膝跪地。右臂首先屈肘，自对方脖颈左侧经其胸部穿插至右腋侧。同时，左手扳住对方右臂肘关节外侧。

❹ 然后，我左手用力扳拉对方右臂，破坏其平衡支撑。随即，左臂迅速屈肘向上，以肘窝部位夹住自己的右手，并用胸部贴紧对方后背与后脑部位。

❺ 动作不停，我左臂内旋，左手扣按住对方后背，右手顺势抓住自己左上臂内侧，双臂合拢收紧，从而牢牢控制住对方的脖颈与上身，形成扼绞之势。

第二章　地面缠斗技术

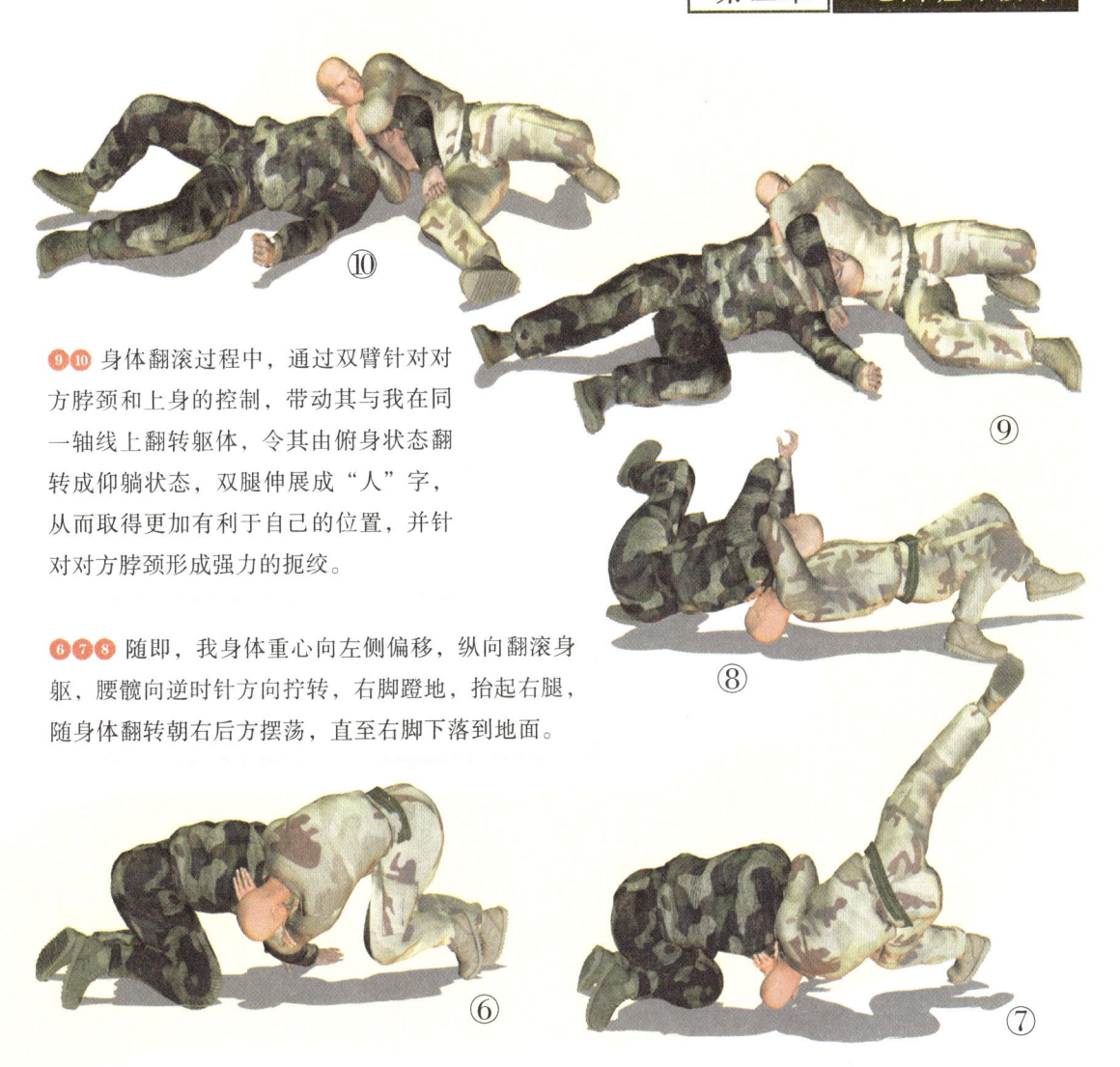

❾❿ 身体翻滚过程中，通过双臂针对对方脖颈和上身的控制，带动其与我在同一轴线上翻转躯体，令其由俯身状态翻转成仰躺状态，双腿伸展成"人"字，从而取得更加有利于自己的位置，并针对对方脖颈形成强力的扼绞。

❻❼❽ 随即，我身体重心向左侧偏移，纵向翻滚身躯，腰髋向逆时针方向拧转，右脚蹬地，抬起右腿，随身体翻转朝右后方摆荡，直至右脚下落到地面。

技术要领

　　右臂的穿插动作要及时、准确、到位。左手扳拉对方右臂、屈肘内旋、扣按对方后背这一系列动作要连贯协调。

　　施展蟒蛇绞技术时，需要将前臂同时越过对方的脖子和腋窝，在圈锁颈部时也一并锁住对方的一条手臂，同时身体下沉，这样空间缩小，勒得更牢固，对方难以挣脱，进而彻底将其制服。如果在完成蟒蛇绞时发现对方还有呼吸的空间，我可以像蟒蛇一样缠住猎物在地上翻滚，同时双臂不断收紧，这样对方很容易失去重心，最终被降服。

　　身体在纵向翻滚时，注意双脚的动作要灵活、机动。这里利用身体的翻滚来转换体姿，不仅能够达到获取有利于自己的位置之目的，同时大幅度的翻滚动作无形中也加大了扼绞的力度，瞬间的纵轴滚动极有可能损伤对方的脖子。

桑搏 俄罗斯实战徒手格斗术

9 断头台

断头台是一种非常凶险的窒息降服技术，由于其动作酷似西方中世纪时用"断头台"行刑的情景而得名。这种技术主要是用手臂圈锁住对方脖颈，针对其咽喉气管施压进行勒扼，导致对方呼吸困难、窒息。使用时手臂施压造成血液循环阻塞，形成与裸绞类似的效果，可以将其视作一种正面实施的裸绞技术。

断头台同样也是一种对付抱腿摔非常有效的防御手段，这种技术一旦做死，对方基本上就很难再逃脱了。

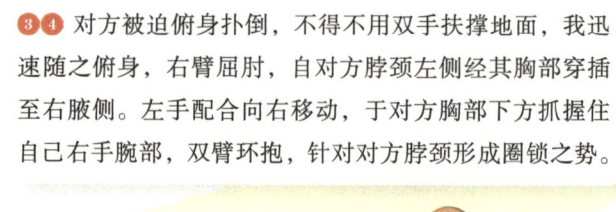

❶❷ 当对方向前蹲身，前腿跪地，并伸出双手扑抱我位于前面的左腿的一刹那，我左脚迅速向后撤步，同时俯身，双掌自上而下按压对方后背，利用身体重量将对方向下压制，令其双手无法抱拢我双腿，从而成功破坏其下潜抱摔的意图。

❸❹ 对方被迫俯身扑倒，不得不用双手扶撑地面，我迅速随之俯身，右臂屈肘，自对方脖颈左侧经其胸部穿插至右腋侧。左手配合向右移动，于对方胸部下方抓握住自己右手腕部，双臂环抱，针对对方脖颈形成圈锁之势。

第二章　地面缠斗技术

❽ 臀部着地后，我的裆腹部抵顶住对方后颈部位。然后，上体向后仰，双臂勒紧，左腿向下压制对方躯干，周身协调动作，针对对方脖颈展开勒扼，可令其瞬间屈服。

❼ 继而，我身体重心后沉、下落，右腿屈膝，以臀部着地，左脚顺势向左上方抬起。当左脚抬至对方后背上方时再向右摆动、下落，勾住其后背。

❻ 紧接着，我右脚抬起，向前上步，落脚于对方左手后方，以右小腿抵顶住对方左肩。

❺ 随即，我双脚蹬地，挺膝直腿，臀部向上挺抬起来，上身前俯压制住对方后背。

技术要领

　　双臂抱先圈揽住对方脖颈时，右臂要紧紧贴靠对方左侧脖颈，其间不要留有空隙，左手必须抓牢右手手腕，双臂屈肘收拢，防止对方抽脱。

　　双腿蹬直起身后，上体一定要向前俯，利用自身的体重压制住对方的后背，同时可以用头抵住对方后背。

　　臀部坐下时，裆腹部一定要有意识地抵顶对方后颈，使其夹持在我裆腿之间，配合手臂的扼绞，瞬间可使对方脖颈受伤。

　　左腿搭在对方后背上要用力向下压制，这样可以加大扼绞的力度，是必不可少的辅助动作。

10 腿部三角绞

腿部三角绞是一种非常具有代表性的用双腿实施的降服技术，省力且效果显著。其基本降服原理是，双腿搭扣在一起，形成一个三角形，将对方的脖颈和一条手臂置于这个稳固的三角形中间，然后逐步向中心收拢双腿，利用下肢大肌群内收的力量，挤压对手的一条手臂和颈部动脉，达到扼绞对方脖颈的目的，其降服原理与手臂三角绞基本相同。

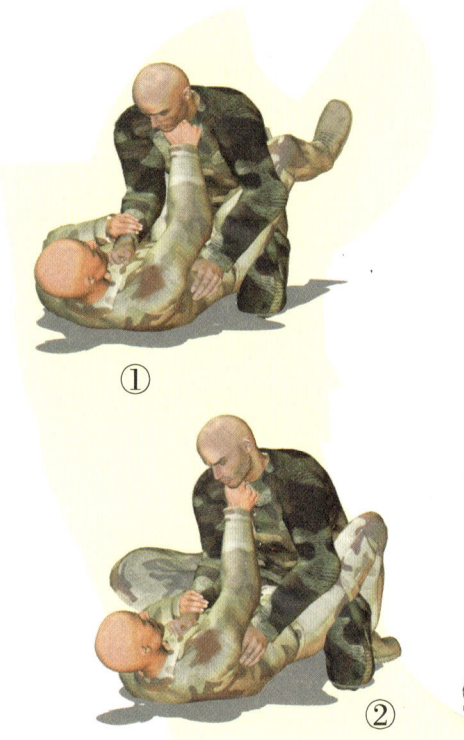

❶ 在地面缠斗中，我仰躺于地面，处于封闭式防守下位，对方腰身被我双腿锁定。我用双手分别控制对方的衣领和衣袖，以限制其进攻能力。

❷ 为了顺利实施腿部三角绞，我双腿先放松对方腰身的钳制，左腿屈膝抬起，用左脚蹬抵住对方右侧髋关节位置。右脚下落，用前脚掌撑住地面。

❸ 旋即，我身体左转，左脚猛蹬对方右髋，借此推动我臀髋向右后方移动做出虾行动作。同时，右腿顺势向上抬起并向外侧摆动。

第二章　地面缠斗技术

❺ 左腿继续推蹬对方右髋，使上身略向右侧摆动，以创造更好的攻击角度，便于右腿屈膝勾裹住对方后脖颈。一旦我右腿勾住对方后脖颈，左腿膝关节立即内扣，夹紧对方右肩。

❻ 旋即，我臀髋向上抬起，左脚离开对方右髋，快速向上摆动抬起。然后，左腿屈膝勾挂住自己右脚脚踝。同时双手控制住对方右臂，用力将其朝我右胯侧推送，并将其固定在右髋部。最后，双腿同时发力，双膝收紧，针对对方的脖颈形成腿部三角绞，令其大脑供血不足。

❹ 动作不停，我右腿继续向上抬高，并向左侧摆动，跨过对方左臂，以膝窝勾住对方左肩。

技术要领

　　腿部三角绞成型的时候，对方头颈部和一条手臂是被你双腿固定住的，是没有移动空间的，此时稍微一发力，对方就会感觉呼吸困难（达到气绞的效果），或者大脑供血不足（达到血绞的效果）。这时对方若还不拍垫认输，你可以进一步收紧双腿构成的"三角形"，并且用手掰对手头部，同时往你腹部拉扯，这个动作足以将对方制服。

95

11 反向腿部三角绞

腿部三角绞这种技术的另一个特点是应用灵活，可以从任何一个角度发动攻击，尤其适合用来对付处于上位的对手。只要你能将对方的一条手臂和头颈控制在两腿之间，随时都能施展腿部三角绞技术，而且它还有很多姿势变化和引申应用。

腿部三角绞一般都是由下位选手展开实施的，偶尔也会有人由上位展开攻击，比如在骑乘势状态下运用，攻击效果同样也很好。实战中，不仅仅可以在双方面对面的情况下使用，也可以在对方背后位的状态下运用。

❷ 发动攻击时，我抬左腿跨过对方后背，将臀部骑坐在其后腰上，形成背后骑乘之势。

❶ 实战中，对方处于被动局面，双腿屈膝跪伏于地，呈龟式防守姿态。我站立于对方身体右后方，俯身用双手按住其后背，准备发动攻击。

❹❺ 在此关键时刻，我需迅速沉降重心，向前俯身，向下伸展右臂，左手自对方左侧腋下向右穿插而过，并顺势用左手扳住自己右脚踝。

❸ 然后，我右脚向前移动，落脚于对方右肩前下方。对方出于防卫目的，会本能地用右臂圈揽住我右小腿，意欲向前拱身将我摔倒。

| 第二章 | 地面缠斗技术 |

⑩ 继而，右手推撑地面，上体前探，伸出左手，牢牢抓住对方腰带。双腿屈膝收拢、夹紧，以胸腹部抵住对方后脑，周身协调动作，以右小腿内侧为力点挤勒对手脖颈、咽喉，进而将其制服。

❽❾ 紧接着，我左脚向上抬起，左手放松对自己右脚踝的抓握。在松手的瞬间，左腿迅速屈膝，以膝窝勾挂住自己的右脚踝，右腿收紧，圈牢对方脖颈部位，与左腿配合形成一个三角形。

❻ 随即，我身体向右侧移动、倾倒。倒地瞬间，我身体向左上方翻转，以右侧臀部着地。同时，右臂屈肘支撑地面，瞬间以自己身体的翻倒动作带动对方一并翻倒在地。

❼ 双方倒地后，我身体继续向左翻转，左手始终牢牢控制住自己右脚踝。

技术要领

俯身弯腰、左手穿插动作要及时准确，掌握好时机，稍有迟疑，就会被判为向前掀翻。左手扳拉、抓握自己右脚要牢固、可靠。

倒地时要利用自己身体的倾倒带动对方摔倒，并注意一定要以右侧臀部着地，以缓冲摔倒的冲力，不要用后背着地，防止受伤。

倒地过程中，左手要始终抓牢自己的右脚踝，并配合向左后上方用力拉扯，以便顺利将对方掀翻。

左腿勾挂右脚踝的动作要流畅、自然、牢固，切勿手忙脚乱。实施颈部扼杀时，一定要用胸腹部抵顶对方后脑，以便加大力度。

12 胫骨绞

与之前介绍的腿部三角绞一样，胫骨绞同样是用腿部实施的绞杀技术，但它是一种比较独特的绞杀技术，由于它的发力攻击点是胫骨而得名。虽然发动攻击时的发力点不同，但是这种技术实际上也属于三角绞，可以从防守下位或者骑乘上位展开实施。

❶ 地面缠斗中，当我处于半防守下位时，抢先用右手抓住对方左腕，用左手勾揽住对方后脖颈。同时，我左腿胫骨抵顶在对方腰腹部上，形成开放式半防守。

❷ 发动攻击时，我左手松开对方的脖颈，顺势抓住其右上臂外侧。左腿胫骨用力向前推抵对方的胸部，使彼此间的距离拉开一些。

❸ 对方上身略向后仰起的一刹那，我立即将左腿由对方身前向左外侧滑出。然后，展膝抬腿，向右侧摆动，使左脚越过对方头顶。

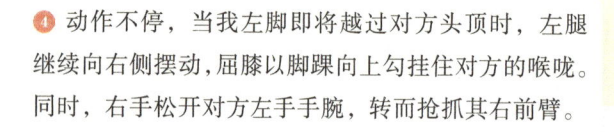

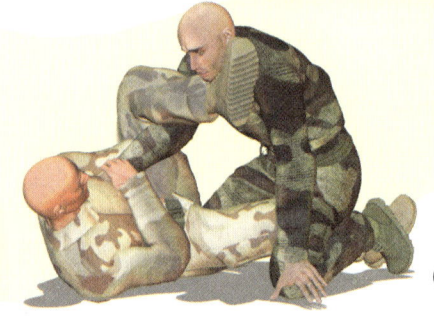

❹ 动作不停，当我左脚即将越过对方头顶时，左腿继续向右侧摆动，屈膝以脚踝向上勾挂住对方的喉咙。同时，右手松开对方左手手腕，转而抢抓其右前臂。

第二章　地面缠斗技术

❼ 最后，我上体后仰，带动左手使劲向左上方拉扯自己左脚。对方的脖颈被我左脚脚背、左腿胫骨和左前臂构成的三角形框架锁定其中。我瞬间发力收缩这个三角形，即可制服对方。

❻ 然后，上体略前探，我左手绕过对方后脖颈，牢牢抓住自己左脚脚尖。此时，我左脚脚背紧贴对方左侧脖颈，左腿胫骨则紧贴其右侧脖颈。

❺ 随即，我用左侧腋窝夹紧对方右手手腕，左脚脚尖勾起，使脚背紧贴对方左侧脖颈。

技术要领

　　左脚勾住对方的脖颈后，要迅速将脚尖上勾，使脚背紧贴对方一侧脖颈。最终使左脚脚背、左腿胫骨和左前臂桡骨构成一个三角形的框架，将对方的脖颈围绕其中。然后，只要用力收缩这个三角形，就会以胫骨为力点针对对方的喉咙形成挤压，令其屈服。

　　注意，在左手和左腿发力绞杀对方脖颈时，右手务必牢牢控制住对方右前臂。同时，身体可以略向右侧转动，针对其右臂肘关节实施扭别。

| 桑搏 | 俄罗斯实战徒手格斗术 |

变通应用

① ② ③ ④ ⑤ ⑥

胫骨绞一般是处于下位被动局面时实施的反制技术，实战中不仅可以用单腿实施，也可以用双腿实施。

① 地面缠斗时，对方陷入我的封闭式防守之中，他用双手抓扯按压我胸膛，防止我欠身坐起。我用双手扣抓对方双腕，将其牢牢控制在胸前，防止其逃脱。

② 紧接着，我将双腿向上抬高，由夹锁其腰身转变为夹持其脖颈，双脚脚踝于其颈后交叠。

③ 双腿控制住对方肩颈后，我双手用力向两侧拉扯对方双手手腕，迫使其双手由我胸前滑落至身体两侧。

④ 旋即，我双臂屈肘，肘尖朝身体内侧收拢，用两侧腋窝夹紧对方双手手腕。同时，双腿膝关节内扣，控制住对方上身。

⑤ 进一步，我依次将小腿由对方肩颈后方移动到脖颈前方，双腿交叉，用两小腿胫骨部位挤顶住其咽喉，使双脚分置于其脸颊两侧。

⑥ 最后，我双手扣揽住对方双臂肘关节外侧，双腿夹紧，腰髋上挺，尽量挺直身躯，以腹股沟为力点托顶对方双臂肘关节。实施直臂锁降服的同时，双腿以脚踝为力点向上推挤、绞夹对方脖颈、咽喉位置，令其呼吸困难而屈服。

第三章
投摔降服技术

本书前面两章分别介绍了桑搏的投摔和地面缠斗的一些基本技术，这一章将为大家讲解投摔降服技术，实质上就是柔道运动中所谓的"联络技"，即投摔与降服的组合运用。这里介绍的降服技术以关节降服为主。

桑搏关节降服技术主要分为两大类：一类是针对上肢肩、肘、腕关节实施的降服控制手段，我们称为"臂锁降服"；另一类是针对下肢髋、膝、踝关节实施的降服技术，我们称为"腿锁降服"。

臂锁降服类的技术动作简单，技术难度小，内容丰富，变化莫测，相对于其他降服技术，它是一种非常节省力量，且威力巨大的控制手段，实战中往往可以达到"以巧破千斤"的效果，其实用价值和应用效果非常显著。

腿锁技术在桑搏运动体系中更是不可或缺的重要组成部分，它是桑搏地面缠斗中的重头戏，可谓其理精湛深邃，其术奥妙无穷，其法变化多端，具有极高的研究价值和借鉴价值。在当今享誉世界的终极格斗大赛（UFC）的八角笼里，也经常可以看到选手娴熟地使用腿锁技术彻底降服对手，其实战价值可见一斑。

第一节　投摔后实施的直臂锁降服

直臂锁降服（Straight Arm lock），是一种针对对方伸直的手臂实施的锁控技术，是典型的针对肘关节实施的反关节降服手段。实战中一般都是在借助技术动作固定住对方上体后，以躯体或者肢体的一部分作为支点，抵顶或者别压对手的肘关节外侧，同时将反方向力量作用于对方前臂或手腕，最终达到迫使对方的肘关节过度伸展而屈服的目的。

肘关节位于上臂与前臂之间，是整个上肢运动链的中枢环节，是一个既复杂又薄弱的关节。肘关节的活动范围非常有限，只能做屈伸运动，其后伸角度又极为有限，上肢的其他运动及肘关节的内收、外展运动，是依靠肩关节完成的。可以说，控制了肘部就连带限制了肩关节的活动，从而基本上控制了上肢。事实上，在实战中对对方实施的手臂降服技术有一半是通过控制肘关节实现的。其中直臂锁是一种非常节省力量，又极具实用价值的降服手段，深受格斗爱好者的喜爱，应用极其广泛。

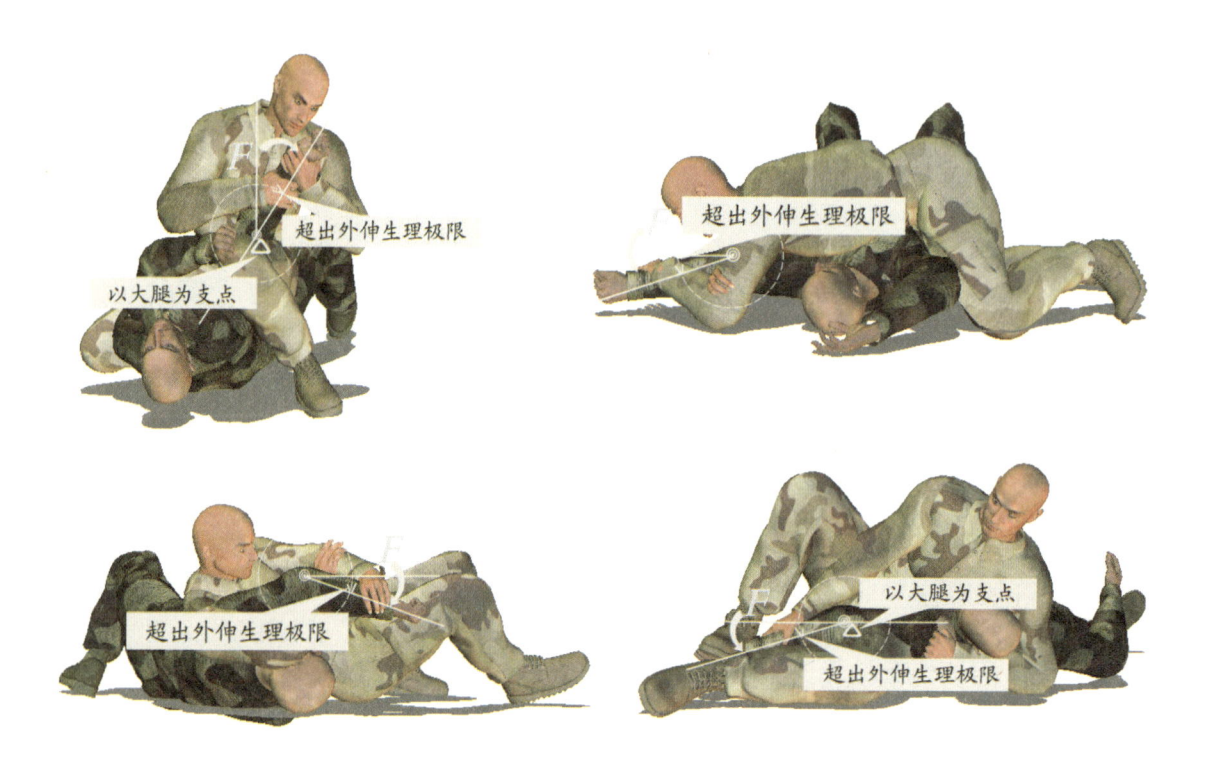

第三章　投摔降服技术

1　实战应用范例一

❶ 双方交手，相互撕扯，我抢先用右手抓住对方左手腕部。左手自对方左肩上方绕至其背后，抄抓其后腰腰带。抓住对方后腰腰带后，左臂立即屈肘回拉，并以肘尖用力向下抵压对方后背。

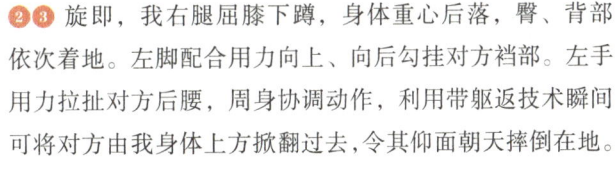

❷❸ 旋即，我右腿屈膝下蹲，身体重心后落，臀、背部依次着地。左脚配合用力向上、向后勾挂对方裆部。左手用力拉扯对方后腰，周身协调动作，利用带躯返技术瞬间可将对方由我身体上方掀翻过去，令其仰面朝天摔倒在地。

❹❺ 对方后背触及地面的一刹那，我迅速向左侧翻滚身躯，并用左臂屈肘揽住对方左臂肘关节部位。几乎同时，左脚向左后方摆动，右脚向右前方摆动，将双腿岔开。右手牢牢控制住对方左手腕部，左臂屈肘，左手顺势扣抓自己右上臂肱二头肌的位置。

❻ 动作不停，我身体继续向左翻滚，呈趴伏状态，顺势用右侧胸部压住对方左肩与左上臂的位置。左前臂横垫在对方左肘关节外侧下方，形成一个支点。然后，我右手用力向下扣压对方左手手腕，瞬间发力即可针对其左臂肘形成直臂锁降服，令其因肘关节过度伸展，最终屈服。

103

| 桑搏 | 俄罗斯实战徒手格斗术 |

2 实战应用范例二

❶ 双方交手，对方用双手搂抱我上身，我用右手抓住对方左臂，用左手抄抓对方后腰或者后背，彼此相持角力。

❷ 发动攻击时，我先用右手抢抓对方左前臂，然后左手松开对方腰带，左臂朝对方右臂外侧滑动，以左臂内侧肱二头肌部位勾住对方右臂肱三头肌部位。

❸ 动作不停，我身体重心略上提，左脚向右脚方向移动。同时，左臂屈肘向上圈提对方右臂根部，迫使对方身体重心随着我的动作向我身体右侧移动。

❹ 随后，在迫使对方身体重心侧向偏移之际，我身体猛然向左转动，左脚果断抬起，顺势扫踢对方右脚脚后跟，破坏其重心平衡，使其双脚离地，向后仰摔。

❺ 周身动作协调，瞬间将对方摔倒在地。对方后背着地一刹那，我随之俯身，用右手按住对方身体，左臂屈肘揽住对方右臂，将其夹持于我左侧腋下。

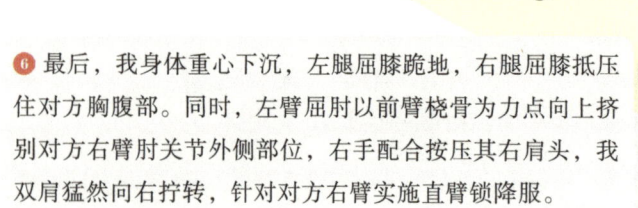

❻ 最后，我身体重心下沉，左腿屈膝跪地，右腿屈膝抵压住对方胸腹部。同时，左臂屈肘以前臂桡骨为力点向上挤别对方右臂肘关节外侧部位，右手配合按压其右肩头，我双肩猛然向右拧转，针对对方右臂实施直臂锁降服。

104

第三章　投摔降服技术

3　实战应用范例三

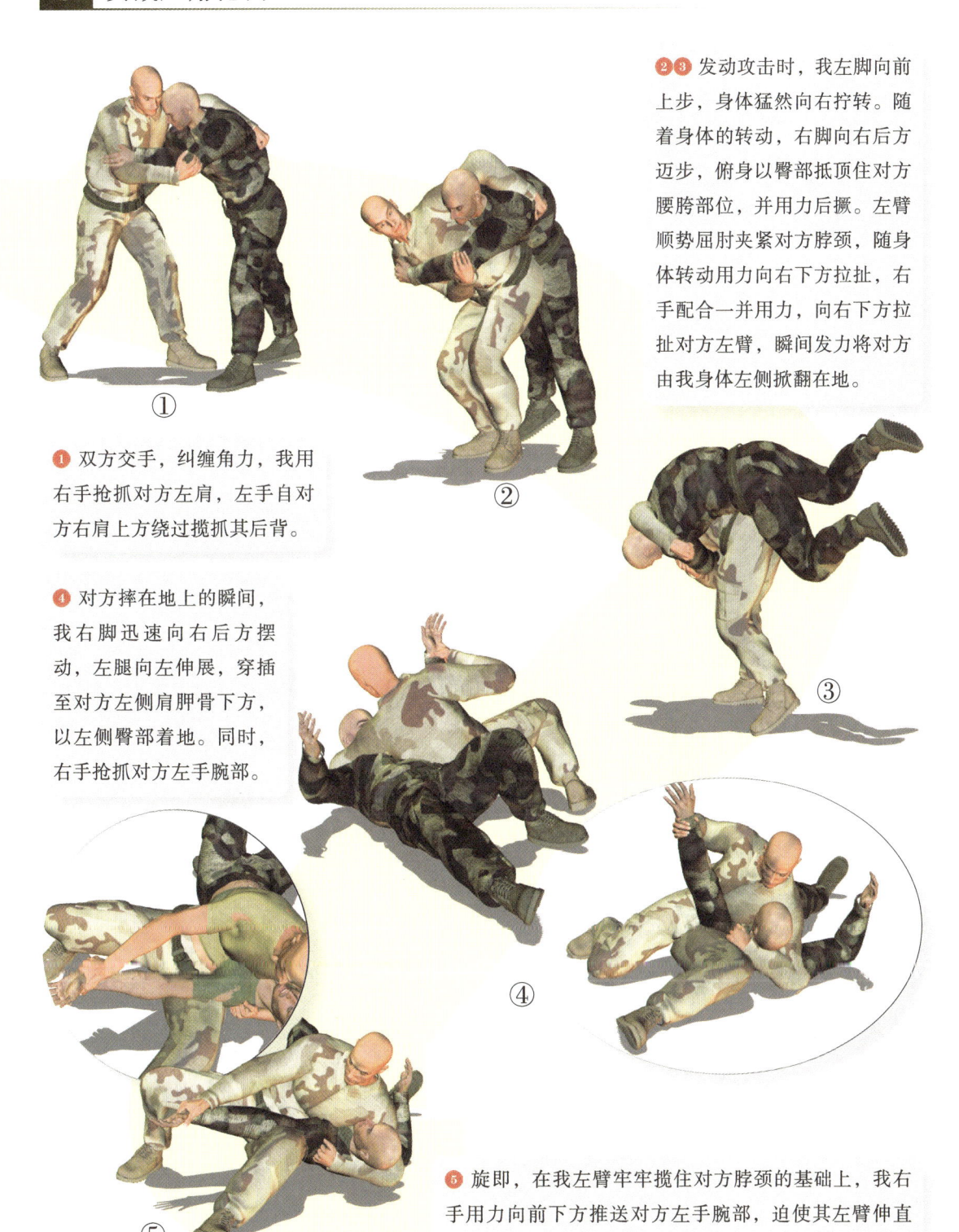

❷❸ 发动攻击时，我左脚向前上步，身体猛然向右拧转。随着身体的转动，右脚向右后方迈步，俯身以臀部抵顶住对方腰胯部位，并用力后撅。左臂顺势屈肘夹紧对方脖颈，随身体转动用力向右下方拉扯，右手配合一并用力，向右下方拉扯对方左臂，瞬间发力将对方由我身体左侧掀翻在地。

❶ 双方交手，纠缠角力，我用右手抢抓对方左肩，左手自对方右肩上方绕过揽抓其后背。

❹ 对方摔在地上的瞬间，我右脚迅速向右后方摆动，左腿向左伸展，穿插至对方左侧肩胛骨下方，以左侧臀部着地。同时，右手抢抓对方左手腕部。

❺ 旋即，在我左臂牢牢揽住对方脖颈的基础上，我右手用力向前下方推送对方左手腕部，迫使其左臂伸直且肘窝朝上，以及肘关节外侧朝下，置于我左大腿上方。

105

桑搏 | **俄罗斯实战徒手格斗术**

❻ 由于此时我左大腿横置于对方左肘下方，形成了一个支点，我只需将右腿屈膝向内侧扣压，以膝窝向下压制对方左手腕部，即可对其左臂肘关节形成反关节创伤。

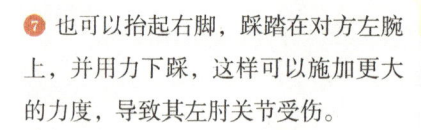

❼ 也可以抬起右脚，踩踏在对方左腕上，并用力下踩，这样可以施加更大的力度，导致其左肘关节受伤。

4　实战应用范例四

❶ 双方交手，相互缠抱在一起，我抢先用右手搅抓住对方左上臂，将其搅至怀中。左手由对方左肩头上方穿过，向下抓住其背后衣衫或后腰带，并用力向下压制，迫使其低头俯身，为进一步展开攻击做好准备。

❷ 发动攻击时，我左手松开对对方后背的控制，直臂向右下方摆动，以左上臂肱三头肌为力点向下挤压对方左侧肩胛骨部位。

❸ 随即，我左手由对方左臂外侧向其裆部内侧穿插，沿其大腿内侧搅抓左大腿根部。

第三章　投摔降服技术

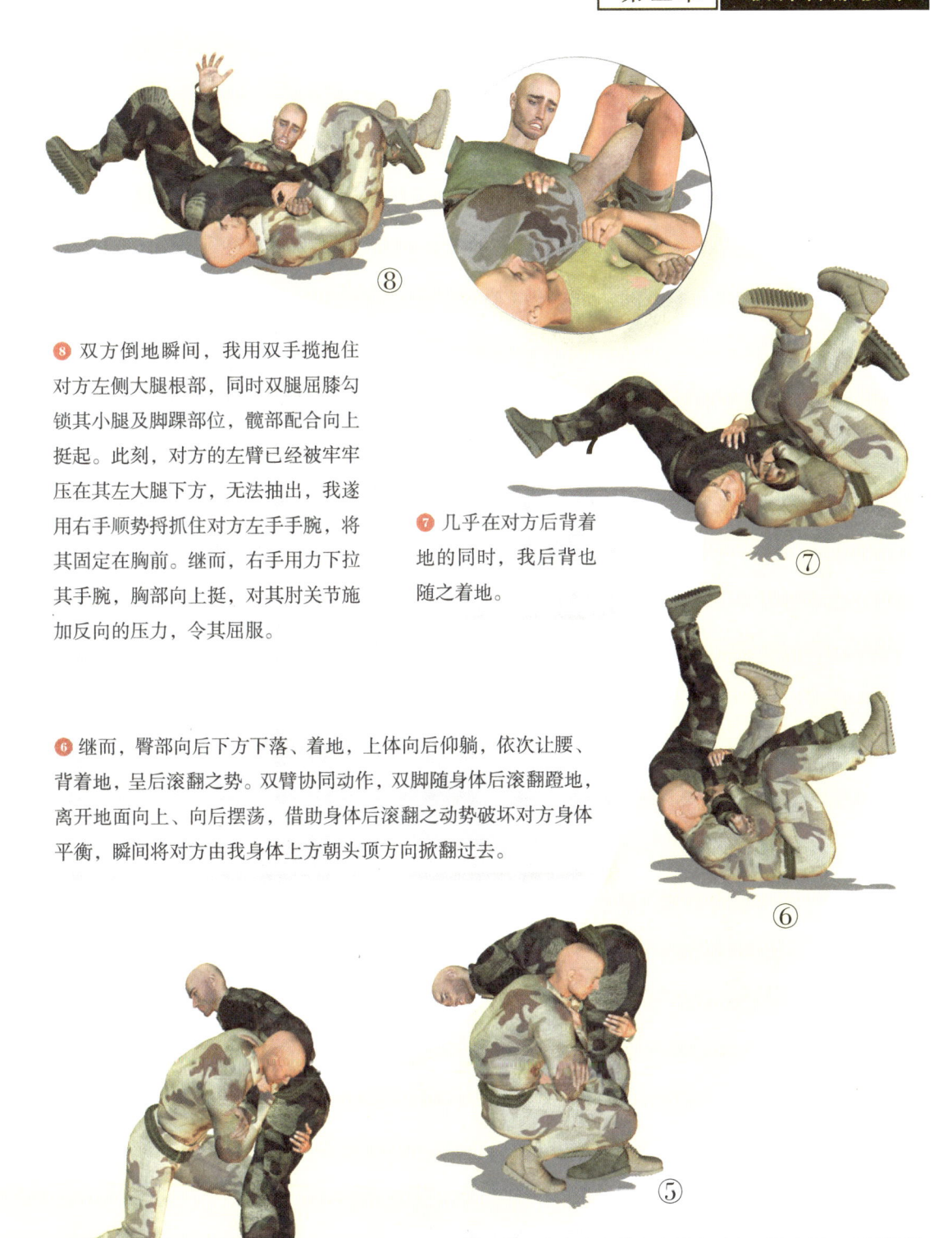

❽ 双方倒地瞬间，我用双手揽抱住对方左侧大腿根部，同时双腿屈膝勾锁其小腿及脚踝部位，髋部配合向上挺起。此刻，对方的左臂已经被牢牢压在其左大腿下方，无法抽出，我遂用右手顺势捋抓住对方左手手腕，将其固定在胸前。继而，右手用力下拉其手腕，胸部向上挺，对其肘关节施加反向的压力，令其屈服。

❼ 几乎在对方后背着地的同时，我后背也随之着地。

❻ 继而，臀部向后下方下落、着地，上体向后仰躺，依次让腰、背着地，呈后滚翻之势。双臂协同动作，双脚随身体后滚翻蹬地，离开地面向上、向后摆荡，借助身体后滚翻之动势破坏对方身体平衡，瞬间将对方由我身体上方朝头顶方向掀翻过去。

❹❺ 动作不停，我左脚向前径直踏入对方两脚之间，右脚紧跟着向对方左脚外侧上步。然后，双腿屈膝下蹲，身体重心猛然下沉，左臂牢牢搂抱住对方左侧大腿根部，右手牵制其左臂，将其固定在我胸前。

107

桑搏 俄罗斯实战徒手格斗术

5 实战应用范例五

② 我率先发动攻击，趁其不备，左脚向前快速上步，脚尖外摆，横向落步。

① 实战中，双方近距离纠缠在一起，我用左手抢抓对方右上臂，右手拉扯其左肩。对方右手抓住我左上臂，左手抓扯我右肩头，彼此开始角力。

③④ 动作不停，我身体向左转动，右脚随势向左前方上步，落脚于对方右脚外侧，脚跟提起，以前脚掌着地。双腿屈膝，重心下沉。右臂随身体转动伸展至对方右臂上方，左手拉紧对方右臂，将其置于我右侧腋下，随即我右臂夹住对方右臂。此时要将后背尽量紧贴在对方右侧腰胯位置上，中间不要留有空隙，避免被对方反击。

⑤ 紧接着，我上体猛然向右前方俯身并左转，以右手手掌外侧及手背触及地面。身体重心向右前方移动、沉落，左臂控牢对方右臂，以后背为力点裹带对方上体，破坏其身体平衡，利用身体滚动的卷拧力量带动对方身躯随我一并翻滚，以外卷摔技术令其头部朝下，双脚腾空。

第三章　投摔降服技术

⑨ 最后，在成功锁定对方右臂的基础上，我左手用力向前下方扣压对方右手手腕，右臂配合发力，向上撬动其右肘关节，利用杠杆原理针对对方右臂实施直臂锁，令其肘关节受伤。

⑧ 随即，右臂屈肘，揽住对方右臂肘关节部位，左手翻转扣按住对方右手腕部，右手顺势扣抓自己左上臂肱二头肌位置。此时，我双臂对对方右臂形成"4"字形臂锁状态。

⑦ 在我臀部着地的一刹那，上体迅速前探、右转，以臀部右侧着地，双腿前后摆动，伸展成"人"字。同时，左手揽控住对方右臂，右臂屈肘扶撑在对方脖颈右后方的地面上，并有意识地用肘尖向后抵顶住对方后侧脖颈，防止其坐起来。

⑥ 对方后背摔在地面上的同时，我也随之跌于对方身体的右侧。

109

第二节　投摔后实施的手臂十字固

手臂十字固（Armbar）是一种源于柔道的关节降服技术，是直臂锁降服技术的一种特殊类型。由于在具体实施时双方处于胶着状态，身体互相垂直呈十字型交叉，所以也叫十字臂锁（Cross Body Armlock）。

手臂十字固在桑搏地面缠斗及其他类别的地面战斗术中应用非常广泛，在柔道、柔术、综合格斗比赛中，应用也都极广。这种降服技术因为实用性强，成为众多格斗选手克敌制胜的法宝，很多经典战例都是以十字固最终折桂的。

从技术角度来说，手臂十字固本身既是一种威力十足的关节锁控技术，同时也是一种极具优势的固控技术，只不过它是一种具有典型特点的，针对肩、肘关节实施的直臂锁技术。这个典型特点就是，它不仅可以导致对方肩、肘关节损伤，同时还可以达到将对方的身躯牢牢固定于地面的目的，令其无法翻滚、逃脱，最终被制服。

另外，我们先要排除一些顾虑，有些初学者会有一些担忧，就是在做最终动作时，对方的肘关节恰好压在我们的裆部，其相对坚硬的臂肘是否会对生殖器造成创伤？事实上，只要动作标准，按要求完成，是不会有什么压痛感的。在形成固锁的时候，一定要强调双膝夹紧，双腿勾紧，将臀部牢牢贴紧对方的肩部，将控制其手臂形成的杠杆支点定位在自己的小腹及耻骨部位。事实上，对方与这个支点接触的部位不是肘关节，而是上臂外侧，这样根本就无法对生殖器造成任何伤害。另外，由于双膝的夹持，两大腿内侧的肌肉也会将对方手臂的压力减缓，所以根本不必有什么顾虑。

第三章　投摔降服技术

1　实战应用范例一

❷❸ 随后我迅速展开反击，身体猛然向右转动，带动左腿屈膝抬起，随身体的拧转向右侧快速摆动，以膝盖和小腿胫骨部位为力点抵住对方后脖颈，大腿根与裆部骑裹住对方右肩胛骨外侧。同时，双臂屈肘揽紧对方右臂，将其固定在我胸前。

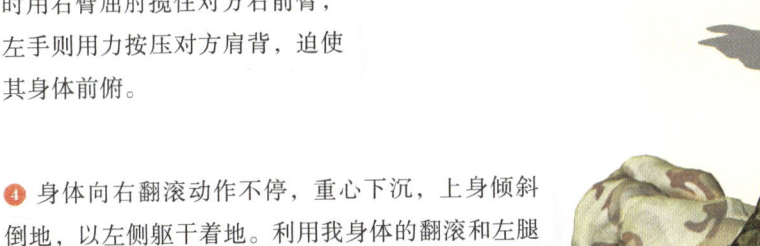

❶ 格斗中，当对方用右拳攻击我胸部时，我可以在闪身躲避的同时用右臂屈肘揽住对方右前臂，左手则用力按压对方肩背，迫使其身体前俯。

❹ 身体向右翻滚动作不停，重心下沉，上身倾斜倒地，以左侧躯干着地。利用我身体的翻滚和左腿的压制迫使对方身体彻底丧失平衡，被迫趴伏于地面。我左脚压住对方后脖颈，使其抬不起头来。

❺❻ 在用左脚脚踝勾住对方后脖颈的基础上，我身体在地面上沿逆时针方向继续向右侧大幅度地翻转滚动，带动右腿向右后方撩挂对方身躯。周身协调动作，通过双腿的搅动，瞬间将对方由趴伏状态掀翻过来，呈仰躺状态。

111

| 桑搏 | 俄罗斯实战徒手格斗术 |

⑦ ⑧

🔴⑦⑧ 接下来，在对方后背接触地面的一刹那，我左腿迅速抬起，绕过对方头颈，自上而下压住对方脖颈。右腿压住对方胸部，双脚脚踝勾搭在一起。双膝并拢夹紧，臀部贴紧对方的右肩胛骨。双臂揽控住对方右臂，同时发力向怀中揽抱，迫使其肘关节伸直，拇指朝上。然后腰部前挺，以小腹、耻骨为支点用力向前抵顶对方右上臂外侧，头部抬起，上体顺势向后仰躺，双手用力向后拉扯对手右前臂和腕部，最终以十字臂锁降服对手。

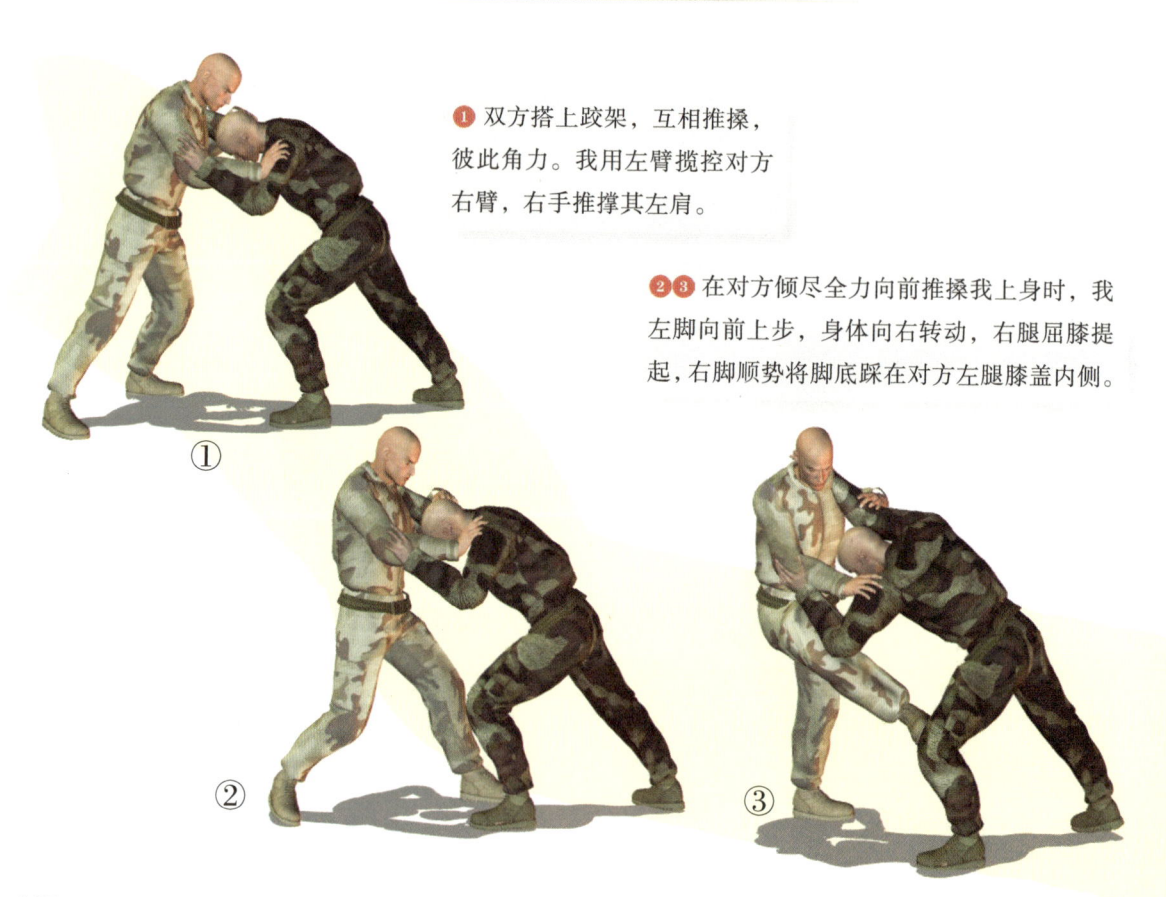

2 实战应用范例二

🔴① 双方搭上跤架，互相推搡，彼此角力。我用左臂揽控对方右臂，右手推撑其左肩。

🔴②③ 在对方倾尽全力向前推搡我上身时，我左脚向前上步，身体向右转动，右腿屈膝提起，右脚顺势将脚底踩在对方左腿膝盖内侧。

① ② ③

112

第三章　投摔降服技术

❼ 动作不停，我身体继续沿顺时针方向翻滚，以左侧身体着地，利用身体的翻滚和左腿的压制迫使对方彻底趴伏于地面，而且始终抬不起头来。此时，我用右臂揽控住对方右腕部，左手扣按住其右臂肘关节外侧，双臂同时发力向怀中揽抱。双膝并拢夹紧，臀部贴紧对方的右肩胛骨部位，腰部前挺，以小腹、耻骨为支点用力向前抵顶对方上臂外侧，头部抬起，上体顺势向右后方仰躺，形成侧向的十字固降服。

❺❻ 在对方左侧身体触及地面的瞬间，我身体迅速向右翻转，带动左腿屈膝抬起，随身体的滚动向右内扣摆动，以膝盖和小腿胫骨部位抵压住对方后脖颈。当我身体翻滚至面部朝下时，大腿根与裆部骑裹住对方右肩胛骨外侧，同时双臂屈肘揽紧对方右臂。

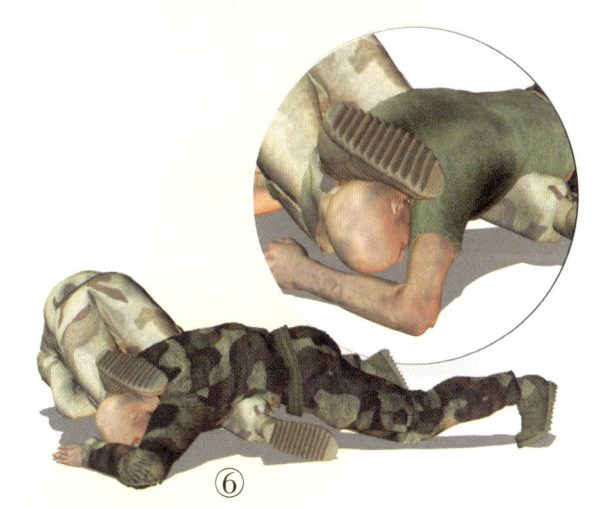

❹ 此时我利用对方向前的冲力，身体重心突然下沉，主动向后仰坐，以臀部右侧和肩背着地。同时右腿猛然挺膝，右脚用力向前下方蹬踹对方左腿膝盖，迫使其身体失去平衡，瞬间即可以舍身技将对方摔倒在地。

113

| 桑搏 | 俄罗斯实战徒手格斗术 |

3 实战应用范例三

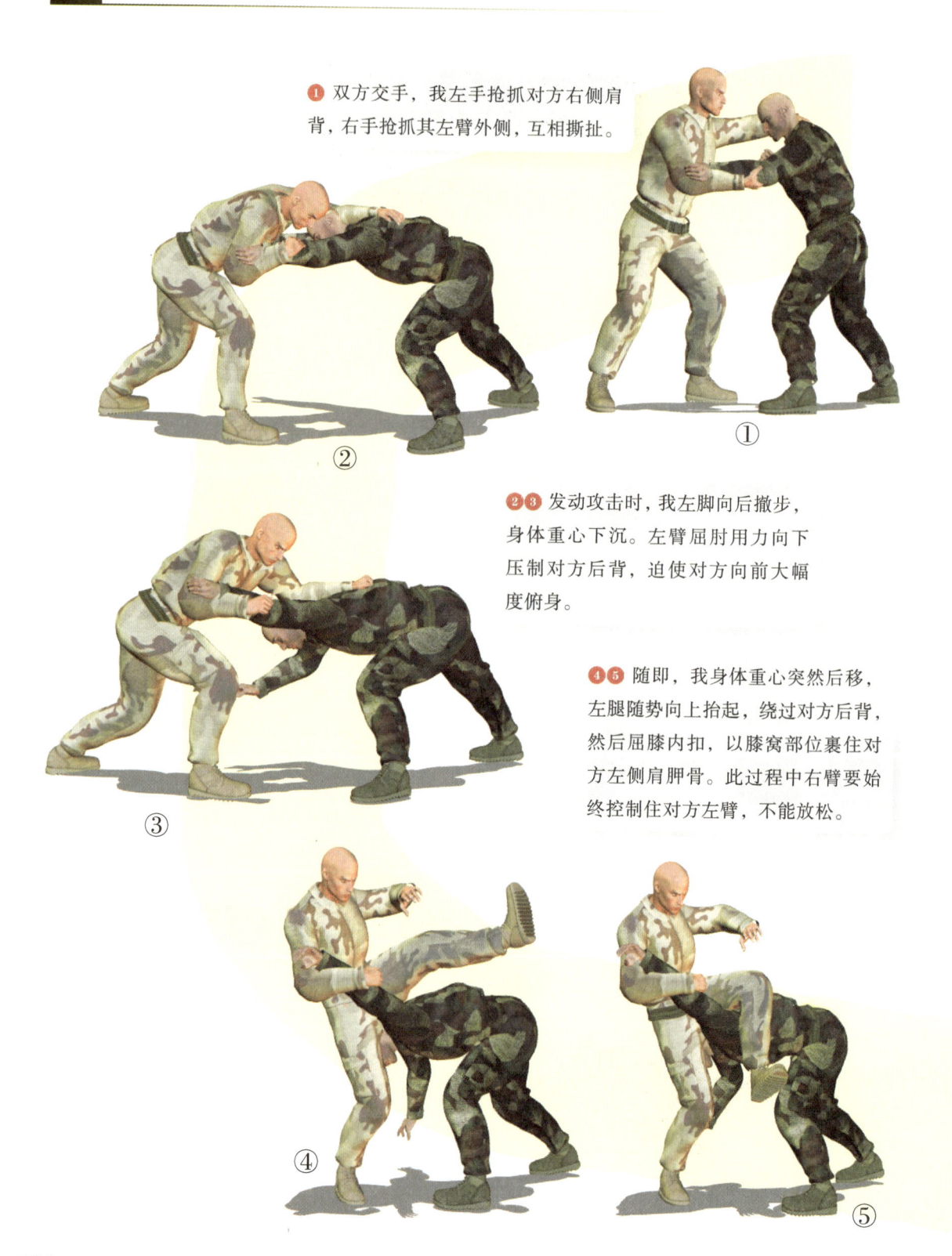

❶ 双方交手，我左手抢抓对方右侧肩背，右手抢抓其左臂外侧，互相撕扯。

❷❸ 发动攻击时，我左脚向后撤步，身体重心下沉。左臂屈肘用力向下压制对方后背，迫使对方向前大幅度俯身。

❹❺ 随即，我身体重心突然后移，左腿随势向上抬起，绕过对方后背，然后屈膝内扣，以膝窝部位裹住对方左侧肩胛骨。此过程中右臂要始终控制住对方左臂，不能放松。

114

第三章　投摔降服技术

⑩ 继而，再用左腿压制住对方胸部，双脚脚踝交叉勾搭在一起，双膝内扣，腰部挺直。上体顺势向后仰躺，使臀部贴紧对方的左侧肩胛骨，以小腹及耻骨部位为支点用力向上抵顶对方上臂外侧，形成手臂十字固降服。

⑨ 在对方头部触及地面的一刹那，我身体略向左转，右臂用力向怀中揽抱对方左臂，周身协调动作，可将对手由俯身状态掀翻过来。随即，右腿向左上方摆动，绕过对方头颈，然后再向下压制、勾挂住对方的脖颈。

⑥⑦⑧ 动作不停，左脚向对方裆内伸展、下落，在右臂揽紧对方左臂的前提下，右腿屈膝跪地，臀部向后坐压对方左侧肩背，利用自己身体的重量，瞬间将对方压制趴伏于地。

115

桑搏 俄罗斯实战徒手格斗术

4 实战应用范例四

❶ 双方交手，互相撕扯，我左臂搂抱对方肩背，右臂屈肘揽住对方右臂，上体前俯，利用身体的重量将对方身体压低。

❷ 发动攻击时，我身体猛然向右转动，左腿顺势抬起，随身体的拧转向右侧快速横扫，朝对方后背上方摆动。

❸ 伴随身体的快速转动，带动左腿瞬间跨过对方后背与头部，落脚于对方身体右前方的地面上，以大腿根与裆部骑裹住对方右侧肩胛骨。在左腿摆动过程中，要始终揽紧对方右臂，以便在身体定位后顺利实施进一步的降服动作。

第三章　投摔降服技术

④ 动作不停，双臂牢牢揽紧对方右臂，在左脚落地的一刹那，我身体立即向右侧翻转、倾倒，以身体左侧着地，利用身体的翻滚动作将对方摔倒在地，呈趴伏状态。

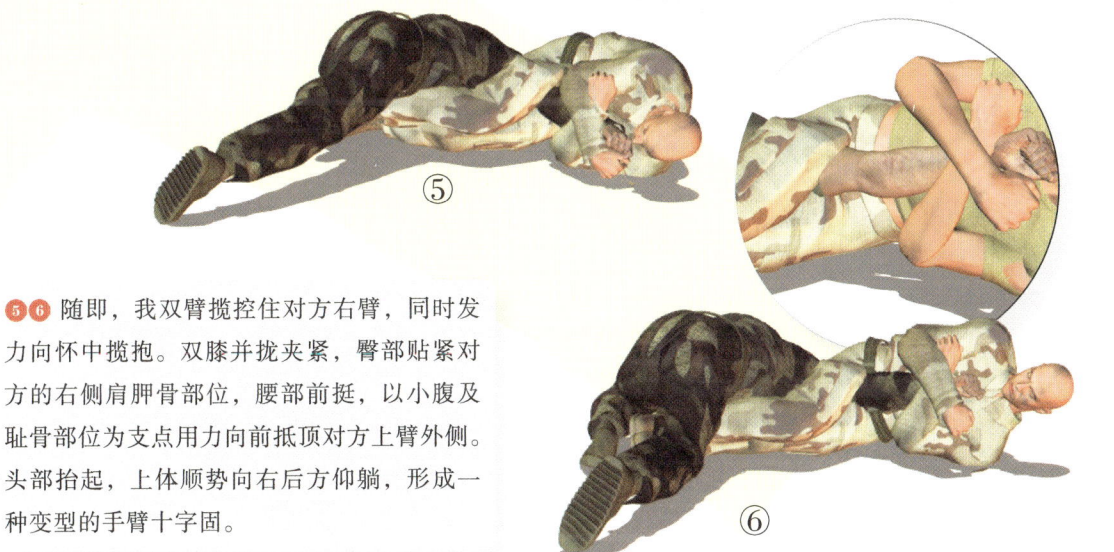

⑤⑥ 随即，我双臂揽控住对方右臂，同时发力向怀中揽抱。双膝并拢夹紧，臀部贴紧对方的右侧肩胛骨部位，腰部前挺，以小腹及耻骨部位为支点用力向前抵顶对方上臂外侧。头部抬起，上体顺势向右后方仰躺，形成一种变型的手臂十字固。

5　实战应用范例五

① 双方交手，互相撕扯，对手用右手搂抱我左侧肩颈。我左臂屈肘，用左手扣按对方右臂肘关节，右手抢抓其胸襟，准备实施投摔技术。

② 上肢抢夺到优势把位后，我左脚迅速向前上步，身体尽量逼近对方。

117

桑搏 | **俄罗斯实战徒手格斗术**

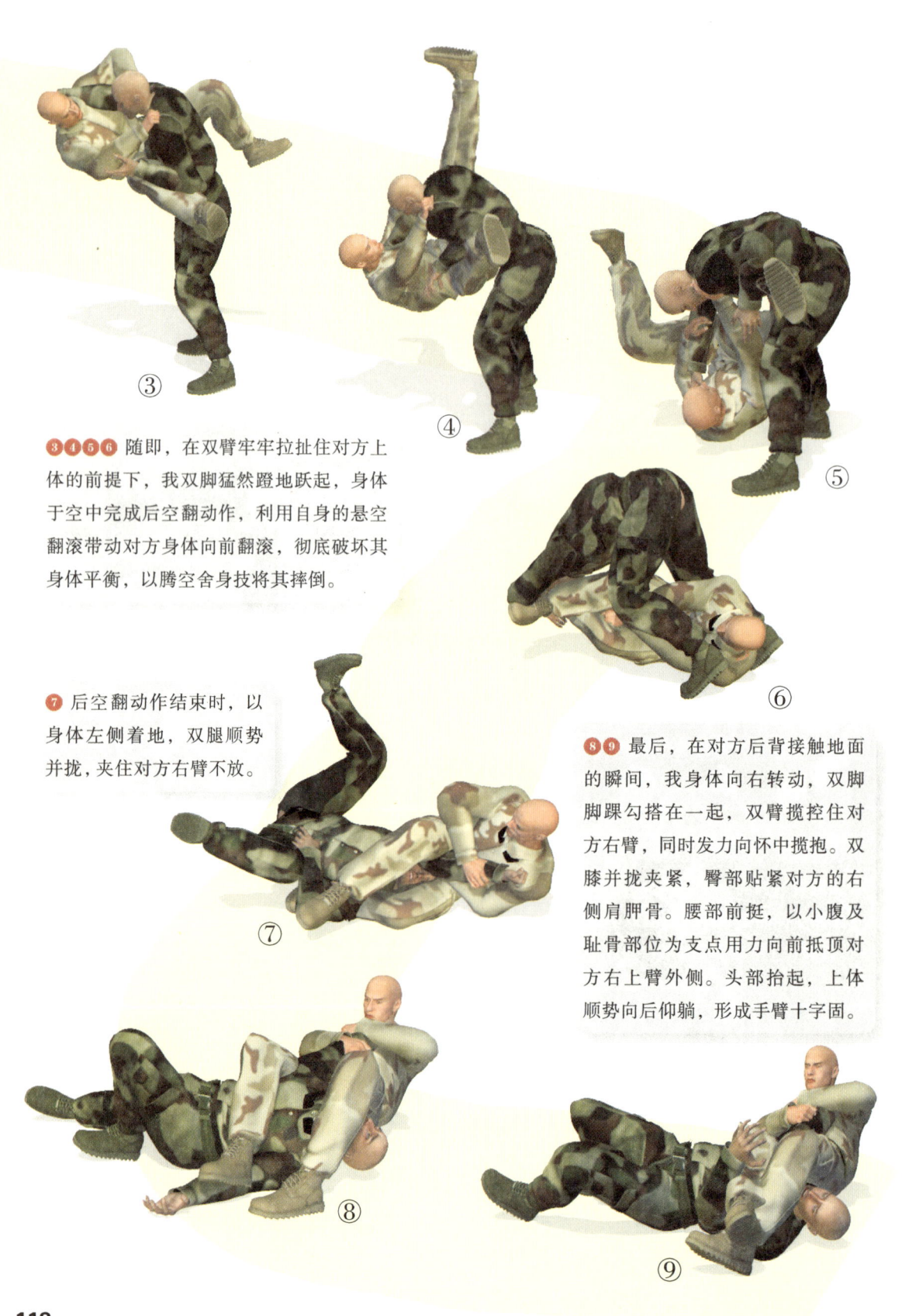

③④⑤⑥ 随即，在双臂牢牢拉扯住对方上体的前提下，我双脚猛然蹬地跃起，身体于空中完成后空翻动作，利用自身的悬空翻滚带动对方身体向前翻滚，彻底破坏其身体平衡，以腾空舍身技将其摔倒。

⑦ 后空翻动作结束时，以身体左侧着地，双腿顺势并拢，夹住对方右臂不放。

⑧⑨ 最后，在对方后背接触地面的瞬间，我身体向右转动，双脚脚踝勾搭在一起，双臂揽控住对方右臂，同时发力向怀中揽抱。双膝并拢夹紧，臀部贴紧对方的右侧肩胛骨。腰部前挺，以小腹及耻骨部位为支点用力向前抵顶对方右上臂外侧。头部抬起，上体顺势向后仰躺，形成手臂十字固。

第三章　投摔降服技术

6　实战应用范例六

❶ 双方交手，互相撕扯，对方用右手搂抱我左侧肩颈。我左臂屈肘，用左手扣按住对方右臂肘关节部位，右手抢抓其胸襟，准备实施投摔技术。

❷ 发动攻击时，我左脚突然向前逼近，重心下沉，双手用力拉扯对方上体，迫使其降低身体重心，向前俯身。

❸ 随即，我身体重心再猛然后移，带动双手用力向后拉扯对方上身和手臂，迫使对方身体重心进一步向前移动。同时，左腿屈膝下蹲，臀部向后坐地。右腿顺势快速抬起，用右脚脚底向上蹬抵住对方腹部。

❹ 动作不停，在我臀部着地的一刹那，上体向后仰躺使后背着地。然后身体以后背为轴，于地面向右侧沿逆时针方向摆转。

119

桑搏 俄罗斯实战徒手格斗术

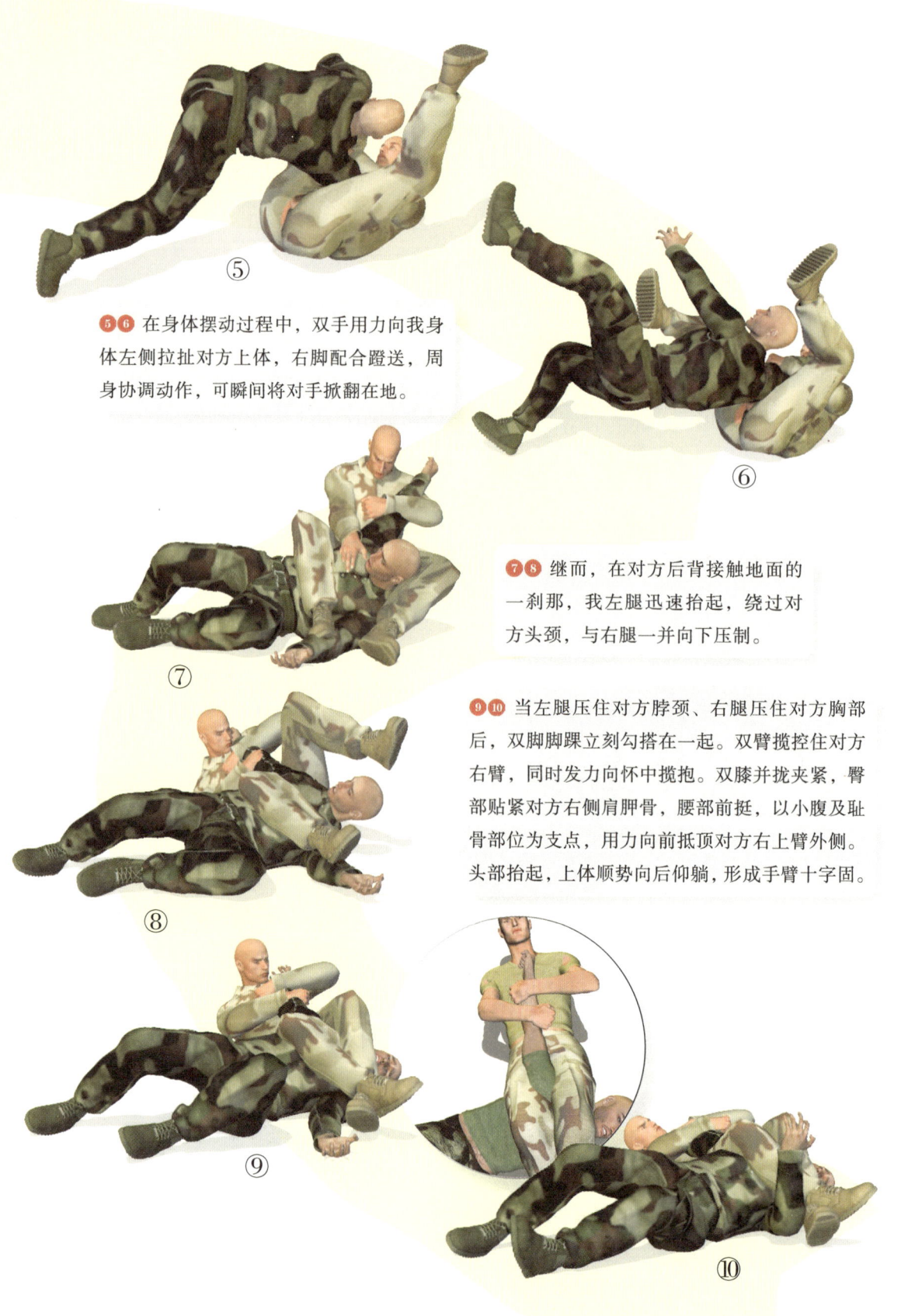

⑤

❺❻ 在身体摆动过程中，双手用力向我身体左侧拉扯对方上体，右脚配合蹬送，周身协调动作，可瞬间将对手掀翻在地。

⑥

⑦

❼❽ 继而，在对方后背接触地面的一刹那，我左腿迅速抬起，绕过对方头颈，与右腿一并向下压制。

❾❿ 当左腿压住对方脖颈、右腿压住对方胸部后，双脚脚踝立刻勾搭在一起。双臂揽控住对方右臂，同时发力向怀中揽抱。双膝并拢夹紧，臀部贴紧对方右侧肩胛骨，腰部前挺，以小腹及耻骨部位为支点，用力向前抵顶对方右上臂外侧。头部抬起，上体顺势向后仰躺，形成手臂十字固。

⑧

⑨

⑩

120

第三章　投摔降服技术

第三节　投摔后实施的弯臂锁降服

　　弯臂锁（Bent Armlock）技术在柔道中被称为腕缄（Key Lock），虽然叫腕缄，但实际运用时，攻击目的并不是对腕部造成损伤，更主要的是使对方肘部、肩部造成损伤。弯臂锁是一种既省力，又极具破坏力的关节技。这种技术不仅在地面战斗中常见，在站姿擒拿时也屡见不鲜，而且技巧的变化也很多。

　　肘关节有一个最大的生理特点，即它无论是在屈曲位，还是在伸直位都不能做外展和内收运动，因此地面缠斗中可以见到很多针对肘关节形成曲别控制的方法。在控制对方手臂后，运用技术动作迫使其肘关节过度外展，施技者只要稍微用力，即可达到使其肘关节及内外侧韧带受伤之目的，这种技术类似于巴西柔术中的美国锁和木村锁，降服效果是一样的。

　　另外还有一种针对肘关节实施的弯曲臂锁技术，这种技术类似于腿锁中的弯膝盖锁，在实施具体动作之前，必须先将自己的一部分肢体置于对方的肘窝内，仿佛插入一个楔子，然后再于两端施加压力，就像在用力捏一把钳子，我们把这种技术叫作肘关节切割。

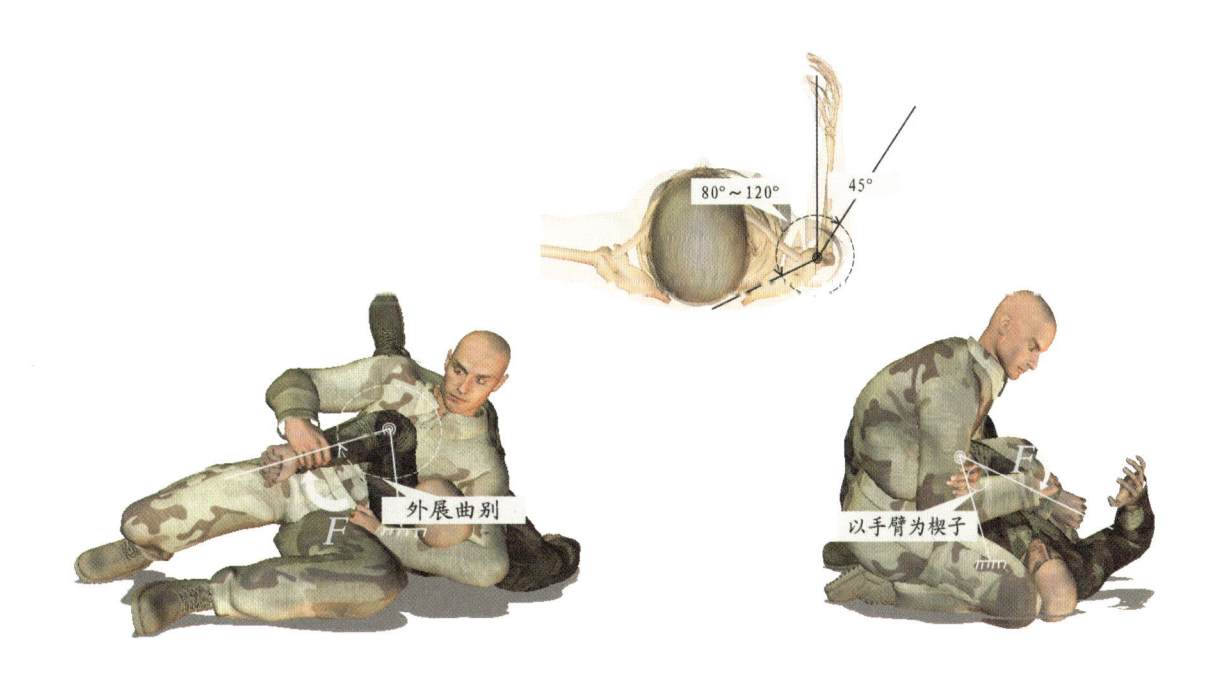

121

| 桑搏 | **俄罗斯实战徒手格斗术** |

1 实战应用范例一

❶❷ 双方交手，对方抢先伸出右手抓住我胸襟，我迅速用左手扣按住对方右腕。

❸ 继而，我身体左转，右手自上而下扣按对方右臂肘窝部位。

❹ 发动攻击时，身体猛然右转，重心下沉，右手用力向下拉拽对方右臂肘部，迫使其右肘弯曲。左手绕过对方后背，顺势揽抱对方左侧腰肋部位。

❺ 随即，我身体继续向右转动，右腿屈膝，重心后沉，左腿向右前方伸展。左胸部随势向下用力压制对方右侧肩背，充分利用自己身体的重量将对方压趴于地面。

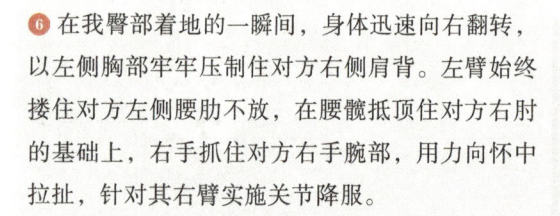

❻ 在我臀部着地的一瞬间，身体迅速向右翻转，以左侧胸部牢牢压制住对方右侧肩背。左臂始终搂住对方左侧腰肋不放，在腰髋抵顶住对方右肘的基础上，右手抓住对方右手腕部，用力向怀中拉扯，针对其右臂实施关节降服。

第三章 投摔降服技术

2 实战应用范例二

❶ 双方交手，我抢先用右手抓住对方左手腕部。左手自对方左肩上方穿过，抄抓其后腰腰带或背部衣服，抢占优势把位。

❷❸ 随即，我右腿屈膝下蹲，身体重心后落，臀、背部依次着地，左脚配合用力向上、向后勾挂对方裆部。左手用力拉扯对方后腰腰带，周身协调动作，瞬间可以将对手由我身体上方掀过去，使之仰摔在地。

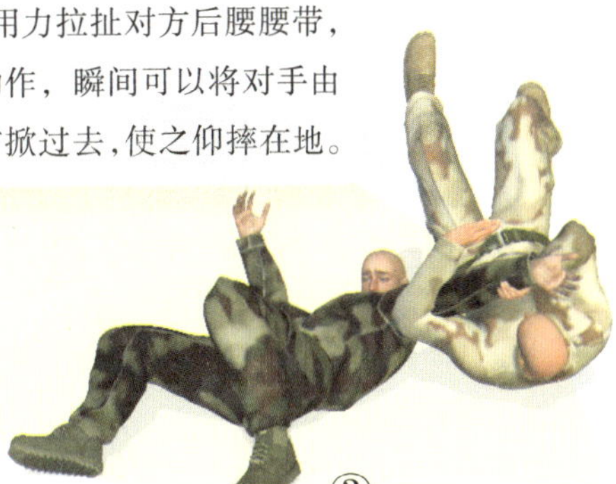

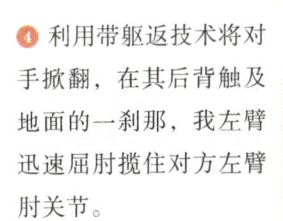

❺ 动作不停，我身体向左侧翻转，左脚向左后方摆动，右脚向右前方摆动，右手牢牢控制住对方左手腕部，左臂屈肘，左手顺势抓住自己右臂肱二头肌位置。

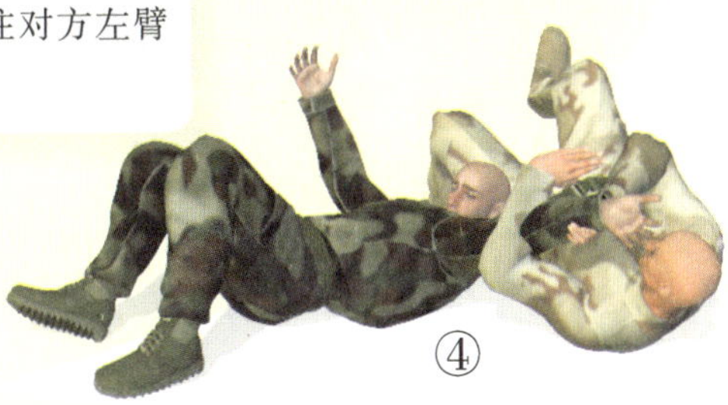

❹ 利用带躯返技术将对手掀翻，在其后背触及地面的一刹那，我左臂迅速屈肘揽住对方左臂肘关节。

❻ 身体继续向左翻滚，成趴伏状态，右手用力向下扣压对方左手手腕，迫使其左臂肘关节弯曲。

❼ 我身体仍然向左翻转，左腿随腰髋的转动向左后方摆动，右腿随势向右前方摆动伸展，以右侧臀部着地，下肢伸展开摆成"人"字。同时右前臂用力下压对方左手手腕，左前臂向上提拉，撬动对方被锁手臂的肘关节，利用杠杆原理针对其左臂形成向下的弯臂锁降服。

123

| 桑搏 | 俄罗斯实战徒手格斗术

3 实战应用范例三

❶ 双方相互撕扯，都想将对方摔倒，我用左手抓住对方右肩头，右手抓住对方左前臂，抢抓有利部位。

❷ 随即，我身体重心前移，右手翻腕向前推送对方左臂，使其被迫向身后翻转伸展。

❸ 紧接着，我左臂向上抬肘，左手用力下按，使对方头部由我左侧腋下穿过，然后左臂屈肘揽住对方左臂。

❹ 继而，我右手控制住对方左臂，左手抓握住自己右手腕部。在双臂控制住对方左臂的前提下，身体向右转动，左腿随势屈膝提起，以大腿抵住对方左侧腰肋，左脚脚踝勾挂住其裆部。

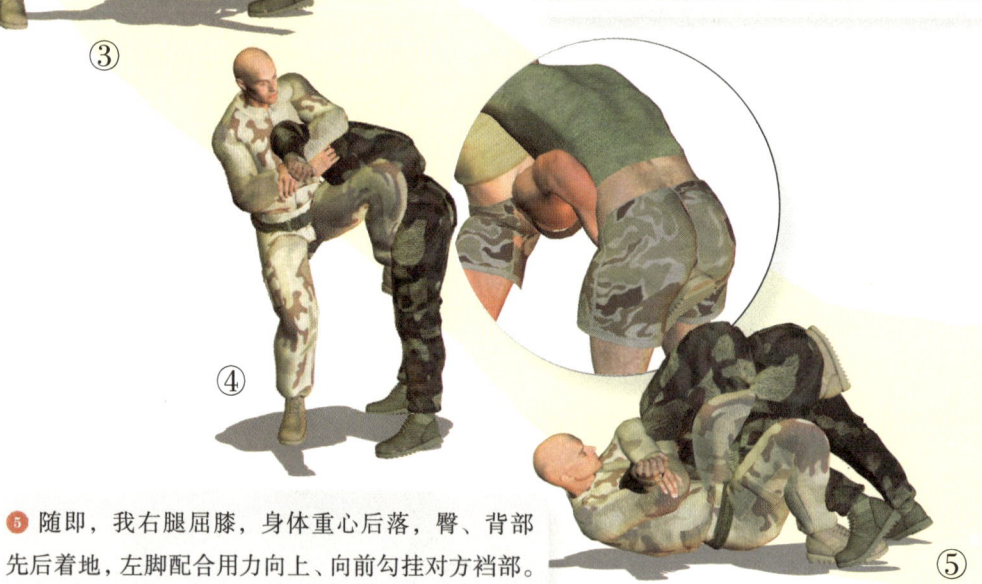

❺ 随即，我右腿屈膝，身体重心后落，臀、背部先后着地，左脚配合用力向上、向前勾挂对方裆部。

第三章 投摔降服技术

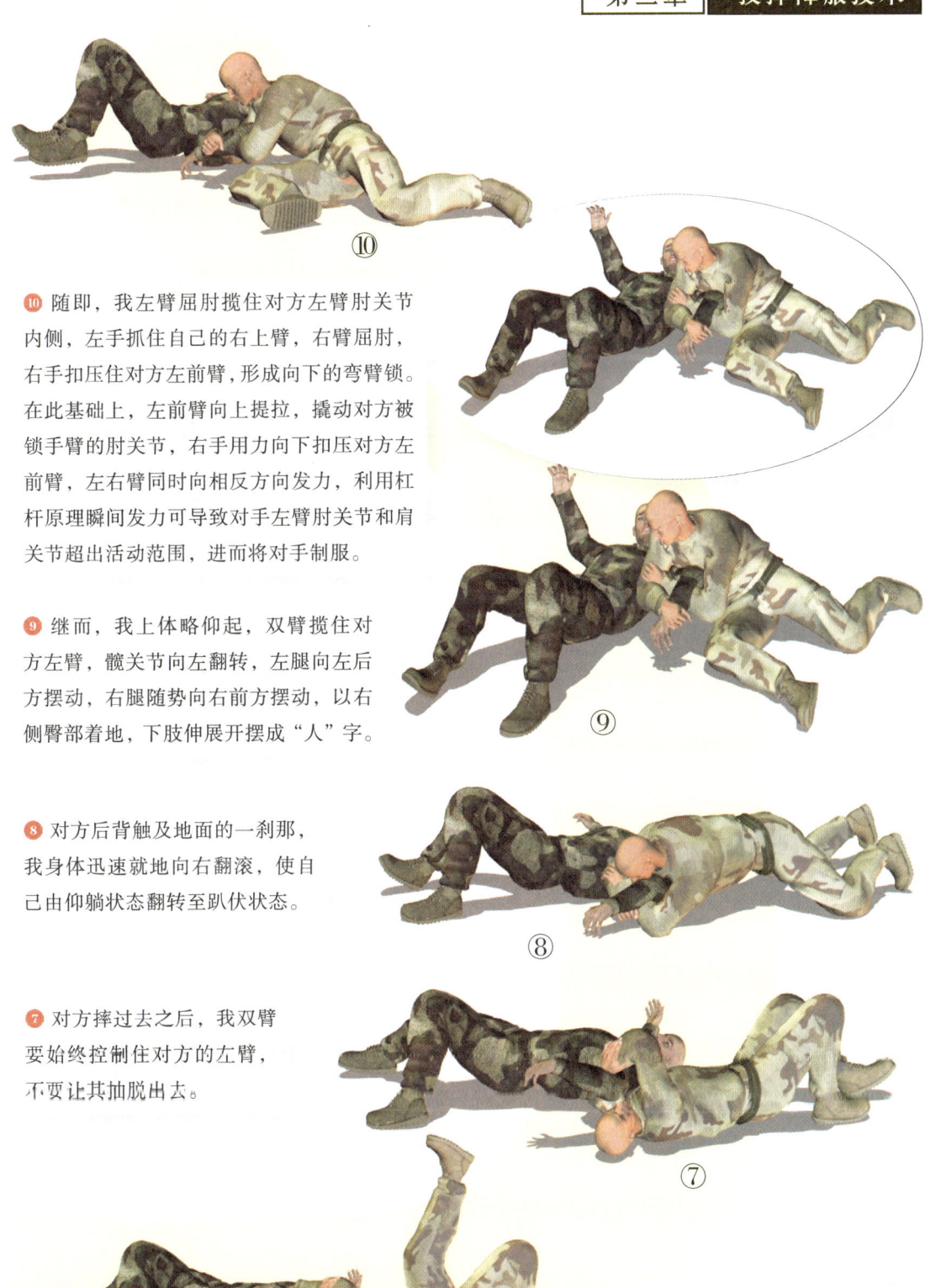

⑩ 随即，我左臂屈肘揽住对方左臂肘关节内侧，左手抓住自己的右上臂，右臂屈肘，右手扣压住对方左前臂，形成向下的弯臂锁。在此基础上，左前臂向上提拉，撬动对方被锁手臂的肘关节，右手用力向下扣压对方左前臂，左右臂同时向相反方向发力，利用杠杆原理瞬间发力可导致对手左臂肘关节和肩关节超出活动范围，进而将对手制服。

⑨ 继而，我上体略仰起，双臂揽住对方左臂，髋关节向左翻转，左腿向左后方摆动，右腿随势向右前方摆动，以右侧臀部着地，下肢伸展开摆成"人"字。

⑧ 对方后背触及地面的一刹那，我身体迅速就地向右翻滚，使自己由仰躺状态翻转至趴伏状态。

⑦ 对方摔过去之后，我双臂要始终控制住对方的左臂，不要让其抽脱出去。

⑥ 周身协调动作，瞬间可以将对方由我身体上方掀过去，使之仰摔在地。

125

| 桑搏 | 俄罗斯实战徒手格斗术 |

4 实战应用范例四

❶ 双方交手，互相纠缠，我用左手抓住对方右臂，右手拉扯对方左肩，抢抓有利把位，准备展开投摔。

❷ 趁其不备，我左脚向前上步，脚尖外摆，横向落步。

❸ 动作不停，身体向左转动，右脚随势向左前方上步，落脚于对方右脚外侧，脚跟提起，以前脚掌着地。然后，双腿屈膝，重心下沉。右臂随身体转动伸展至对方右臂上方，左手拉紧对方右臂，将其拽到我右腋下，后背贴近对方腰胯位置。

❹ 继而，我上体向右前方俯身，右臂向右前下方摆动，右腋窝夹住对方右臂，以右手手掌外沿及手背位置接触地面（切勿用手掌扶撑地面，否则容易导致腕关节挫伤），迫使对方上身完全趴伏在我后背之上。

❺ 我身体重心向右前方移动，左臂拉紧对方右臂，以后背为力点裹带对方上体，破坏其身体平衡，令其双脚悬空离地，整个身躯被迫向我右前方腾空翻滚过去。

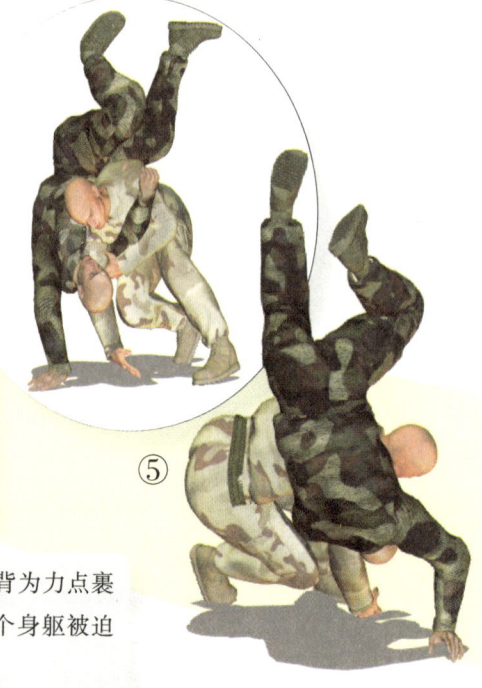

第三章　投摔降服技术

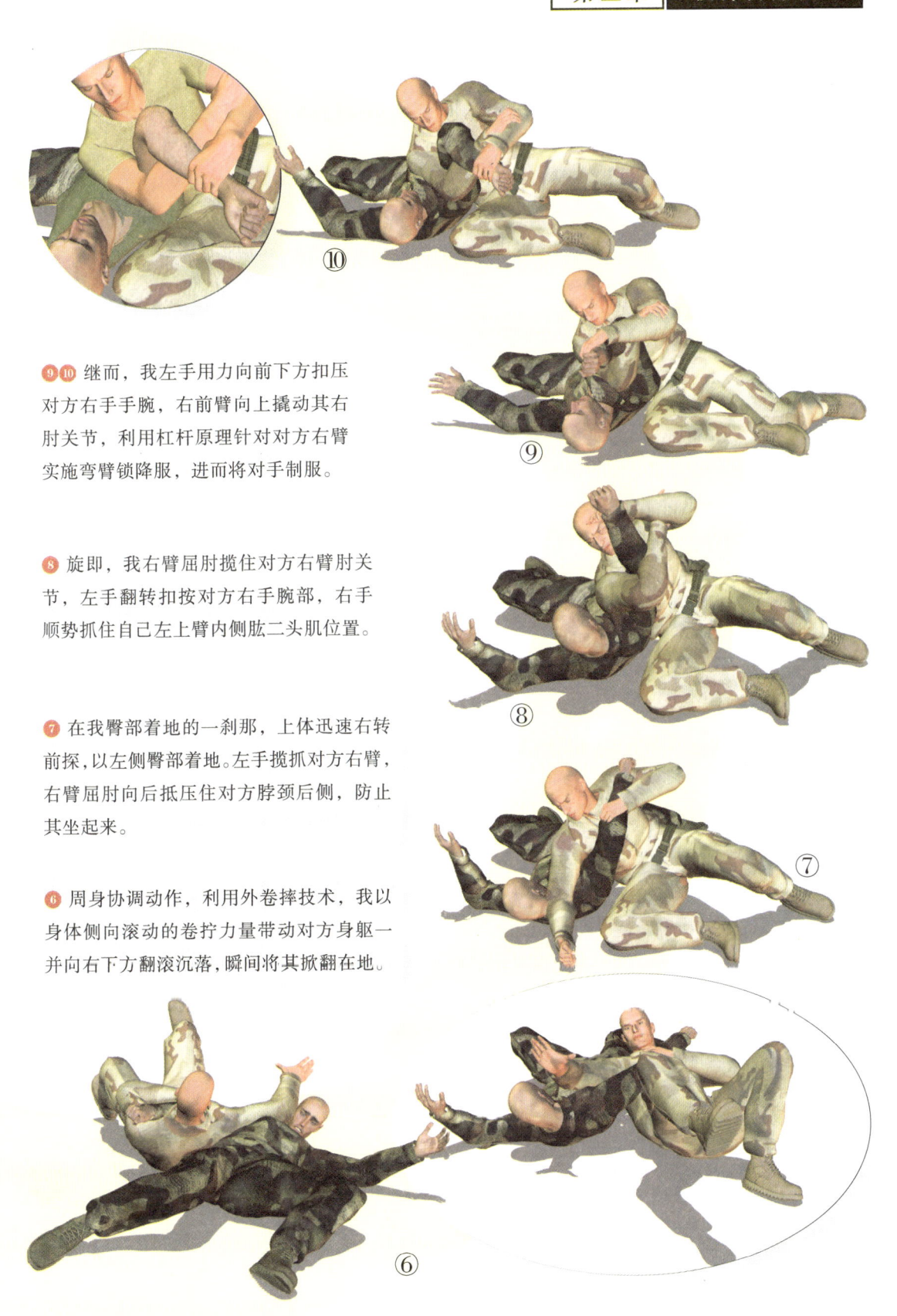

⑨⑩ 继而，我左手用力向前下方扣压对方右手手腕，右前臂向上撬动其右肘关节，利用杠杆原理针对对方右臂实施弯臂锁降服，进而将对手制服。

⑧ 旋即，我右臂屈肘揽住对方右臂肘关节，左手翻转扣按对方右手腕部，右手顺势抓住自己左上臂内侧肱二头肌位置。

⑦ 在我臀部着地的一刹那，上体迅速右转前探，以左侧臀部着地。左手揽抓对方右臂，右臂屈肘向后抵压住对方脖颈后侧，防止其坐起来。

⑥ 周身协调动作，利用外卷摔技术，我以身体侧向滚动的卷拧力量带动对方身躯一并向右下方翻滚沉落，瞬间将其掀翻在地。

127

桑搏　**俄罗斯实战徒手格斗术**

5　实战应用范例五

❶ 双方交手，相互撕扯，我抢先用左手抓住对方右手腕部，右手推搡其左肩。

❻ 将对方摔过去之后，我双臂要迅速控制住其右臂，将其右臂揽至怀中。

❷ 随即，我身体略向右转，重心向前移动，左手抓握住对方右手手腕，左臂屈肘，以肘尖向前、向右盘绕对方右臂，将左臂穿插至对方右腋下。

❹❺ 接着，我右腿屈膝下蹲，身体重心后落，臀、背部先后着地。左脚配合用力向上、向前勾挂对方裆部，左臂用力后撑，带动对方与我一同翻滚，周身协调动作，瞬间可以将对方由我身体上方掀过，使之仰摔在地。此摔技其实是带躯返的一种变形应用。

❸ 动作不停，左髋前送，身体重心向左上方提起，在左手控制住对方右手腕部的前提下，左臂用力向上撬动对方右腋窝，右手顺势捋抓对方左手手腕。

第三章　投摔降服技术

⑦ 继而，我身体向左侧翻转，以左侧臀部着地，右脚向右后方摆动、蹬地。同时，右臂屈肘揽住对方右臂肘关节，右手顺势抓住自己左肘窝部位，右前臂向上提拉，撬动对方被锁手臂的肘关节，左手用力向下扣压其右手腕部，利用杠杆原理针对对方左臂实施向下的弯臂锁降服。

6　实战应用范例六

② 随即，我身体猛然向右转动，左脚随身体转动向前上步，落脚于对方双腿之间。同时，右手腕关节内旋，向右上方拉扯对方左臂，迫使对方身体重心向右前方移动。接着，我身体重心下沉，双腿屈膝跪地，以双脚脚尖和两膝盖支撑身体。左臂顺势穿插至对方裆内，屈肘向前揽抱住其左大腿根部，头部潜入对方左侧腋下，后脑贴近对方左侧腰肋位置，左肩抵顶住对方裆腹部。右手配合向右下方牵拉对方左臂，迫使对方俯身将胸腹部趴伏于我肩背上方。

① 双方交手，我抢先用右手揽抓对方左上臂外侧。

③④ 动作不停，我双臂收拢，身体略向左扭转，上体向右侧倾斜。左臂屈肘，以上臂和肩部为力点向右上方掀动对方裆部。同时，右臂夹紧，右手向下、向左拉扯对方左臂。周身协调动作，利用跪撑肩车技术瞬间发力可将对手由我肩上掀翻过去。

129

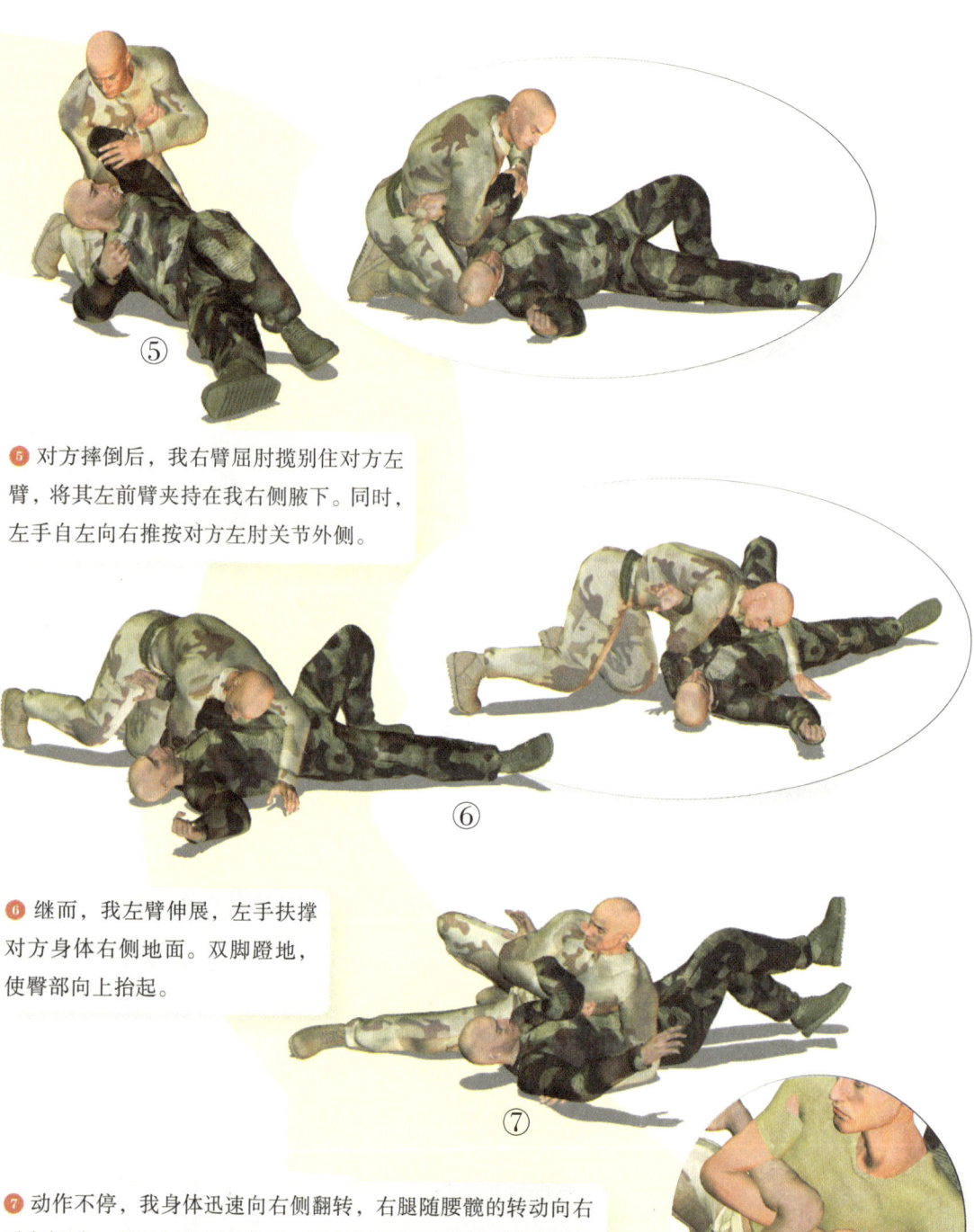

| 桑搏 | 俄罗斯实战徒手格斗术 |

⑤

⑤ 对方摔倒后，我右臂屈肘揽别住对方左臂，将其左前臂夹持在我右侧腋下。同时，左手自左向右推按对方左肘关节外侧。

⑥

⑥ 继而，我左臂伸展，左手扶撑对方身体右侧地面。双脚蹬地，使臀部向上抬起。

⑦

⑦ 动作不停，我身体迅速向右侧翻转，右腿随腰髋的转动向右后方摆动，左腿向左前方伸展，以右侧臀部着地，下肢伸展开摆成"人"字，左侧胸肋部压住对方腹部。利用身体的翻转带动右臂夹紧对方左臂，将其左手手腕牢牢夹持于我右腋下。然后，我右臂向外别压对方左肘关节外侧，从而对其肩肘关节施加压力，迫使其超出自身活动范围，进而将对方制服。

130

第三章　投摔降服技术

7　实战应用范例七

① 双方交手，我抢先用左手抓住对方右手腕部，右手抓住对方右臂上臂内侧，准备展开投摔。

②③ 随即，我左脚向前上步，身体猛然向右转动，右手抓紧对方右臂，随身体转动将其右臂向右前上方拉扯，左臂顺势穿插至其右腋窝下方。

④ 动作不停，我身体略向左转，重心下沉，双腿屈膝跪地，以双脚脚尖和两膝盖支撑身体。左臂顺势穿插至对方裆内，双臂合拢，将对方上身扛于肩背之上。同时，头部潜入对方左侧腋下，后脑贴近对方左侧腰肋部位，左肩抵顶住对方裆腹部。

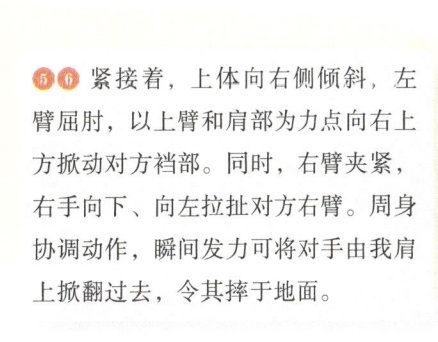

⑤⑥ 紧接着，上体向右侧倾斜，左臂屈肘，以上臂和肩部为力点向右上方掀动对方裆部。同时，右臂夹紧，右手向下、向左拉扯对方右臂。周身协调动作，瞬间发力可将对手由我肩上掀翻过去，令其摔于地面。

桑搏 | **俄罗斯实战徒手格斗术**

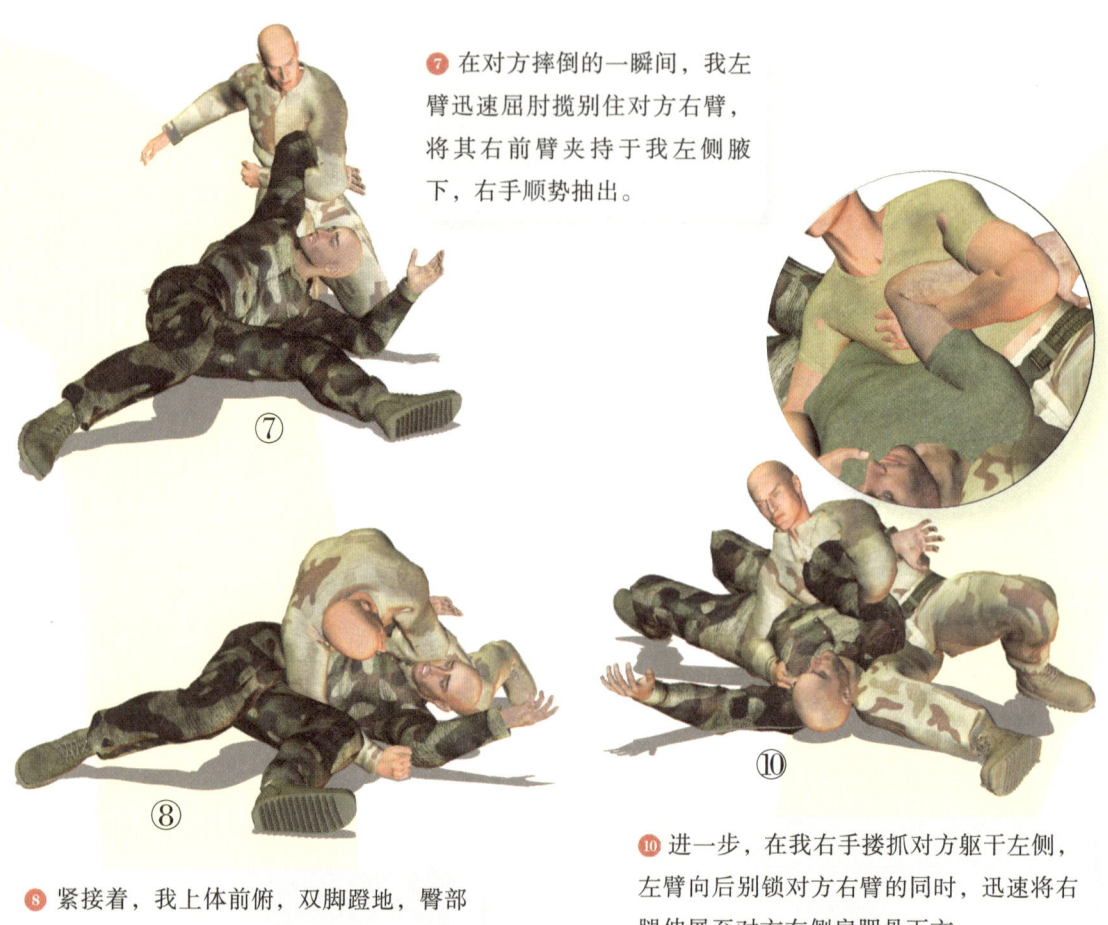

⑦ 在对方摔倒的一瞬间，我左臂迅速屈肘揽别住对方右臂，将其右前臂夹持于我左侧腋下，右手顺势抽出。

⑧ 紧接着，我上体前俯，双脚蹬地，臀部抬起，右臂屈肘支撑于对方身体左侧地面。

⑩ 进一步，在我右手搂抓对方躯干左侧，左臂向后别锁对方右臂的同时，迅速将右腿伸展至对方右侧肩胛骨下方。

⑨ 继而，我身体向左侧翻转，左腿随腰髋的转动向左后方摆动，右腿向右前方伸展，以右侧臀部着地，右侧胸肋部压住对方腰髋。利用身体的翻转带动左臂夹紧对方右臂，将其右手手腕牢牢夹持于我左腋下，我左臂向外别压其右肘关节外侧，从而针对其右臂形成锁别，进而将其制服。

132

第三章　投摔降服技术

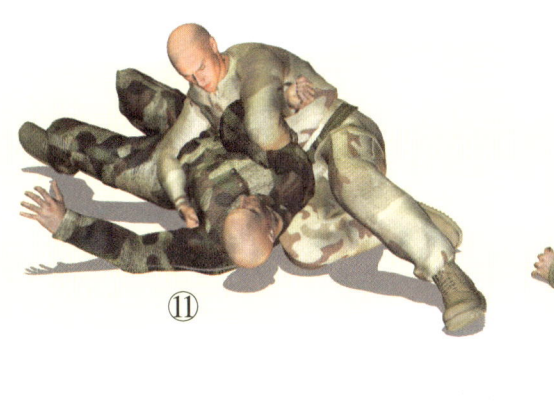

⑪⑫ 随即，我左脚向前移动，屈膝抬起左腿，向右摆动，自对方头部上方迈过。

⑬ 然后，左脚向后摆动，左腿膝窝迅速向后勾挂对方脖颈，并将左脚踝与右脚踝交叉勾搭在一起，双腿协同绞锁住对方颈部。在此基础上，上体继续向左翻转，带动左肘向左后方摆动，可以彻底将对手制服。

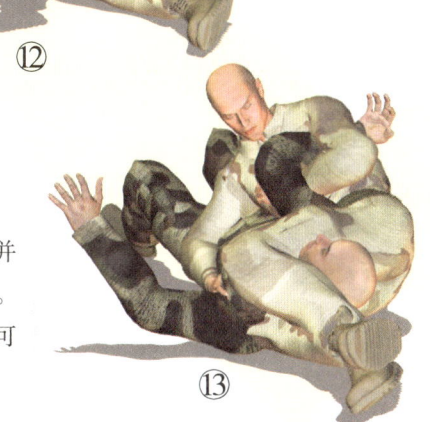

8 实战应用范例八

❶ 双方交手，互相纠缠，我右手揽抓对方右前臂，左手从对方右肩头上方绕过，扣抓对方后背衣服或者后腰腰带。然后向前俯身，双臂同时向下拉扯，迫使对方弯腰俯身。

❷ 动作不停，我右手突然翻转，虎口朝下，扣抓住对方右手手腕。

❸ 随即，我左脚略向前上步，右手抓住对方右手手腕，用力向左下方推送，将其朝我左腿膝窝下方推送。

桑搏 | **俄罗斯实战徒手格斗术**

④ 当我将对方右手手腕推送至我左腿膝窝下方时，左腿迅速屈膝抬起，以膝窝夹住对方右手手腕。

⑤ 动作不停，我左脚向左后方伸展，脚踝勾挂住对方右腿膝窝位置。

⑥ 然后，双腿立即屈膝下蹲，同时重心向前移动，身体前扑，俯身用右手扶撑右前方地面，利用自己身体的重量将对方的身体尽量压低，迫使其上身向前倾倒。

⑦ 在成功破坏对方身体平衡的前提下，我迅速团身向右前方滚动。左手配合用力拉扯对方后腰腰带，左腿勾挂对方右臂和右腿，带动对方与自己一同翻滚。

⑧ 周身动作配合协调，瞬间可将对方掀翻至我身体左侧。

⑨ 对方后背触及地面时，我左腿迅速放松针对其右腿的勾挂，屈膝夹紧对方右臂。

第三章　投摔降服技术

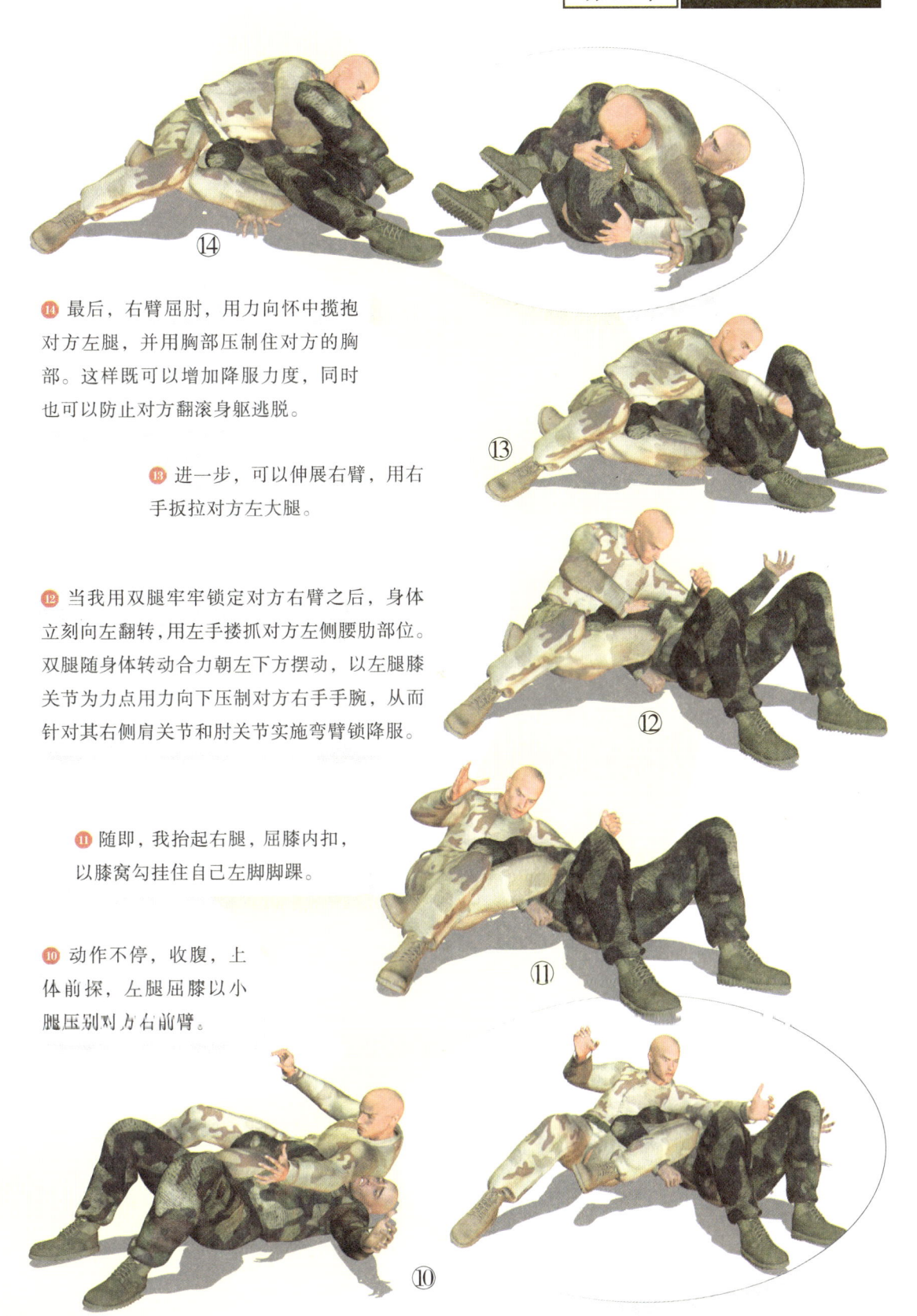

⑭ 最后，右臂屈肘，用力向怀中揽抱对方左腿，并用胸部压制住对方的胸部。这样既可以增加降服力度，同时也可以防止对方翻滚身躯逃脱。

⑬ 进一步，可以伸展右臂，用右手扳拉对方左大腿。

⑫ 当我用双腿牢牢锁定对方右臂之后，身体立刻向左翻转，用左手搂抓对方左侧腰肋部位。双腿随身体转动合力朝左下方摆动，以左腿膝关节为力点用力向下压制对方右手手腕，从而针对其右侧肩关节和肘关节实施弯臂锁降服。

⑪ 随即，我抬起右腿，屈膝内扣，以膝窝勾挂住自己左脚脚踝。

⑩ 动作不停，收腹，上体前探，左腿屈膝以小腿压别对方右前臂。

| 桑搏 | 俄罗斯实战徒手格斗术 |

9 实战应用范例九

❶ 双方交手，互相纠缠，我用右手揽抓对方左臂，左手经对方右肩上方抄揽其后背。

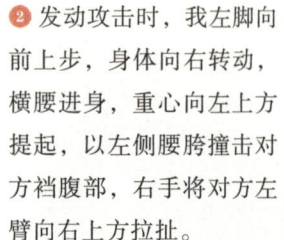

❷ 发动攻击时，我左脚向前上步，身体向右转动，横腰进身，重心向左上方提起，以左侧腰胯撞击对方裆腹部，右手将对方左臂向右上方拉扯。

❸ 随即，我身体猛然向右转动，带动右脚向右后方移动。然后，俯身弯腰，臀部抵顶住对方腰胯部位用力后抬。左臂夹紧对方脖颈随身体转动用力向右下方拉扯，右手配合一并用力向右下方拉扯对方左臂，利用腰车技术瞬间发力将对方由我身体左侧掀翻过去。

❹ 当对方摔倒在身前地面上后，我随之落坐在其身体左侧的地面上。然后，右腿迅速向右后方摆动，左腿向右伸展穿插，横垫在对方左肩胛骨下方，右手顺势抓住对方左腕。

❺ 继而，在左臂牢牢控制住对方脖颈的前提下，右手用力向前下方推送对方左手腕部，使其直臂、肘关节朝下置于我左大腿之上。

第三章　投摔降服技术

⑥ 动作不停，将左腿屈膝抬起。同时，右手抓住对方左手手腕用力向左侧扳拧推送，将其手腕塞入我左腿膝窝。

⑦ 随即，右腿屈膝内扣，膝窝勾住自己左脚脚踝，左脚勾紧右腿膝窝，双腿配合锁定对方左臂。

⑧ 然后，我身体向右翻转俯身，右手扶撑于对方头部左侧地面，以胸部压制对方胸部。双腿随身体转动合力朝左下方摆动，以左腿膝关节为力点用力向下压制对方左手手腕，从而针对其左侧肩关节和肘关节实施弯臂锁降服，进而将其降服。

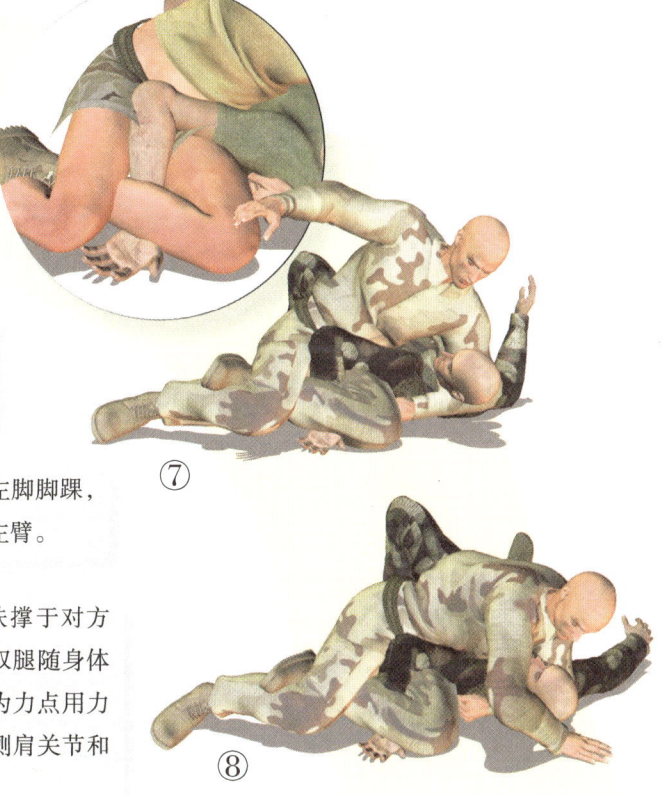

10　实战应用范例十

❶ 双方交手，互相纠缠，我用左手抓住对方右臂，右手拉扯其左肩。

❷❸ 趁其不备，我左脚向前上步，脚尖外摆，横向落步，身体向左转动，右脚随势向左前方上步，落脚于对方右脚外侧，脚跟提起，以前脚掌着地。双腿屈膝，重心下沉。右臂随身体转动伸展至对方右臂上方，左手拉紧对方右臂，将其置于我右腋下，后背贴近对方腰胯位置。

137

桑搏 | **俄罗斯实战徒手格斗术**

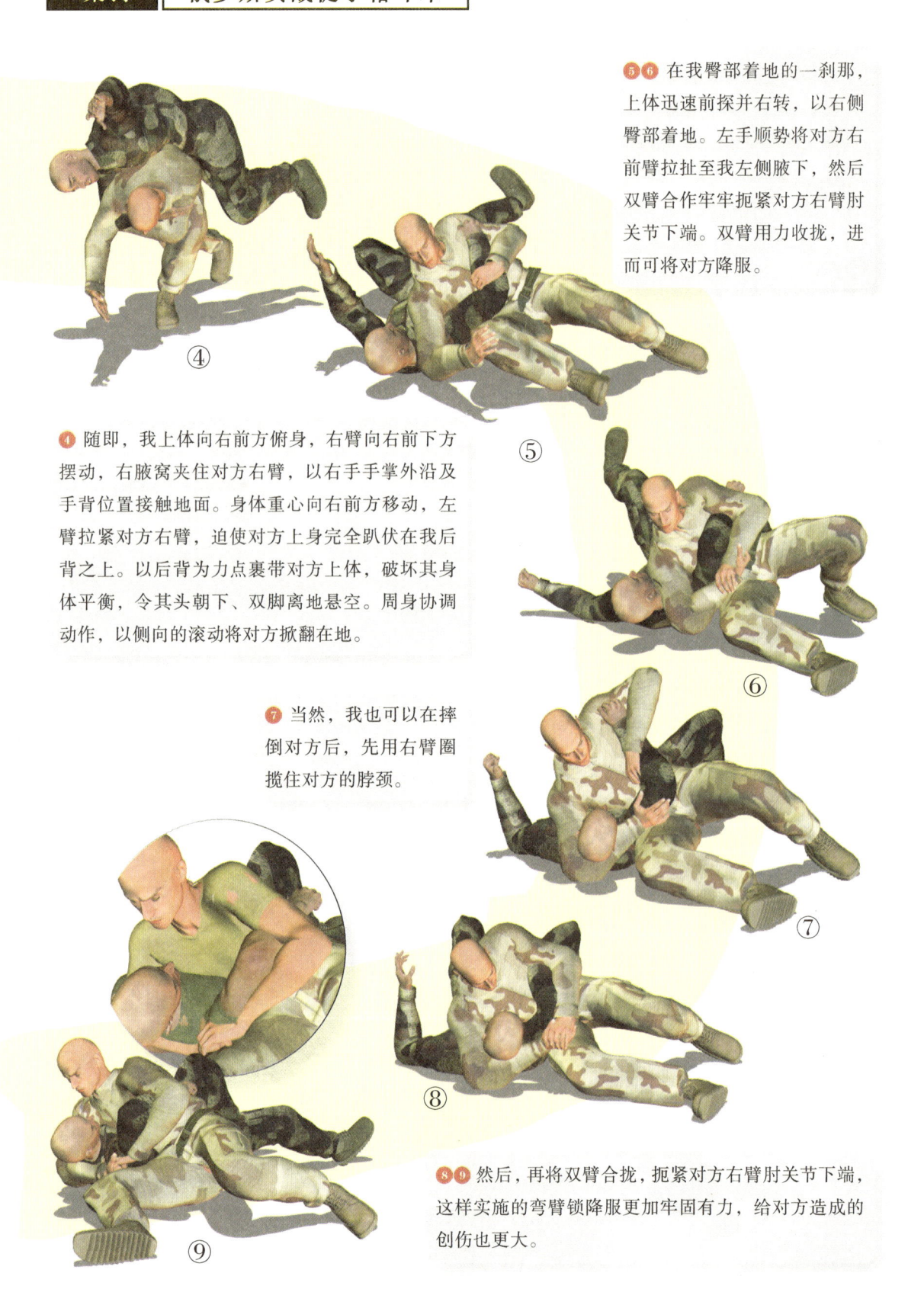

❺❻ 在我臀部着地的一刹那，上体迅速前探并右转，以右侧臀部着地。左手顺势将对方右前臂拉扯至我左侧腋下，然后双臂合作牢牢扼紧对方右臂肘关节下端。双臂用力收拢，进而可将对方降服。

❹ 随即，我上体向右前方俯身，右臂向右前下方摆动，右腋窝夹住对方右臂，以右手手掌外沿及手背位置接触地面。身体重心向右前方移动，左臂拉紧对方右臂，迫使对方上身完全趴伏在我后背之上。以后背为力点裹带对方上体，破坏其身体平衡，令其头朝下、双脚离地悬空。周身协调动作，以侧向的滚动将对方掀翻在地。

❼ 当然，我也可以在摔倒对方后，先用右臂圈揽住对方的脖颈。

❽❾ 然后，再将双臂合拢，扼紧对方右臂肘关节下端，这样实施的弯臂锁降服更加牢固有力，给对方造成的创伤也更大。

第三章　投摔降服技术

第四节　投摔后实施的肩胛锁降服

肩关节是人体上肢最大的关节，由肱骨头和肩胛骨的关节盂构成，属于球窝关节。肩关节面的大小差别明显，关节窝平浅，骨与骨之间的吻合也较差，关节囊松弛，且韧带少而弱。所以，肩关节是人体最灵活，但稳定性较差，最容易受伤的一个关节。

肩关节是人体活动范围最大的关节，能做内收、外展、前屈、后伸及旋转等运动，肩关节的运动一般都是带动臂、肘、手同时运动。

肩关节处于人体上肢运动链的根部，整个上肢的运动是由肩关节带动臂、肘、腕、手而进行的，彼此相互支持和制约。因此，在针对肩关节进行锁控降服时，往往是利用上肢各相邻关节互为锁定的效应来实施。单纯的锁控技法较少，一般是对整条手臂进行拧转或扳动，同时控制肩关节，进而达到牵制全身的目的。

肩关节锁（Armpit Lock）是一种高度灵活有效且非常具有破坏力的关节技，之所以这么说，是因为在针对对方肩关节形成锁控势态的同时，也会给其肘关节造成创伤。

针对肩关节实施的锁控，可以细划为腋窝锁、膝窝压制、膝盖挤压几种类型。

> 在实战中，可以在迫使对方脸面朝下呈趴伏状态时，捕获其一条手臂，然后在利用自己一侧手臂及腋窝夹持住对方上臂根部、肩胛骨外侧，向下实施压制的同时，另一手臂配合反方向扳拉其手臂前端，使其肩关节外展活动超过正常运动极限。

> 也可以在对方趴伏状态下，捕获其一条手臂之后，屈膝以膝盖及小腿胫骨部位为力点去挤压对方上臂根部、肩胛骨外侧，同时双手扳拉其手腕部，令其超出生理限度。事实证明，膝盖挤压相较于上肢实施的肩关节锁要凶悍得多。

139

| 桑搏 | 俄罗斯实战徒手格斗术 |

1 实战应用范例一

❶ 在实战中,双方扭斗撕扯在一起,我用左手抢抓对方右肩,右手抓住对方左臂或者中袖外侧。

❷ 对方率先发动攻击,突然伸出右手向下抄抓我左脚脚踝,准备破坏我身体重心的稳定将我掀翻。

❸ 我左脚迅速向左后方撤步,躲避对方右手的捕捉。同时,趁对方俯身低头之际,左臂顺势屈肘向右前下方移动,以左侧腋窝自上而下裹夹住对方左上臂根部及肩胛骨外侧。

❹ 继而,我左脚向左前方移动,身体重心猛然下沉,上体向左后方倚靠,以左侧肩胛骨外侧向下压制对方左肩胛骨外侧。同时,双手配合向上扳拉对方左前臂,迫使其身体重心失衡而向前扑倒。对方倒地瞬间,我右腿向右后方摆动,左腿向左前方伸展,以左侧臀部着地,下肢伸展开摆成"人"字。

❺ 紧接着,我身体猛然向右翻转,左臂屈肘以腋窝裹夹住对方左上臂根部及肩胛骨外侧,用力向下挤压。同时,上体向左后方仰躺、挤靠,双臂揽抱住对方左臂向上提拉,以自己左肩胛骨外侧为力点针对对方左肩关节实施逆向锁别,对其实施肩胛锁降服。

第三章　投摔降服技术

2　实战应用范例二

① 在实战中，双方扭斗撕扯在一起，对方用右手抓住我左胸衣襟。我左手顺势扣抓对方右手腕部，右手推搡其左胸部，迫使对方与自己保持距离。

②③ 在对方用力向前推搡之际，我迅速用双手抓紧对方右手腕部。随即，借其向前推顶的力量，我身体突然向右转动，右脚向右后方背步，双手顺势向外翻拧对方右臂至我左侧腋下（令其肘关节朝上），并向右侧牵引。

④⑤ 在我成功用左侧腋窝夹住对方右臂根部及肩胛骨部位后，身体继续右转，重心猛然下沉，右腿屈膝，左脚向右前方滑动，上体向左后方倚靠，以左侧肩胛骨外侧向下压制对方右肩胛骨外侧。同时，双手配合向上扳拉对方右前臂，迫使其身体重心失衡而向前扑倒。

⑥ 充分利用自己身体重量将对方压倒在地后，我右腿遂屈膝向右后方摆动，左腿向左前方伸展，以左侧臀部着地，下肢伸展开摆成"人"字。身体继续右转，左臂屈肘以腋窝裹夹对方右上臂根部及肩胛骨外侧，用力向下挤压，同时上体向左后方仰躺、挤靠，双臂揽抱住对方右臂向上提拉，以自己左肩胛骨外侧为力点针对对方右肩关节实施锁别。

141

桑搏　俄罗斯实战徒手格斗术

3　实战应用范例三

❶❷ 敌我双方对峙，我用右手抓住对方左臂或者中袖外侧，左手抢抓对方右胸襟，并用力前推，迫使其右脚后退。

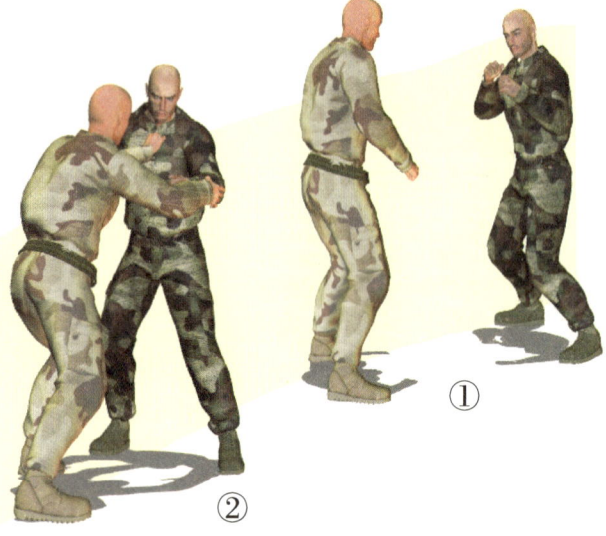

❸ 发动攻击时，我左脚向右前方上步，落脚于对方左脚内侧前方，身体向右转动，右脚顺势向后背步，以前脚掌着地，使左胯正对对方腹部。同时，右臂随身体转动屈肘向右上方抬起，右手内旋牵拉对方左臂，左手配合右手用力向同一方向拉扯对方胸襟，迫使对方身体重心向左前上方移动。

❹ 紧接着，身体继续向右拧转，令后背朝向对方。左脚抬起快速向后移动，穿插至对方左脚外侧，脚跟抬起，前脚掌着地。右腿屈膝，身体重心下沉。右手在牢牢牵制住对方左臂的同时，左臂屈肘，折叠夹紧，左手攥紧对方胸襟，左前臂穿插至对方左侧腋下，肘尖向上抬起，以前臂支撑对方左侧腋窝，使对方重心失衡，身体被迫向左侧倾斜。此时我左侧后背要尽量贴近对方右侧胸部，左胯抵靠住对方腹部。

❺ 继而，在左腿别住对方左腿的基础上，我腰身猛然向右拧转，上体向右前下方俯身低头，左肘抵顶对方左侧腋窝，双手用力向右下方牵拉对方左臂和胸襟，令其胸部紧紧贴靠于我左侧后背。

第三章　投摔降服技术

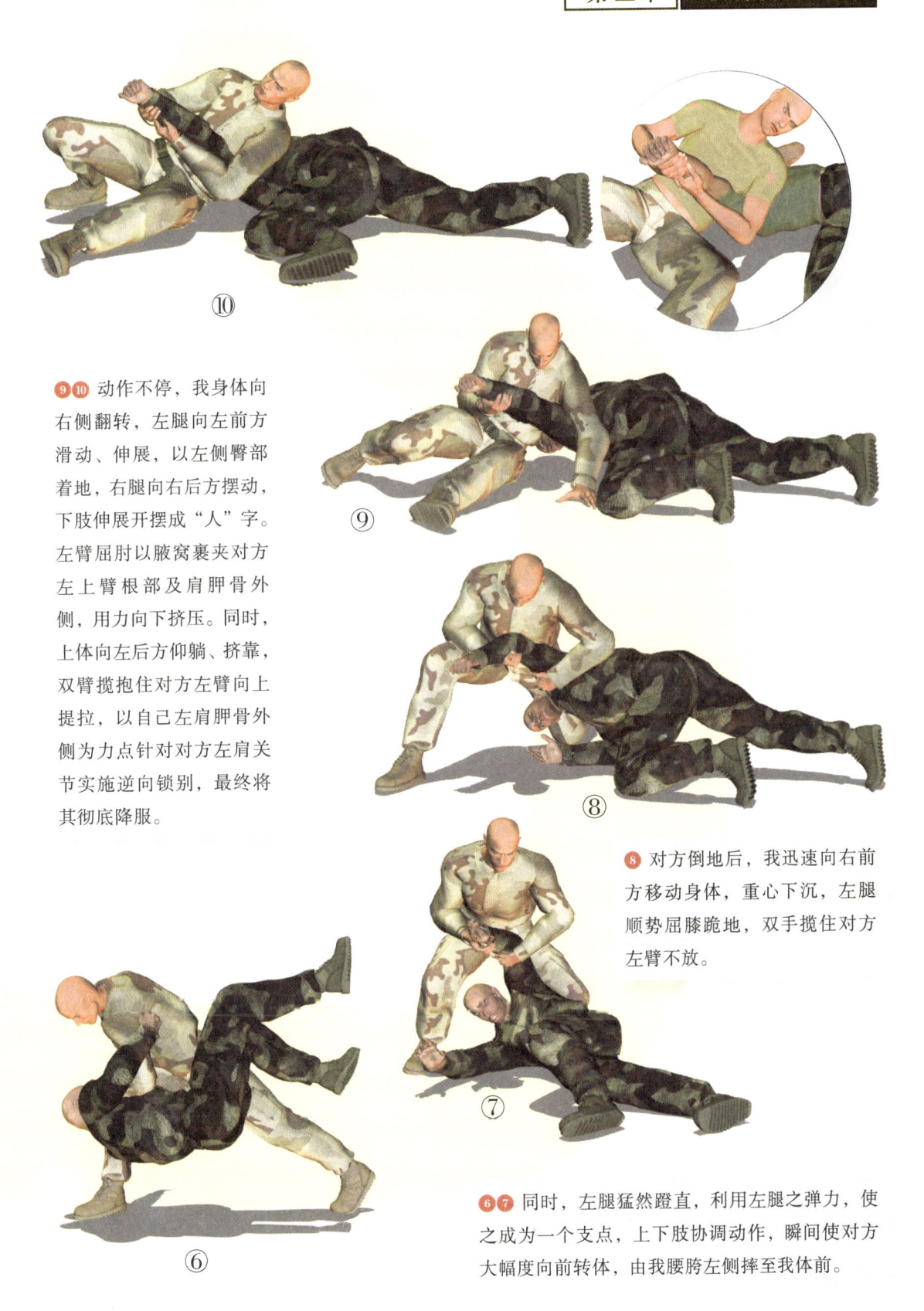

⑨⑩ 动作不停，我身体向右侧翻转，左腿向左前方滑动、伸展，以左侧臀部着地，右腿向右后方摆动，下肢伸展开摆成"人"字。左臂屈肘以腋窝裹夹对方左上臂根部及肩胛骨外侧，用力向下挤压。同时，上体向左后方仰躺、挤靠，双臂揽抱住对方左臂向上提拉，以自己左肩胛骨外侧为力点针对对方左肩关节实施逆向锁别，最终将其彻底降服。

⑧ 对方倒地后，我迅速向右前方移动身体，重心下沉，左腿顺势屈膝跪地，双手揽住对方左臂不放。

⑥⑦ 同时，左腿猛然蹬直，利用左腿之弹力，使之成为一个支点，上下肢协调动作，瞬间使对方大幅度向前转体，由我腰胯左侧摔至我体前。

143

第五节　投摔后实施的跟腱锁降服

跟腱锁也称跟腱固。在具体讲解这个技术之前，先给大家讲一个小故事。

在希腊神话中希腊联军有一位英雄叫阿基里斯（Achilles），被誉为希腊第一勇士。由于小的时候父母将他在冥河的水中浸泡过，以致他全身上下刀枪不入，只有脚跟被母亲用手抓着，没有浸到河水，成为他身体上唯一的弱点。后来太阳神阿波罗就是利用他的这个弱点，用暗箭射杀了他。

阿基里斯（Achilles）一词从此就用来表示"致命弱点"，从格斗学和生理学角度来理解，就是指连接小腿三头肌与足跟的肌腱部位，在地面缠斗中针对跟腱部位实施的锁控技术即被称为跟腱锁（Achilles Clock）。

跟腱锁是腿锁技术中最重要的降服技术，也是应用最广泛的技术之一。在日常训练当中要注意正确掌握动作，充分体会技术要领，反复体验，直至能够随心所欲地运用它。这一技术关键点在于要以手臂桡骨部位为支点去接触对方跟腱部位，并且要形成一个正确的角度，即桡骨垂直于跟腱，此时你的前臂桡骨就可以轻而易举地锁控对方的跟腱。大多数初学者可能会忽视保持这种垂直支点，他们往往单纯地运用力量去完成动作。事实上，更多的是要保持一个合适的角度，才能够真正降服对手。

桑搏教练说，正确的应该是用前臂的前端三分之一处去接触对方小腿的前端三分之一处，在这个部位展开的跟腱降服是最有效的。为了能够切实地锁控对方的跟腱，在平常的训练当中，最好是慢慢地用前臂垂直于陪练者的小腿反复滑动练习，根据对方的痛觉感受来逐步调整距离和角度，直到找到正确的位置。

在实战中，当你捕获对方小腿时，对方会出于本能向后挣脱，为了避免其逃脱，你可以先用前臂卡住其脚后跟并用力向后拉扯，将其牢牢控制于腋下后，然后再沿着其脚跟向前翻转手腕，施加压力，直至使桡骨垂直于对方跟腱再进行披肘切锁。

一旦你具备了实施跟腱锁的条件，就要迅速披肘，即将肘尖下压、内扣，这样可以施加更大的压力。同时，你的肩部也要配合向一侧外翻，髋关节一并转动，使身体略微向外侧倾斜，从而加大切压的力度。

第三章　投摔降服技术

1 实战应用范例一

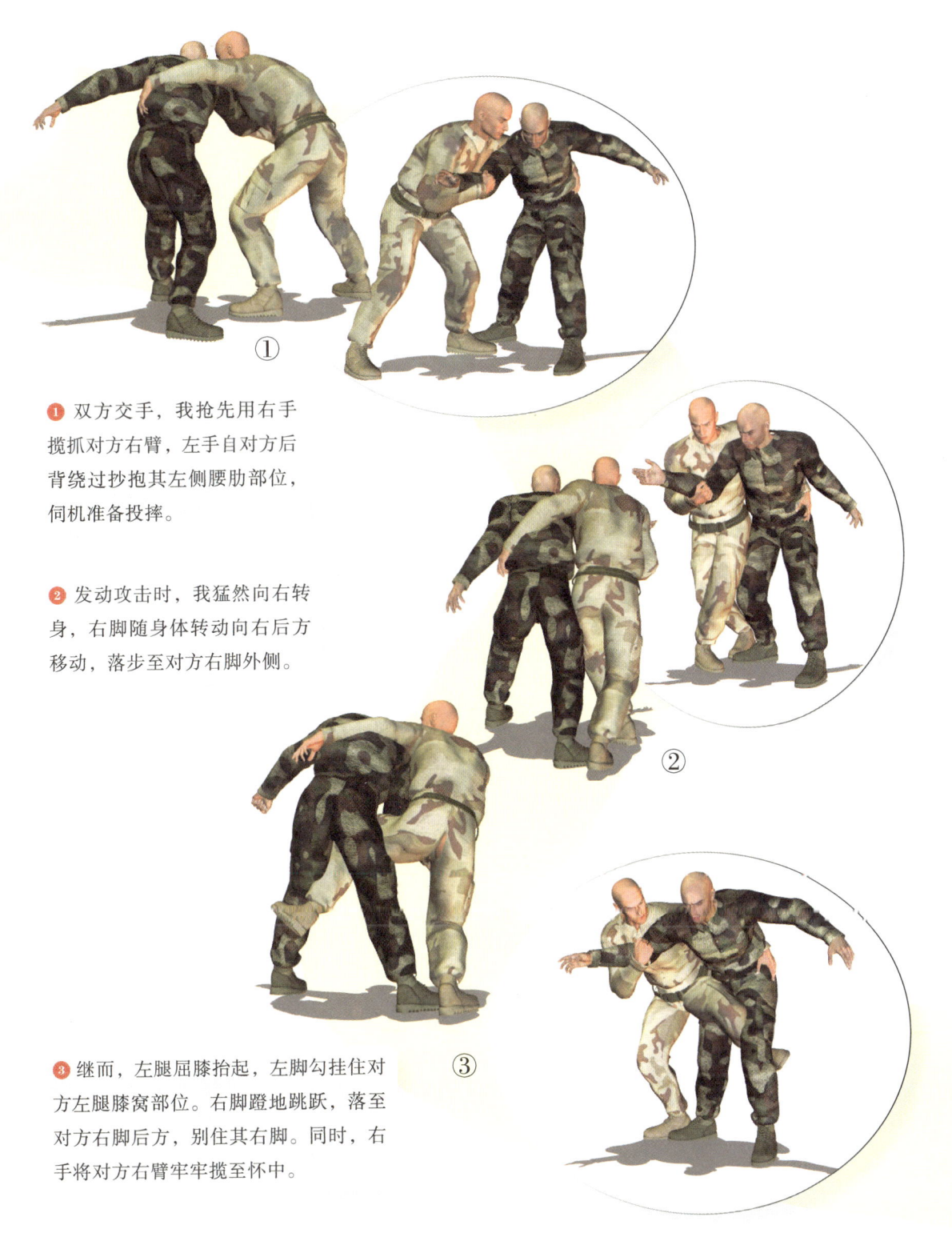

① 双方交手，我抢先用右手揽抓对方右臂，左手自对方后背绕过抄抱其左侧腰肋部位，伺机准备投摔。

② 发动攻击时，我猛然向右转身，右脚随身体转动向右后方移动，落步至对方右脚外侧。

③ 继而，左腿屈膝抬起，左脚勾挂住对方左腿膝窝部位。右脚蹬地跳跃，落至对方右脚后方，别住其右脚。同时，右手将对方右臂牢牢揽至怀中。

145

| 桑搏 | 俄罗斯实战徒手格斗术 |

❹ 动作不停，我身体重心向后下方移动，臀部下落着地，身体后仰，左腿用力向上、向后勾挑对方左腿，破坏对方身体平衡，瞬间将对方掀翻在地。

❺ 对方仰面摔倒后，我上体快速前探，右手顺势捋抓对方右脚脚踝部位。

❻ 随即，我上体向右侧摆动，左腿屈膝绕至对方裆部内侧勾缠住其右腿。同时，右臂迅速屈肘，将其右脚踝揽至我右侧腋下，以右前臂桡骨为力点切锁对方的跟腱部位。

❼ 对方不甘于陷入被动局面，翻身伸探左手抓扯我右肩，左脚随身体滚动抬起，欲跃然而起。

❽ 在对方翻滚身体左脚摆起的一刹那，我迅速放松针对对方右脚的锁控，用右臂揽住对方左脚脚踝后侧，左腿屈膝，以小腿胫骨抵住对方裆部，左脚勾住其臀部。

❾ 然后，左手扣抓对方伸出的左臂，同时右手将其左腿向怀中推送。

146

第三章　投摔降服技术

⑮ 然后，迅速将右臂嵌入对方两脚之间，屈肘以前臂桡骨为力点切压对右脚跟腱部位。左手配合右手，辅助发力，双臂协同动作继续针对其右脚跟腱施加压力。

⑭ 紧接着，左手向左扳拉对方右脚，右手向右扳拉对方左脚，将其两脚脚踝上下叠加在一起。

⑫⑬ 随即，抬起右腿，屈膝勾挂自己左脚脚踝。以左腿胫骨为力点向前推顶，右脚踩踏于对方后背，令其无法再翻转过来。

⑩ 继而，我右臂屈肘将对方左脚夹锁在自己右肘窝内，令其脚背紧贴于我右肩与右上臂外侧，以右臂桡骨为力点用力切压对方左脚跟腱部位。左手抓住自己的右手，配合拉扯，辅助发力，双臂协同动作针对对方左脚跟腱形成跟腱锁。

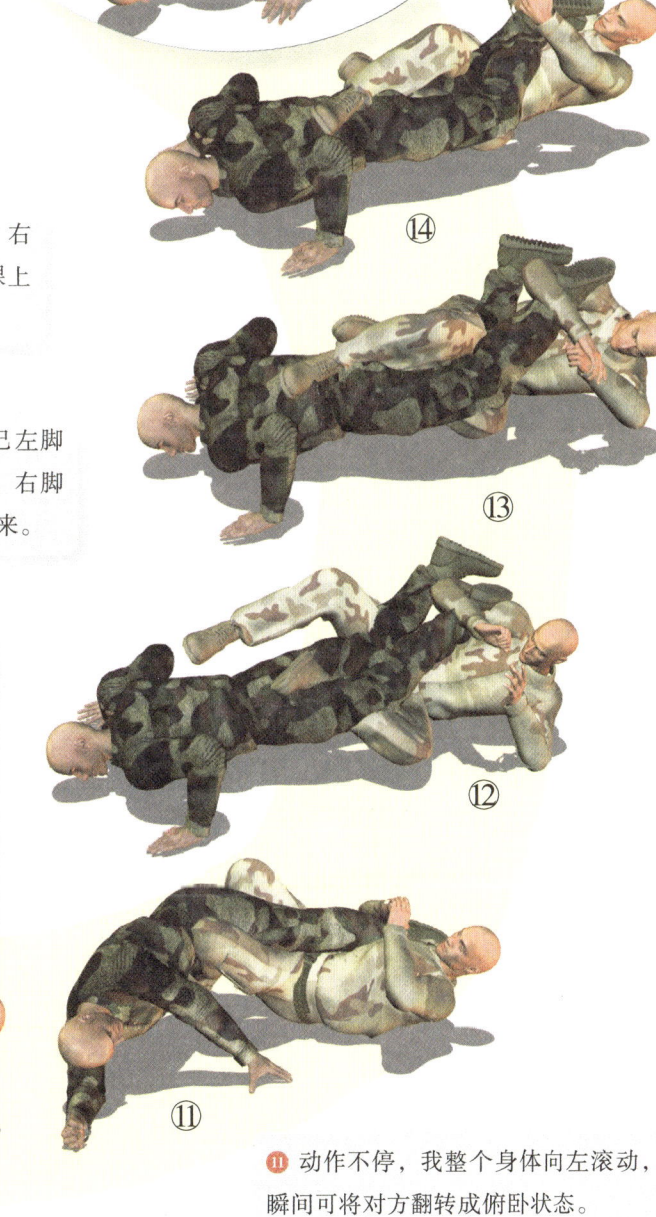

⑪ 动作不停，我整个身体向左滚动，瞬间可将对方翻转成俯卧状态。

147

桑搏 俄罗斯实战徒手格斗术

2 实战应用范例二

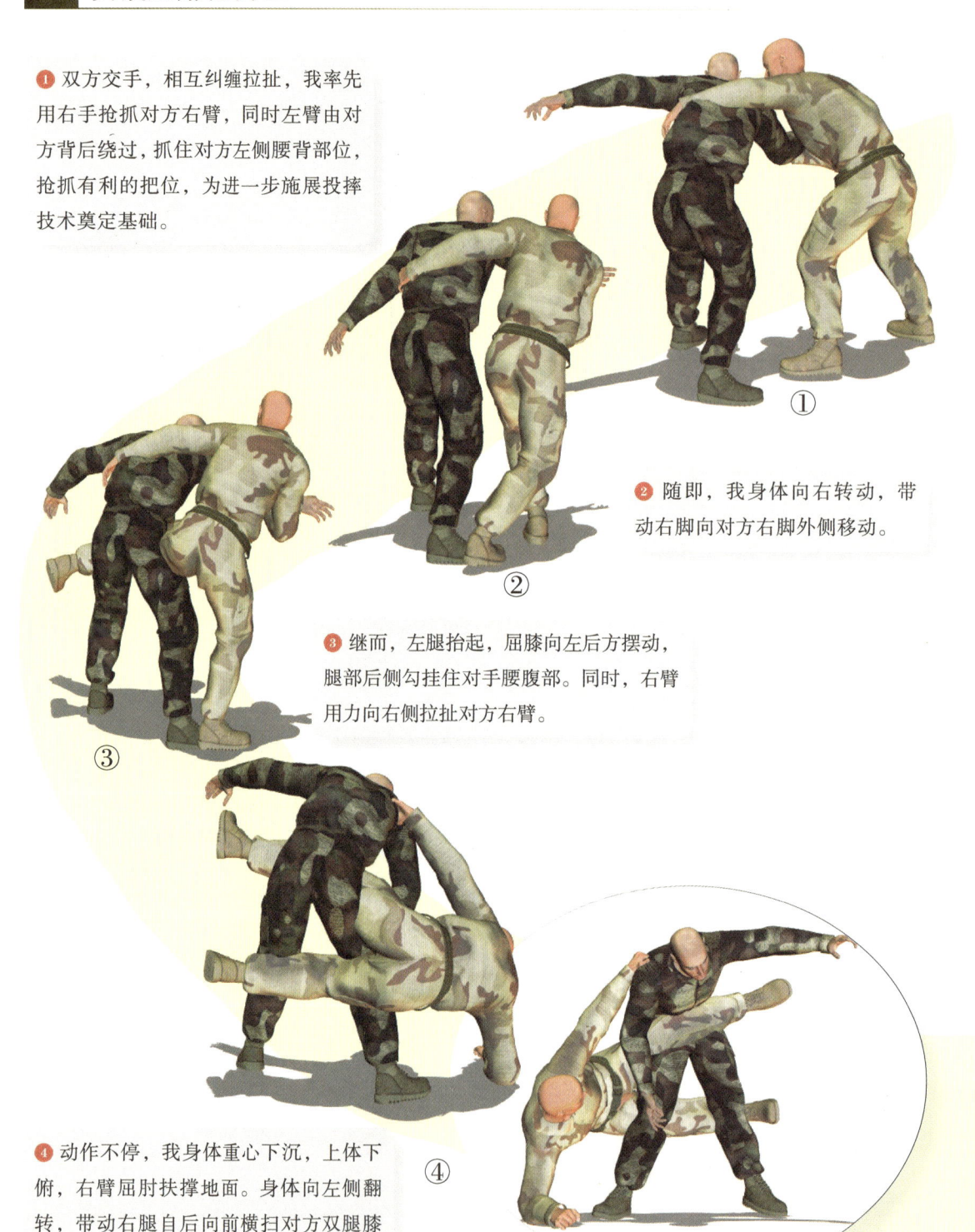

❶ 双方交手，相互纠缠拉扯，我率先用右手抢抓对方右臂，同时左臂由对方背后绕过，抓住对方左侧腰背部位，抢抓有利的把位，为进一步施展投摔技术奠定基础。

❷ 随即，我身体向右转动，带动右脚向对方右脚外侧移动。

❸ 继而，左腿抬起，屈膝向左后方摆动，腿部后侧勾挂住对手腰腹部。同时，右臂用力向右侧拉扯对方右臂。

❹ 动作不停，我身体重心下沉，上体下俯，右臂屈肘扶撑地面。身体向左侧翻转，带动右腿自后向前横扫对方双腿膝窝，同时左腿用力向后鞭扫对方腰腹部。

第三章　投摔降服技术

❾ 进一步，我可以用左手抓住自己右手，使劲向怀中拉扯。同时，抬起右脚踩踏自己左脚脚踝，双腿一并用力向前蹬踏，从而增加对对方右脚跟腱施加的压力。

❽ 动作不停，我身体猛然向左侧翻滚，右臂以前臂桡骨为力点用力切压对方右脚跟腱部位。左脚勾住对方裆臀部用力向左侧摆动，周身协调动作，瞬间将对方由仰面状态掀转至趴伏状态。

❼ 继而，右臂屈肘夹紧对方右脚踝，左手辅助按住其右小腿，令其右脚脚背紧贴于我右上臂外侧。

❻ 随即，我上体前探，坐起身来。右臂屈肘自下而上揽住对方右脚脚踝部位，同时左腿屈膝绕至对方裆部内侧，勾缠住其右腿。

❺ 双腿形成剪刀状，交错发力，破坏对方身体平衡，瞬间可将其剪翻在地。

149

3 实战应用范例三

❶❷ 双方撕扯，互相角力。我抢先进攻，迅速俯身，伸出左手自下而上抄揽对方右小腿，并用力向上提拉，同时右手推撑对方左侧肩头。

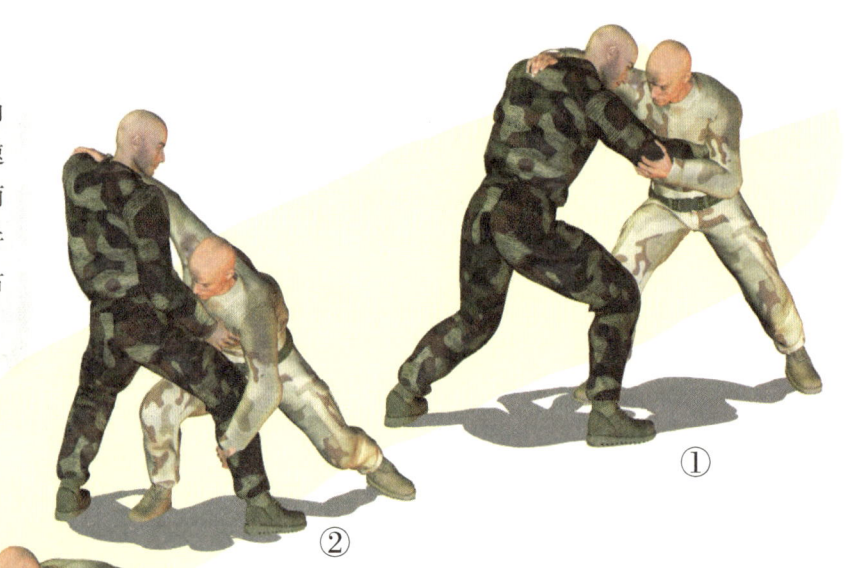

❸ 左右手协调配合，迫使对方重心不稳而向后仰摔，瞬间可将对方摆倒。

❹ 对方倒地瞬间，我左脚上步跟进，左臂屈肘顺势揽住对方右脚脚踝，将其夹至我左侧腋下。右手辅助左手扣按住其右腿胫骨部位，牢牢控制住对方右腿。

❺ 随即，屈膝抬起右脚踩踏对方左腿大腿及膝窝部位。同时，身体重心下沉，双腿屈膝后坐，臀部、后背依次着地。重心落稳后，上体后仰，左肩外翻，可以针对其右脚踝关节进行锁控。

第三章　投摔降服技术

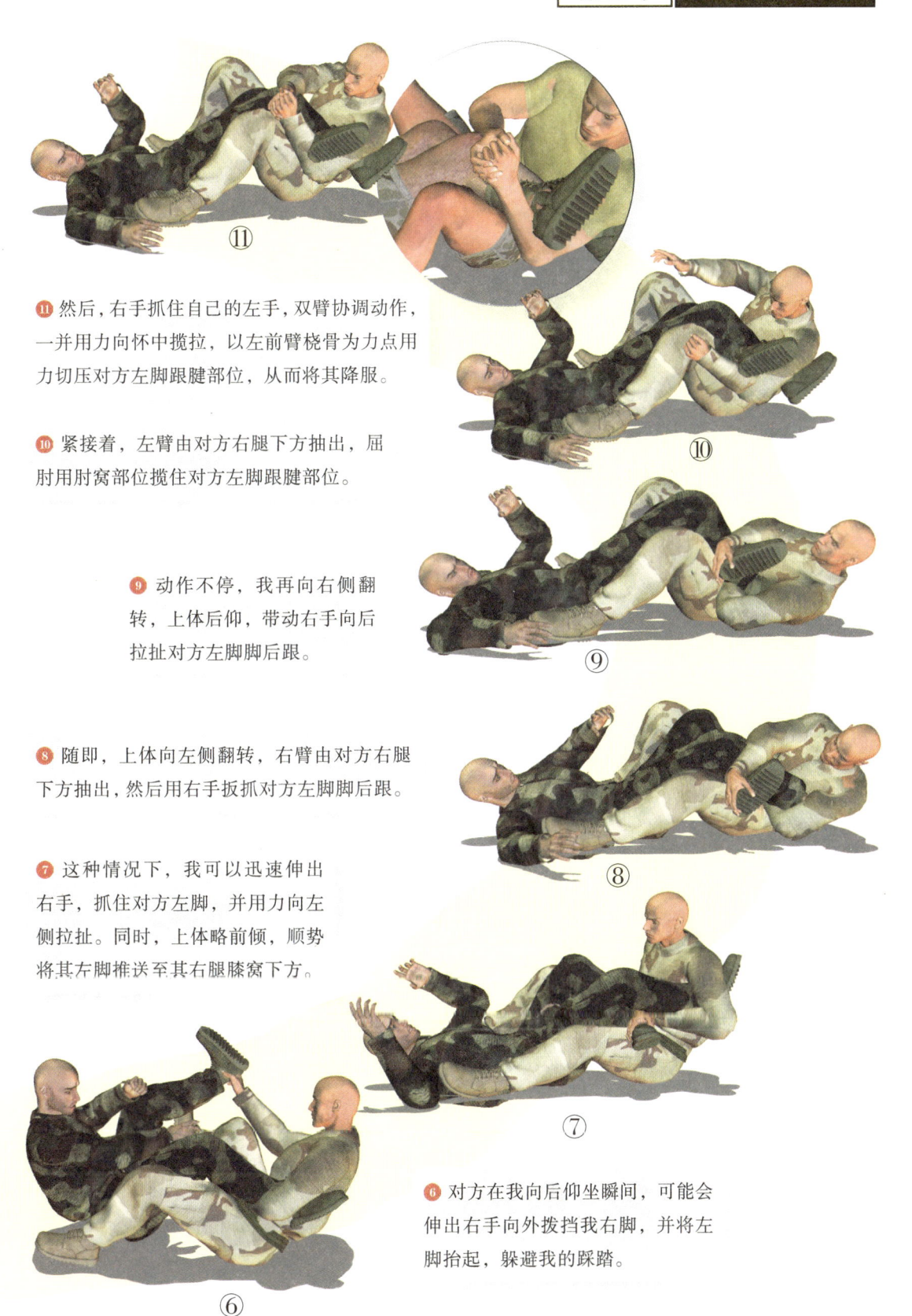

⑪ 然后，右手抓住自己的左手，双臂协调动作，一并用力向怀中揽拉，以左前臂桡骨为力点用力切压对方左脚跟腱部位，从而将其降服。

⑩ 紧接着，左臂由对方右腿下方抽出，屈肘用肘窝部位揽住对方左脚跟腱部位。

⑨ 动作不停，我再向右侧翻转，上体后仰，带动右手向后拉扯对方左脚脚后跟。

⑧ 随即，上体向左侧翻转，右臂由对方右腿下方抽出，然后用右手扳抓对方左脚脚后跟。

⑦ 这种情况下，我可以迅速伸出右手，抓住对方左脚，并用力向左侧拉扯。同时，上体略前倾，顺势将其左脚推送至其右腿膝窝下方。

⑥ 对方在我向后仰坐瞬间，可能会伸出右手向外拨挡我右脚，并将左脚抬起，躲避我的踩踏。

151

第六节 投摔后实施的脚踝锁降服

脚踝锁（Ankle Lock）是指在地面缠斗过程中，以对方脚部踝关节为主要攻击目标实施的一种关节降服技术。

许多初学者分不清楚什么是脚踝锁，什么是跟腱锁，误以为它们是一回事。事实上，这两种技术的确非常相似，在技术要领方面存在许多共同点，所以有些桑搏教练就含糊地将它们归为一类，只会笼统地传授脚踝锁的使用方法。然而，这两种技术在具体应用时，还是有一些差异的。

首先，两者针对的攻击目标不同，跟腱锁主要攻击目的是锁控对方跟腱，而脚踝锁则是以对方踝关节为主要攻击目标，成功地将其降服。所以，两种技术在具体运用时，前臂桡骨与对方小腿接触的部位则有所不同。在使用跟腱锁时，要求前臂桡骨以对方小腿前端三分之一处为支点，而脚踝锁则要求桡骨以对方脚跟上方的踝关节为支点。

其次，还有一点区别非常重要，就是脚踝锁肩部的动作幅度更大，在以桡骨为力点捕获对方脚踝后，肩部要有意识地向后翻转，用腋窝向下压迫对方的脚背，以充分发挥杠杆作用，从而达到锁控其脚踝的目的。

在实战当中，这两种技术常常是根据需要相互间随时转换。

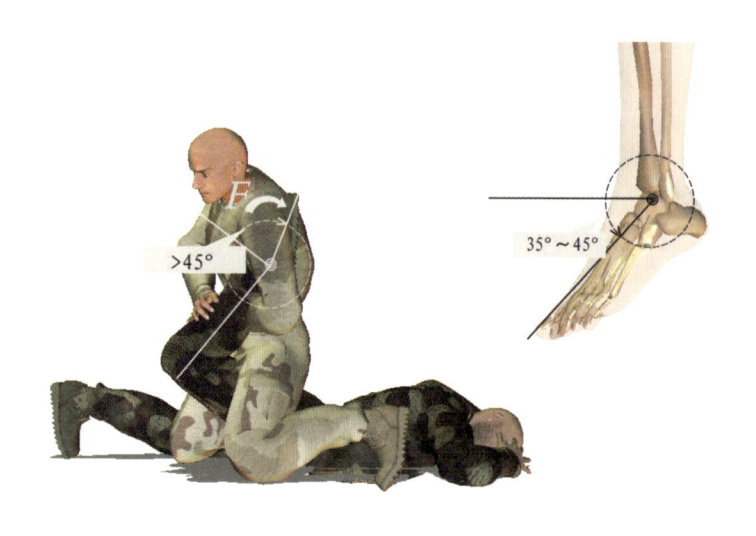

○ 踝关节属滑车关节，可在矢状面内绕冠状轴做背屈及跖屈运动。脚尖向上背屈的角度为25°～35°；反之，脚尖向下跖屈角度为35°～45°。当脚过度跖屈内翻时，易损伤距腓前韧带及跟腓韧带。脚踝锁技术就是利用踝关节向下跖屈幅度有限这一生理特点，施展技术动作迫使其大幅度伸展，超过关节活动的临界点，从而将对手制服。

第三章　投摔降服技术

1　实战应用范例一

❶ 双方交手，相互撕扯，我左手抓住对方右臂，右手搂抓对方左侧肩颈。

❷ 看准时机，我猛然俯身，用左手抄搂对方右小腿。

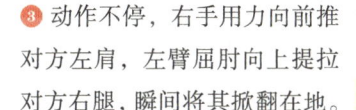

❸ 动作不停，右手用力向前推对方左肩，左臂屈肘向上提拉对方右腿，瞬间将其掀翻在地。

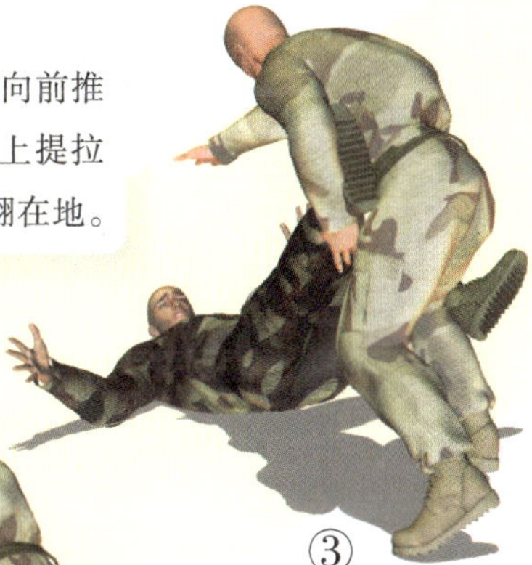

❹ 对方倒地瞬间，我左脚迅速向前上步。左臂顺势屈肘圈揽住对方右脚脚踝，用力将其揽至左侧腋下，并用右手扣按住其右小腿。

❺ 随即，身体猛然向右转动，左臂屈肘随身体转动内扣，右手一并用力向右拉扯对方右腿。周身协调动作，瞬间可将对方由仰卧翻转为趴伏状态。随着我身体向右的转动以及对方身体的翻转，我左脚随势抬起，顺势跨过对方身体，落脚于对方髋部右侧。

❻ 继而，我双腿屈膝跪地，重心下沉，臀部下坐于对方右大腿根部。左臂牢牢控制住对方右腿，右腿胫骨向下碾压对方左大腿后侧。

❼ 紧接着，我上体后仰，左肘夹紧对方右脚脚踝，以左前臂桡骨为力点向上切压其右脚跟腱部位，随即猛然向左下方掖肘，左肩向左外侧翻转，针对其右脚脚踝实施锁控，右手按住对方右腿胫骨以助发力。

153

桑搏　俄罗斯实战徒手格斗术

2　实战应用范例二

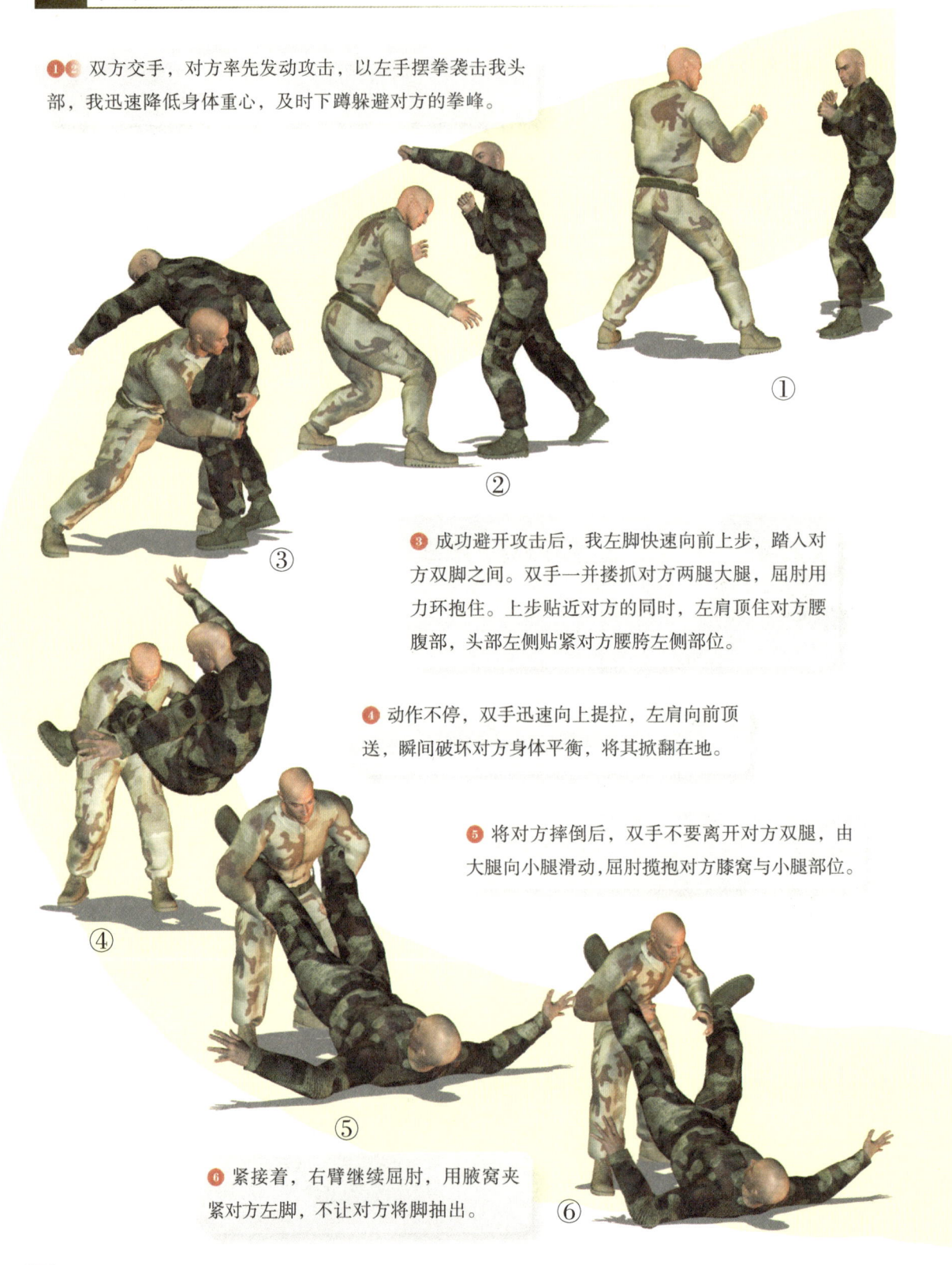

❶❷ 双方交手，对方率先发动攻击，以左手摆拳袭击我头部，我迅速降低身体重心，及时下蹲躲避对方的拳峰。

❸ 成功避开攻击后，我左脚快速向前上步，踏入对方双脚之间。双手一并搂抓对方两腿大腿，屈肘用力环抱住。上步贴近对方的同时，左肩顶住对方腰腹部，头部左侧贴紧对方腰胯左侧部位。

❹ 动作不停，双手迅速向上提拉，左肩向前顶送，瞬间破坏对方身体平衡，将其掀翻在地。

❺ 将对方摔倒后，双手不要离开对方双腿，由大腿向小腿滑动，屈肘搂抱对方膝窝与小腿部位。

❻ 紧接着，右臂继续屈肘，用腋窝夹紧对方左脚，不让对方将脚抽出。

| 第三章 | 投摔降服技术

⓬ 双腿牢牢锁住对方左腿后，左脚猛然用力蹬踏对方右腿，上身向后仰躺，右肩下扣对方左脚脚面，右前臂配合向上提拉，髋关节一并转动，使身体略微向右侧倾斜，从而加大切压的力度。周身协同动作，可将对方彻底降服。

⓫ 随之，我右脚抬起，屈膝绕过对方左腿，用右脚勾住自己左腿膝窝。

❿ 为了防止对方就地翻滚，在坐下的瞬间，我迅速将左脚抬起，蹬踏住对方右腿膝关节内侧或者大腿内侧。

❾ 紧接着，我身体重心下沉，双腿屈膝，臀部向后下落着地坐下。

❽ 为了切实锁牢对方的脚踝，也可以用右手抓住自己的左臂，并将左手按住对方左腿胫骨部位。左手用力下压，右肘向上提拉，上下交错发力，针对其脚踝和跟腱实施锁控。

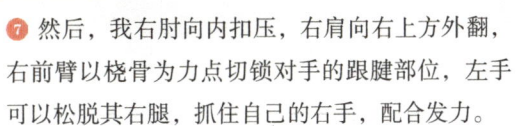

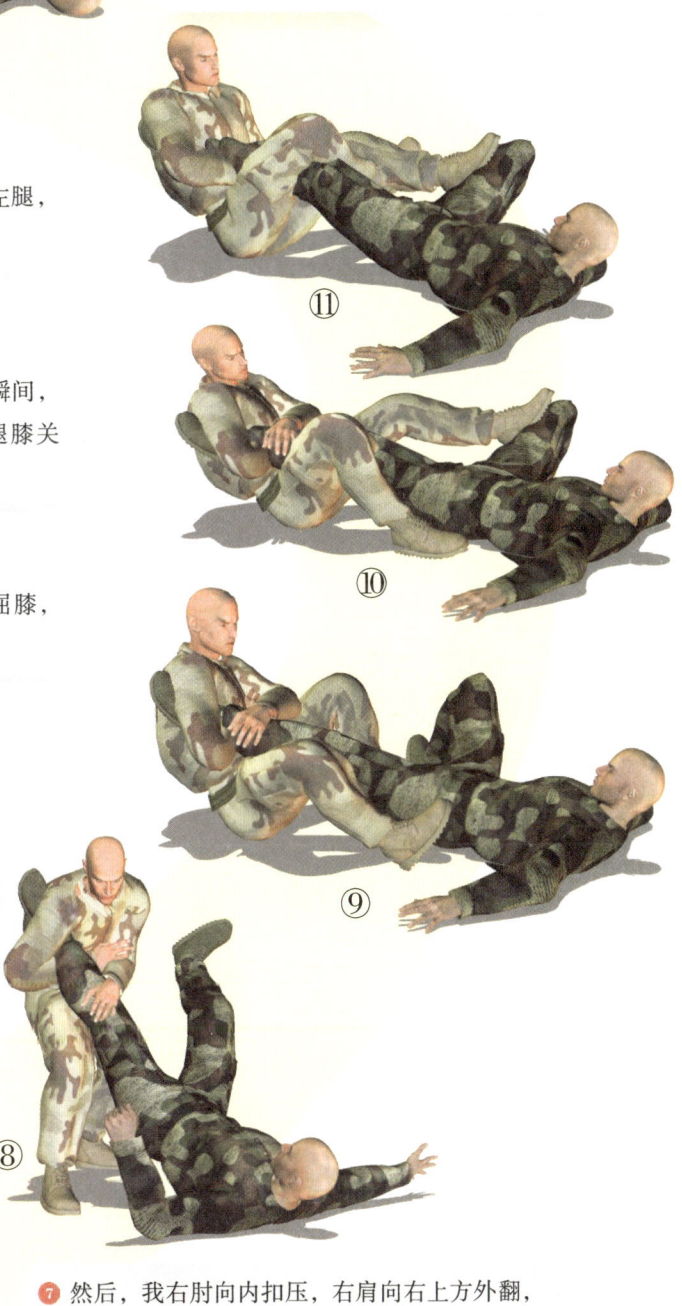

❼ 然后，我右肘向内扣压，右肩向右上方外翻，右前臂以桡骨为力点切锁对手的跟腱部位，左手可以松脱其右腿，抓住自己的右手，配合发力。

155

桑搏 俄罗斯实战徒手格斗术

3 实战应用范例三

❶ 实战中,双方站立,相互纠缠拉扯,我左手由对方右侧腋下穿过搂抓其后背。同时,右手抓住对方左手腕部,抢抓有利的把位,为进一步施展投摔技术奠定基础。

❷ 随即,左脚向对方两脚间踏入,身体猛然向右侧拧转,右脚随转体向后撤步,弯腰俯身,将臀部牢牢贴靠于对方腹部。

❸❹ 动作不停,我身体继续右转、前俯,臀部配合身体转动用力向后上方撅顶,双臂牢牢控制住对方肩背和手臂。周身协调动作,一气呵成,可瞬间将对手摔倒在地。

❻ 此刻,如果感觉到这种投摔很难再奏效,就不要再勉为其难,那样非但无法达到摔倒对方的目的,而且有可能丧失优势,遗失战机。正确的对策应该是马上转变战术,比如,右脚迅速向外移动,降低身体重心,俯身用右手抄抓对方左脚踝。

❺ 然而,在投摔过程中,对方有可能提早察觉,出于防范目的会将右脚向后撤步,左脚用力蹬踏地面,稳定支撑身体,调整重心平衡,从而破坏我投摔技术的有效发挥。

第三章　投摔降服技术

⓬ 当我双腿牢牢锁住对方左腿后，左脚猛然用力蹬踏对方右腿，上身向后仰躺，右肘下掖，右肩下扣对方左脚脚面，右前臂向上提拉，周身协同动作可将对方彻底降服。

⓫ 臀部着地后，我再将左腿抬起，脚掌蹬踏住对方右腿膝关节内侧或者大腿内侧，右脚脚踝顺势勾住自己左腿膝窝，防止对方就地翻滚。

⓾ 继而，我身体重心下沉，双腿屈膝，臀部后坐，右腿在下坐的过程中抬起，绕至对方左腿上方。

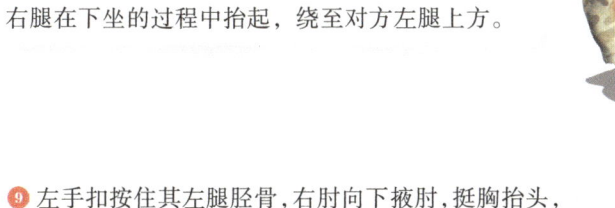

❾ 左手扣按住其左腿胫骨，右肘向下掖肘，挺胸抬头，右肩向右外侧翻转，针对其脚踝实施锁控。

❽ 对方仰摔瞬间，我右脚快速跟进，右臂屈肘顺势揽住对方左脚脚踝。

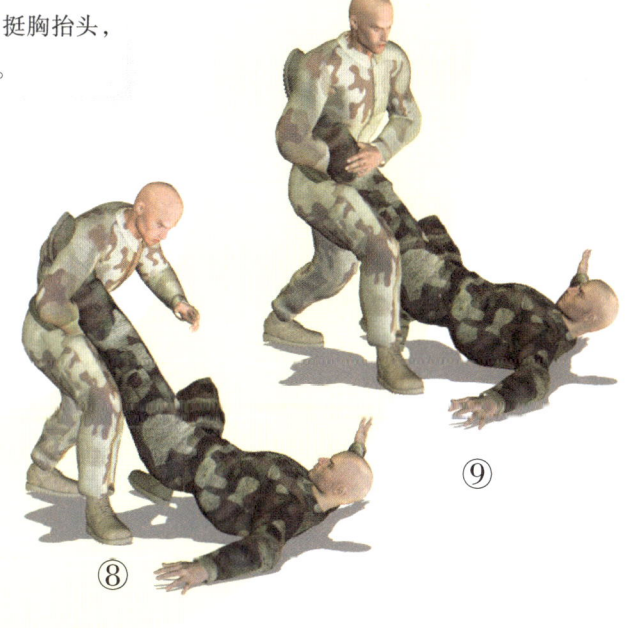

❼ 随即，右手用力向上提拉对方左脚脚踝，迫使其重心不稳而向后仰摔。

157

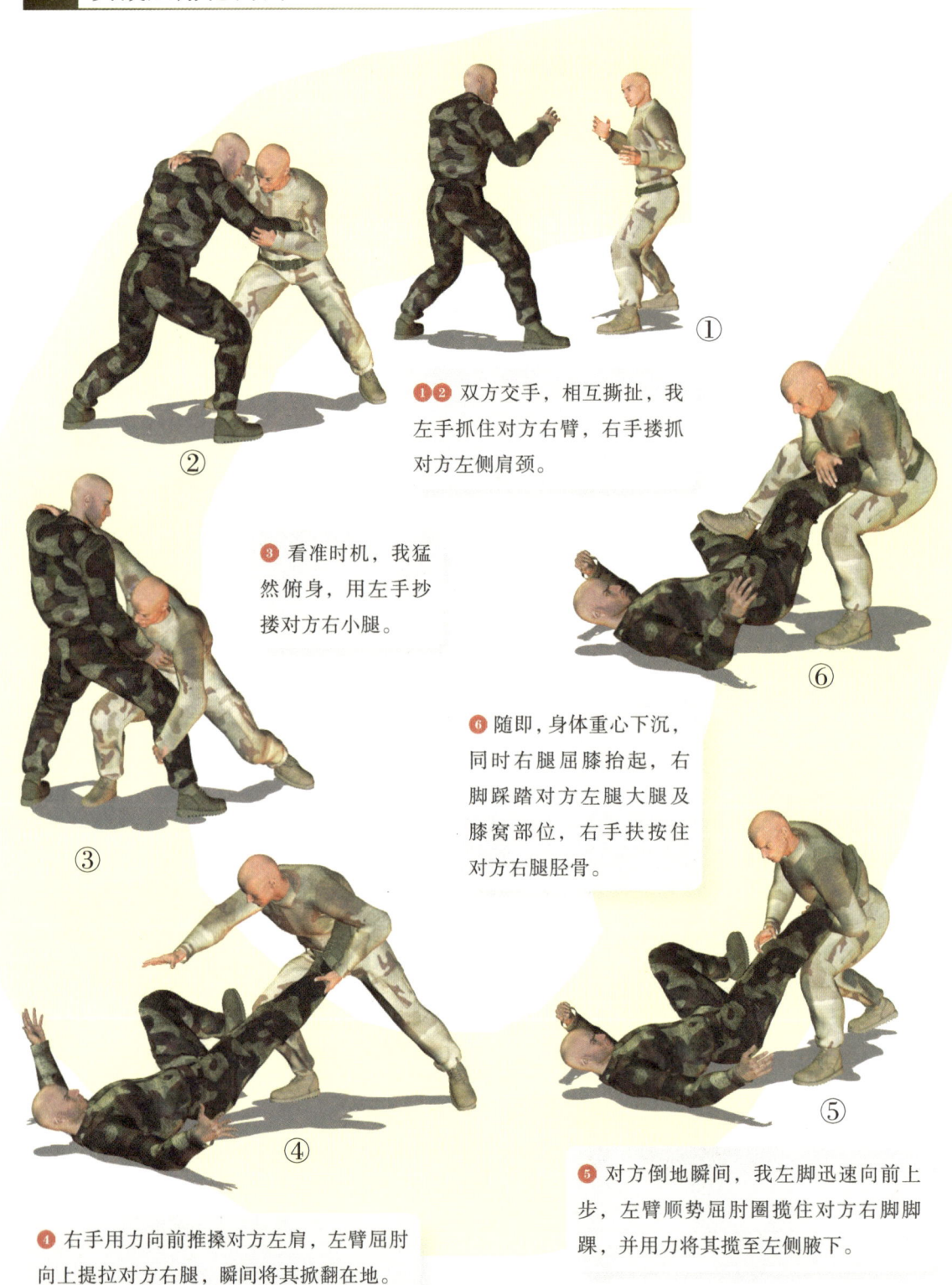

| 桑搏 | 俄罗斯实战徒手格斗术 |

4　实战应用范例四

❶❷ 双方交手，相互撕扯，我左手抓住对方右臂，右手搂抓对方左侧肩颈。

❸ 看准时机，我猛然俯身，用左手抄搂对方右小腿。

❹ 右手用力向前推搡对方左肩，左臂屈肘向上提拉对方右腿，瞬间将其掀翻在地。

❺ 对方倒地瞬间，我左脚迅速向前上步，左臂顺势屈肘圈揽住对方右脚脚踝，并用力将其揽至左侧腋下。

❻ 随即，身体重心下沉，同时右腿屈膝抬起，右脚踩踏对方左腿大腿及膝窝部位，右手扶按住对方右腿胫骨。

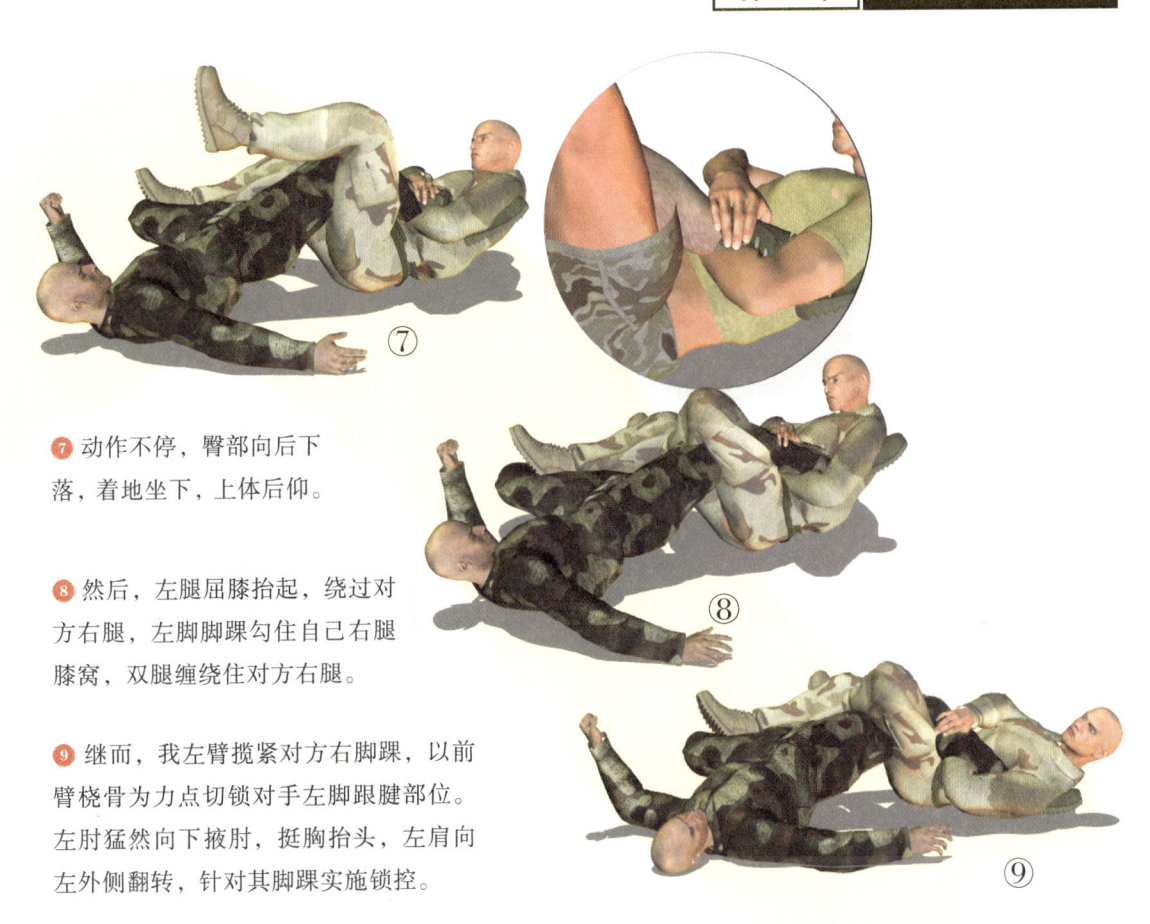

第三章　投摔降服技术

❼ 动作不停，臀部向后下落，着地坐下，上体后仰。

❽ 然后，左腿屈膝抬起，绕过对方右腿，左脚脚踝勾住自己右腿膝窝，双腿缠绕住对方右腿。

❾ 继而，我左臂揽紧对方右脚踝，以前臂桡骨为力点切锁对手左脚跟腱部位。左肘猛然向下掀肘，挺胸抬头，左肩向左外侧翻转，针对其脚踝实施锁控。

5　实战应用范例五

❶ 实战中，双方站立，相互纠缠拉扯，我左手由对方右肩上方绕过搂抓其后背。同时，右手抓住对方左手腕部，抢抓有利的把位，为进一步施展投摔技术奠定基础。

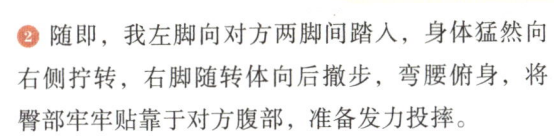

❷ 随即，我左脚向对方两脚间踏入，身体猛然向右侧拧转，右脚随转体向后撤步，弯腰俯身，将臀部牢牢贴靠于对方腹部，准备发力投摔。

159

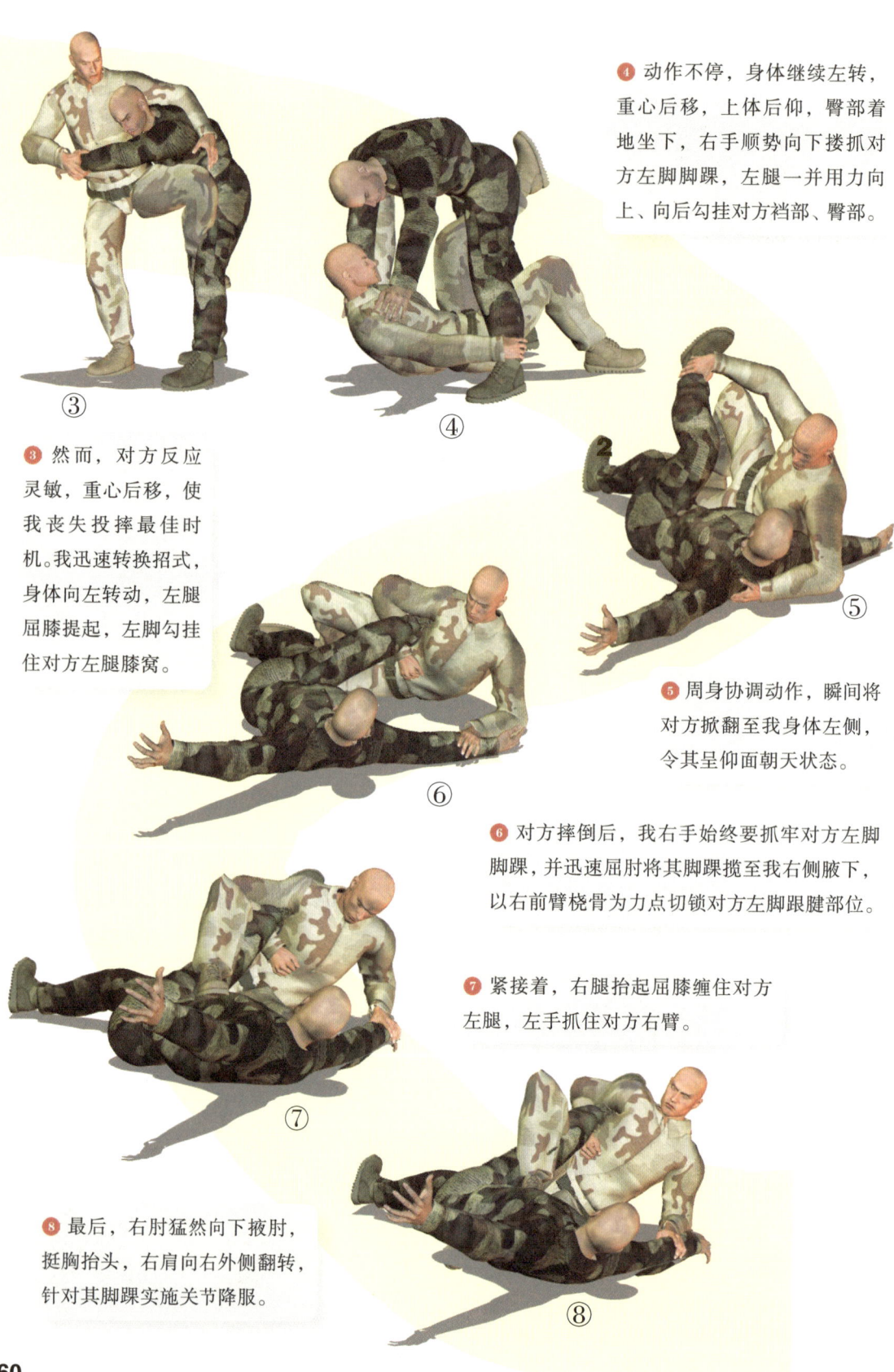

| 桑搏 | 俄罗斯实战徒手格斗术 |

❹ 动作不停,身体继续左转,重心后移,上体后仰,臀部着地坐下,右手顺势向下搂抓对方左脚脚踝,左腿一并用力向上、向后勾挂对方裆部、臀部。

❸ 然而,对方反应灵敏,重心后移,使我丧失投摔最佳时机。我迅速转换招式,身体向左转动,左腿屈膝提起,左脚勾挂住对方左腿膝窝。

❺ 周身协调动作,瞬间将对方掀翻至我身体左侧,令其呈仰面朝天状态。

❻ 对方摔倒后,我右手始终要抓牢对方左脚脚踝,并迅速屈肘将其脚踝揽至我右侧腋下,以右前臂桡骨为力点切锁对方左脚跟腱部位。

❼ 紧接着,右腿抬起屈膝缠住对方左腿,左手抓住对方右臂。

❽ 最后,右肘猛然向下掖肘,挺胸抬头,右肩向右外侧翻转,针对其脚踝实施关节降服。

160

第三章　投摔降服技术

6　实战应用范例六

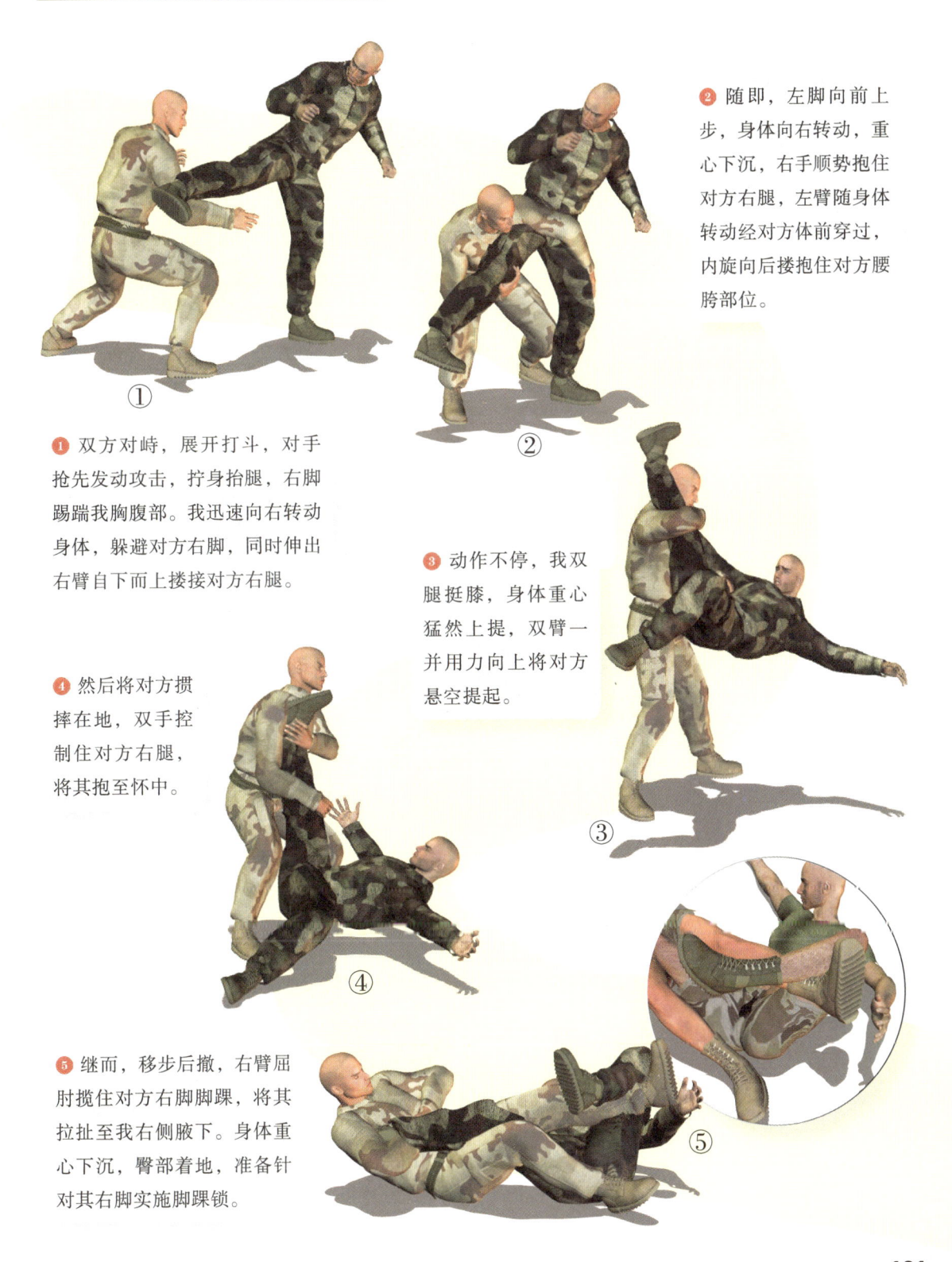

❶ 双方对峙，展开打斗，对手抢先发动攻击，拧身抬腿，右脚踢踹我胸腹部。我迅速向右转动身体，躲避对方右脚，同时伸出右臂自下而上搂接对方右腿。

❷ 随即，左脚向前上步，身体向右转动，重心下沉，右手顺势抱住对方右腿，左臂随身体转动经对方体前穿过，内旋向后搂抱住对方腰胯部位。

❸ 动作不停，我双腿挺膝，身体重心猛然上提，双臂一并用力向上将对方悬空提起。

❹ 然后将对方掼摔在地，双手控制住对方右腿，将其抱至怀中。

❺ 继而，移步后撤，右臂屈肘揽住对方右脚脚踝，将其拉扯至我右侧腋下。身体重心下沉，臀部着地，准备针对其右脚实施脚踝锁。

桑搏 俄罗斯实战徒手格斗术

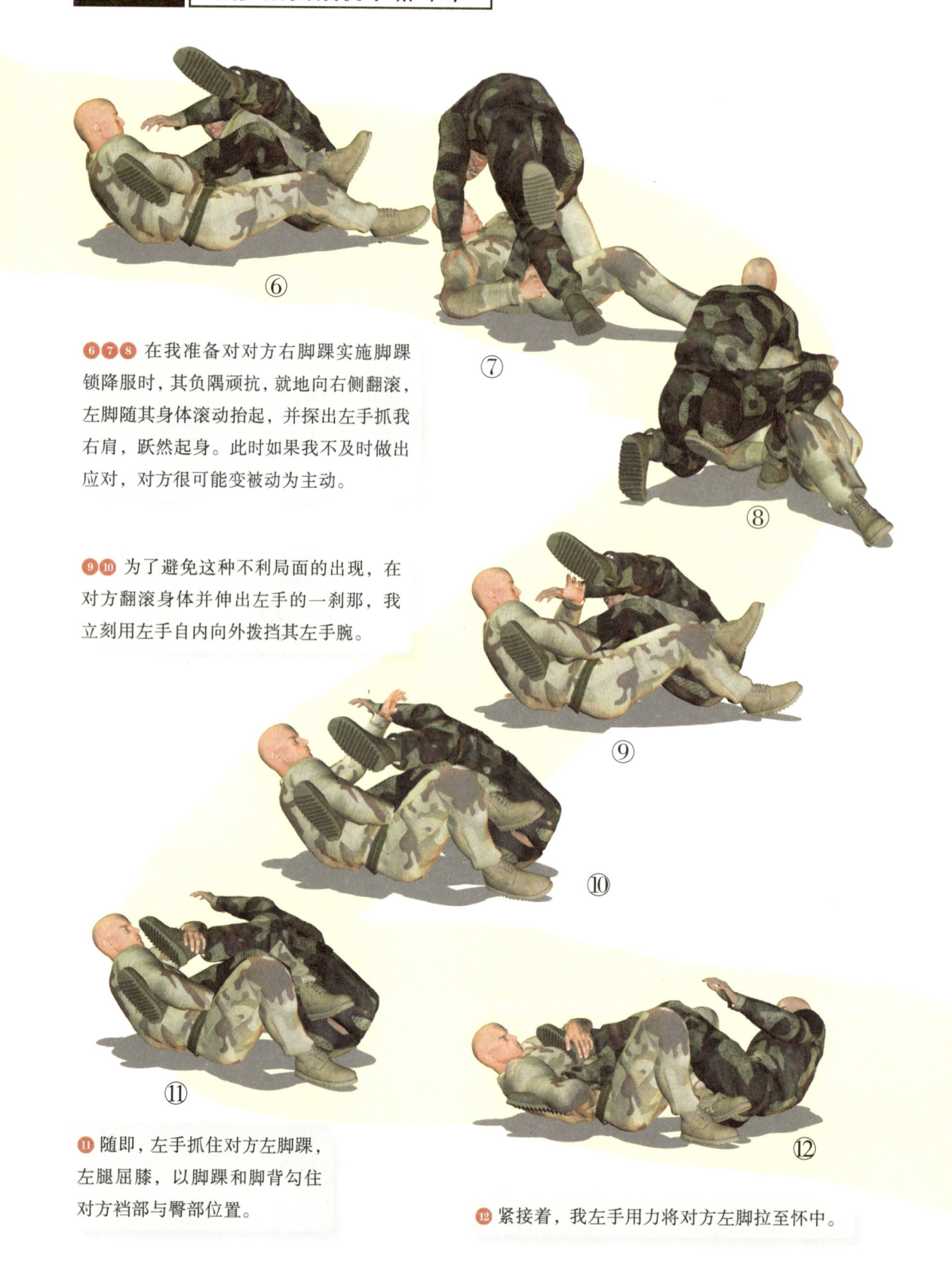

⑥⑦⑧ 在我准备对对方右脚踝实施脚踝锁降服时，其负隅顽抗，就地向右侧翻滚，左脚随其身体滚动抬起，并探出左手抓我右肩，跃然起身。此时如果我不及时做出应对，对方很可能变被动为主动。

⑨⑩ 为了避免这种不利局面的出现，在对方翻滚身体并伸出左手的一刹那，我立刻用左手自内向外拨挡其左手腕。

⑪ 随即，左手抓住对方左脚踝，左腿屈膝，以脚踝和脚背勾住对方裆部与臀部位置。

⑫ 紧接着，我左手用力将对方左脚拉至怀中。

162

第三章 投摔降服技术

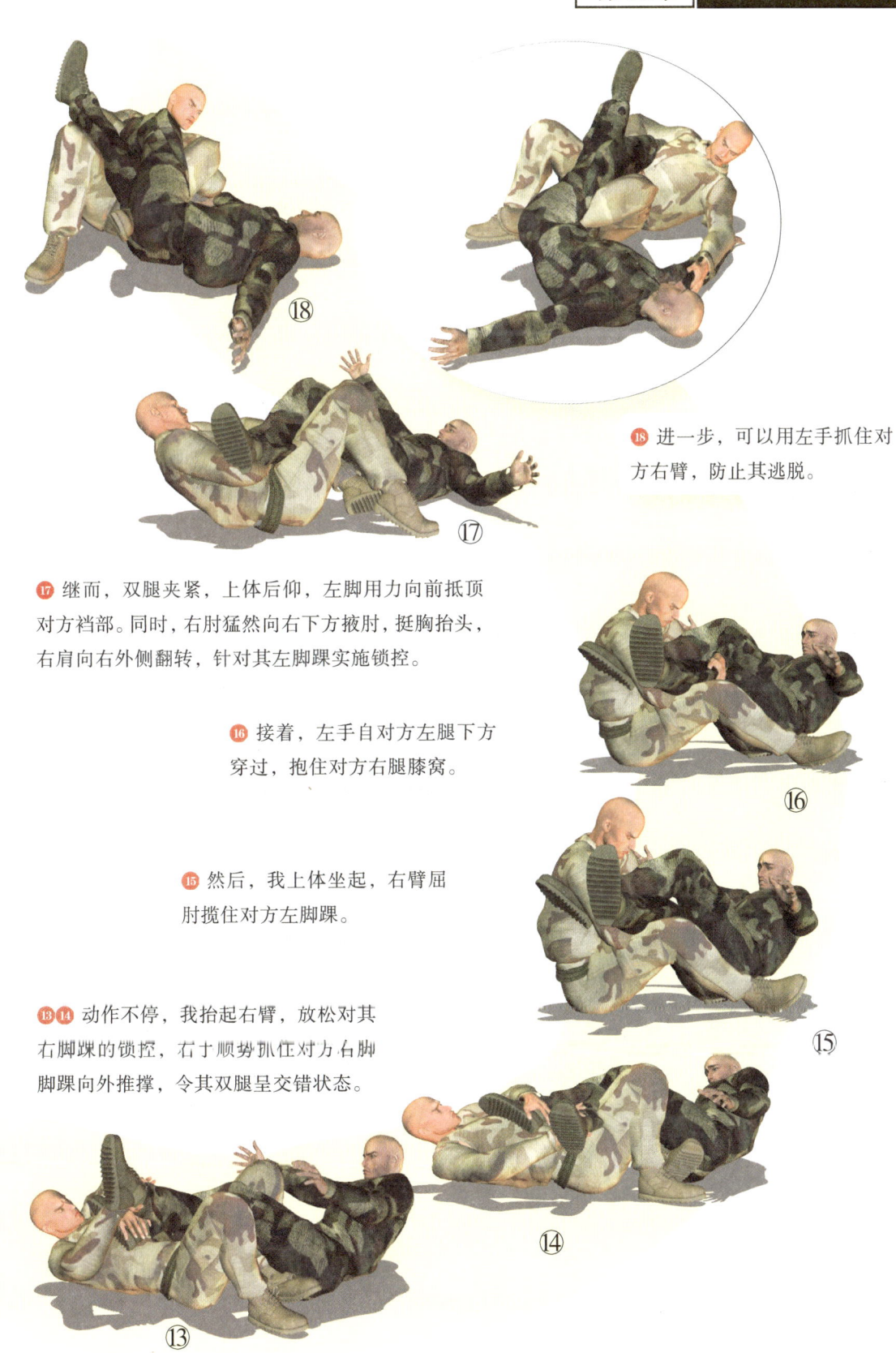

⑱ 进一步，可以用左手抓住对方右臂，防止其逃脱。

⑰ 继而，双腿夹紧，上体后仰，左脚用力向前抵顶对方裆部。同时，右肘猛然向右下方掖肘，挺胸抬头，右肩向右外侧翻转，针对其左脚踝实施锁控。

⑯ 接着，左手自对方左腿下方穿过，抱住对方右腿膝窝。

⑮ 然后，我上体坐起，右臂屈肘揽住对方左脚踝。

⑬⑭ 动作不停，我抬起右臂，放松对其右脚踝的锁控，右手顺势抓住对方右脚脚踝向外推撑，令其双腿呈交错状态。

163

7　实战应用范例七

❶ 双方交手，相互纠缠拉扯，我率先用右手抢抓对方右臂，同时左臂由对方背后绕过，抓住其左侧腰背部位，抢抓有利的把位，为进一步施展投摔技术奠定基础。

❷ 随即，我身体向右转动，带动右脚向对方右脚外侧移动。

❸ 继而，左腿屈膝抬起，以腿部后侧勾挂住对方腰腹部。同时，右手用力向右侧拉扯对方右臂。

❹ 动作不停，我身体重心下沉，上体下俯，右臂屈肘扶撑地面。同时，身体向左侧翻转，带动右腿自后向前横扫对方双腿膝窝，同时左腿用力向后鞭扫对方腰腹部。

❺ 双腿成剪刀状，交错发力，破坏对方身体平衡，瞬间可将其剪翻在地。

第三章　投摔降服技术

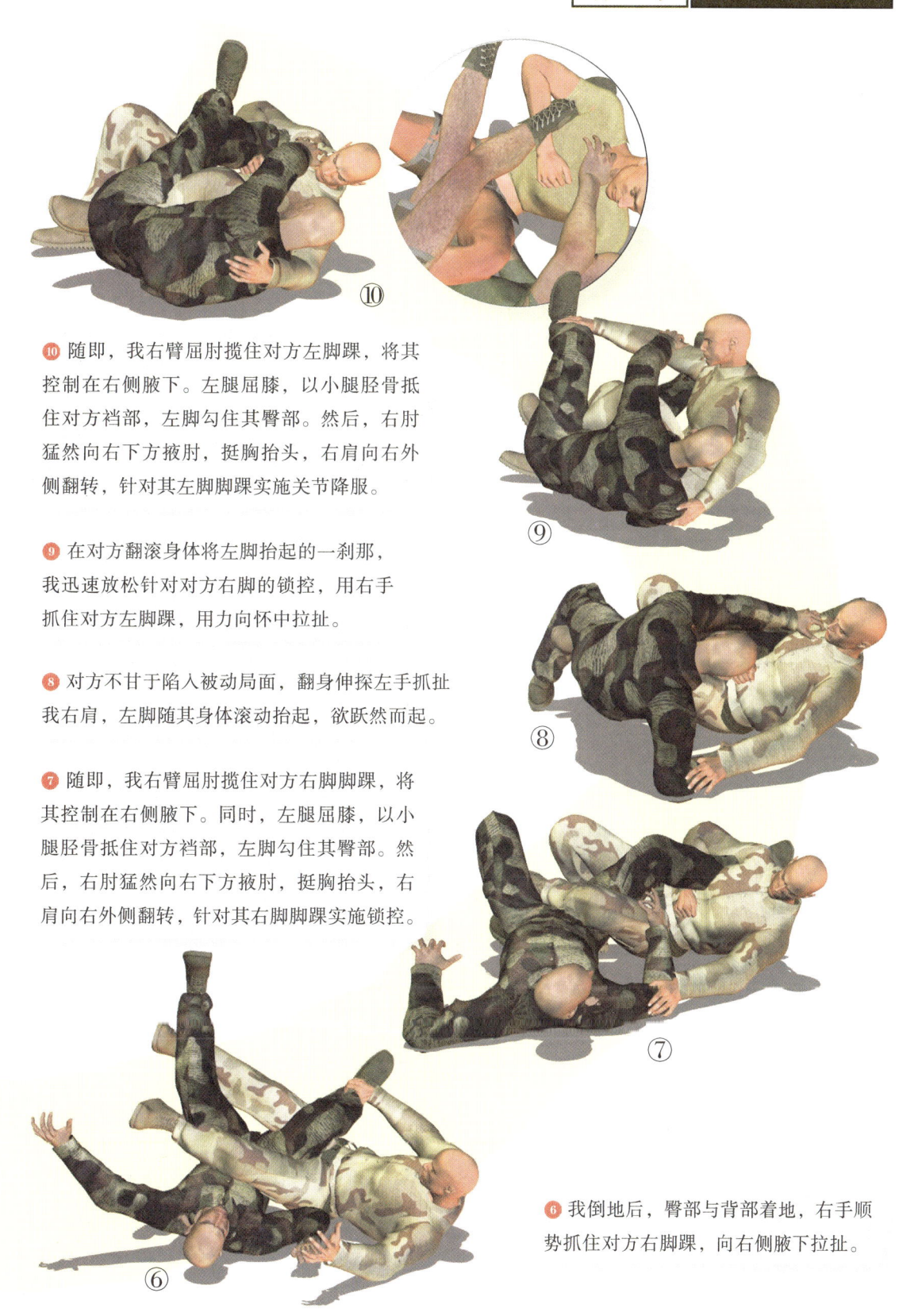

❿ 随即，我右臂屈肘揽住对方左脚踝，将其控制在右侧腋下。左腿屈膝，以小腿胫骨抵住对方裆部，左脚勾住其臀部。然后，右肘猛然向右下方掖肘，挺胸抬头，右肩向右外侧翻转，针对其左脚脚踝实施关节降服。

❾ 在对方翻滚身体将左脚抬起的一刹那，我迅速放松针对对方右脚的锁控，用右手抓住对方左脚踝，用力向怀中拉扯。

❽ 对方不甘于陷入被动局面，翻身伸探左手抓扯我右肩，左脚随其身体滚动抬起，欲跃然而起。

❼ 随即，我右臂屈肘揽住对方右脚脚踝，将其控制在右侧腋下。同时，左腿屈膝，以小腿胫骨抵住对方裆部，左脚勾住其臀部。然后，右肘猛然向右下方掖肘，挺胸抬头，右肩向右外侧翻转，针对其右脚脚踝实施锁控。

❻ 我倒地后，臀部与背部着地，右手顺势抓住对方右脚踝，向右侧腋下拉扯。

165

桑搏 俄罗斯实战徒手格斗术

8 实战应用范例八

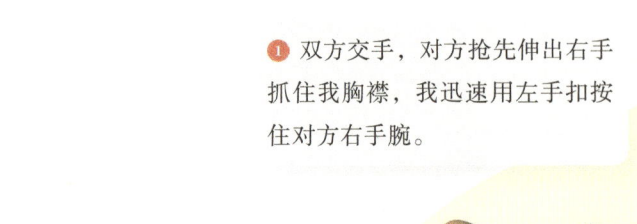

❶ 双方交手，对方抢先伸出右手抓住我胸襟，我迅速用左手扣按住对方右手腕。

①

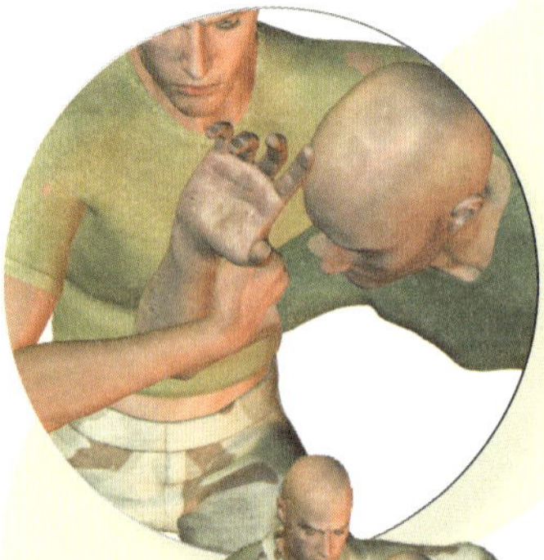

❷ 继而，我身体左转，右手自上而下扣按住对方右臂肘窝部位。

②

❸ 发动攻击时，我身体再猛然右转，身体重心下沉，右手用力向下拉拽对方右臂肘部，迫使其右肘弯曲，左手顺势抄抓对方左侧腰肋部位。

③

❹ 随即，我右脚向右后方撤步，身体继续向右拧转，左膝内扣，左脚置于对方两腿之间，左臂牵扯对方上体随我转动。

④

❺ 紧接着，我身体下俯，右臂探出，去搂抄对方左腿。

⑤

第三章 投摔降服技术

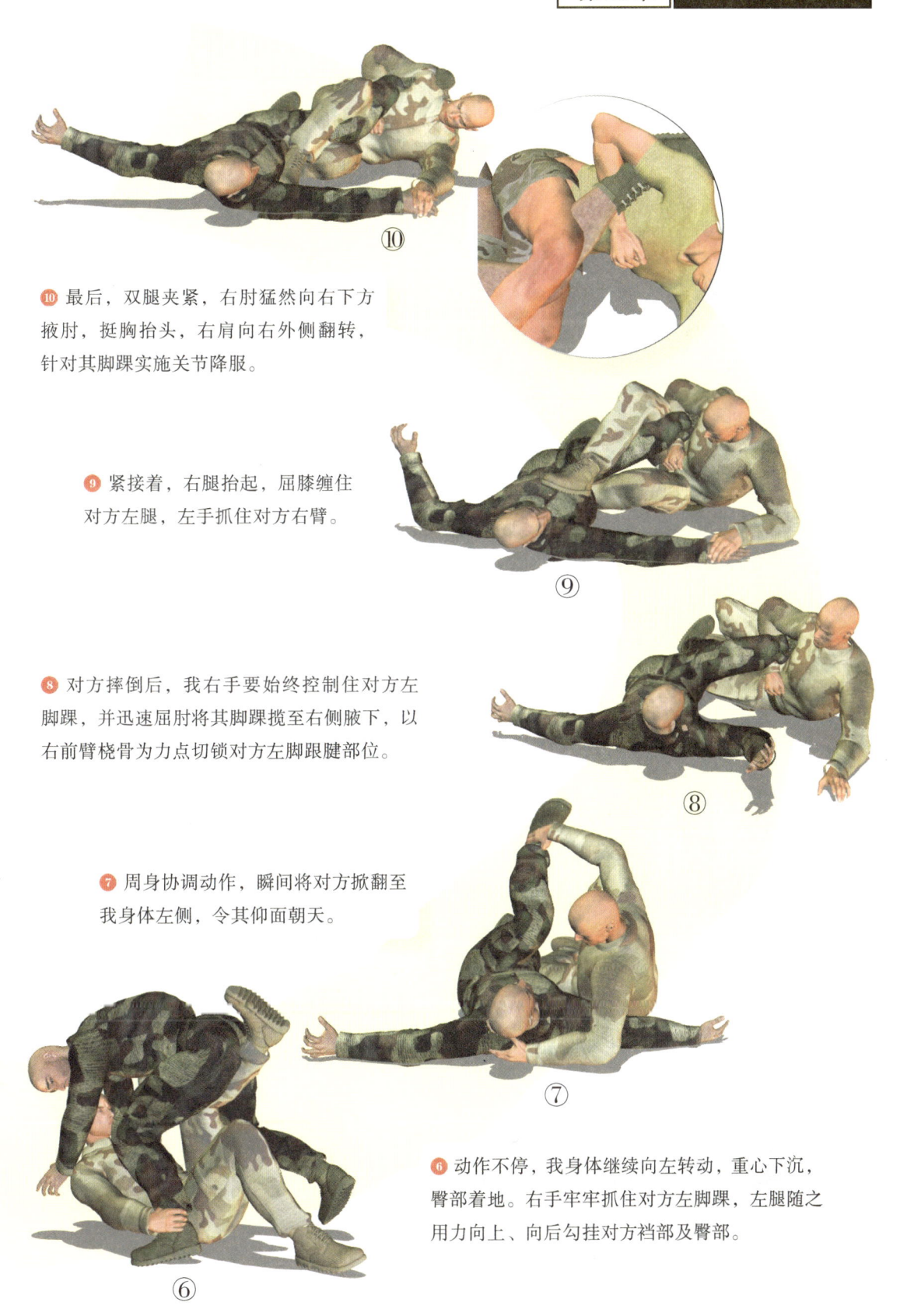

⑩ 最后，双腿夹紧，右肘猛然向右下方掖肘，挺胸抬头，右肩向右外侧翻转，针对其脚踝实施关节降服。

⑨ 紧接着，右腿抬起，屈膝缠住对方左腿，左手抓住对方右臂。

⑧ 对方摔倒后，我右手要始终控制住对方左脚踝，并迅速屈肘将其脚踝揽至右侧腋下，以右前臂桡骨为力点切锁对方左脚跟腱部位。

⑦ 周身协调动作，瞬间将对方掀翻至我身体左侧，令其仰面朝天。

⑥ 动作不停，我身体继续向左转动，重心下沉，臀部着地。右手牢牢抓住对方左脚踝，左腿随之用力向上、向后勾挂对方裆部及臀部。

桑搏 俄罗斯实战徒手格斗术

9 实战应用范例九

❶ 双方交手，我抢先用右手揽抓对方右臂，左手自对方后背抄抱其左侧腰肋部位，伺机准备投摔。

❷ 我猛然向右转身，右脚随身体转动向右后方移动，落步至对方右脚外侧。

❸ 继而，左腿屈膝抬起，左脚踝勾挂住对方左腿膝窝部位。

❹ 紧接着，我右脚蹬地跳跃，落至对方右脚后方，别住其右脚。同时，右臂将对方右臂牢牢揽至怀中。

❺ 动作不停，我身体重心向后下方移动，臀部下落，着地坐下，身体后仰，左腿用力向上、向后勾挑对方左腿，破坏对方身体平衡，瞬间将对方掀翻在地。

第三章　投摔降服技术

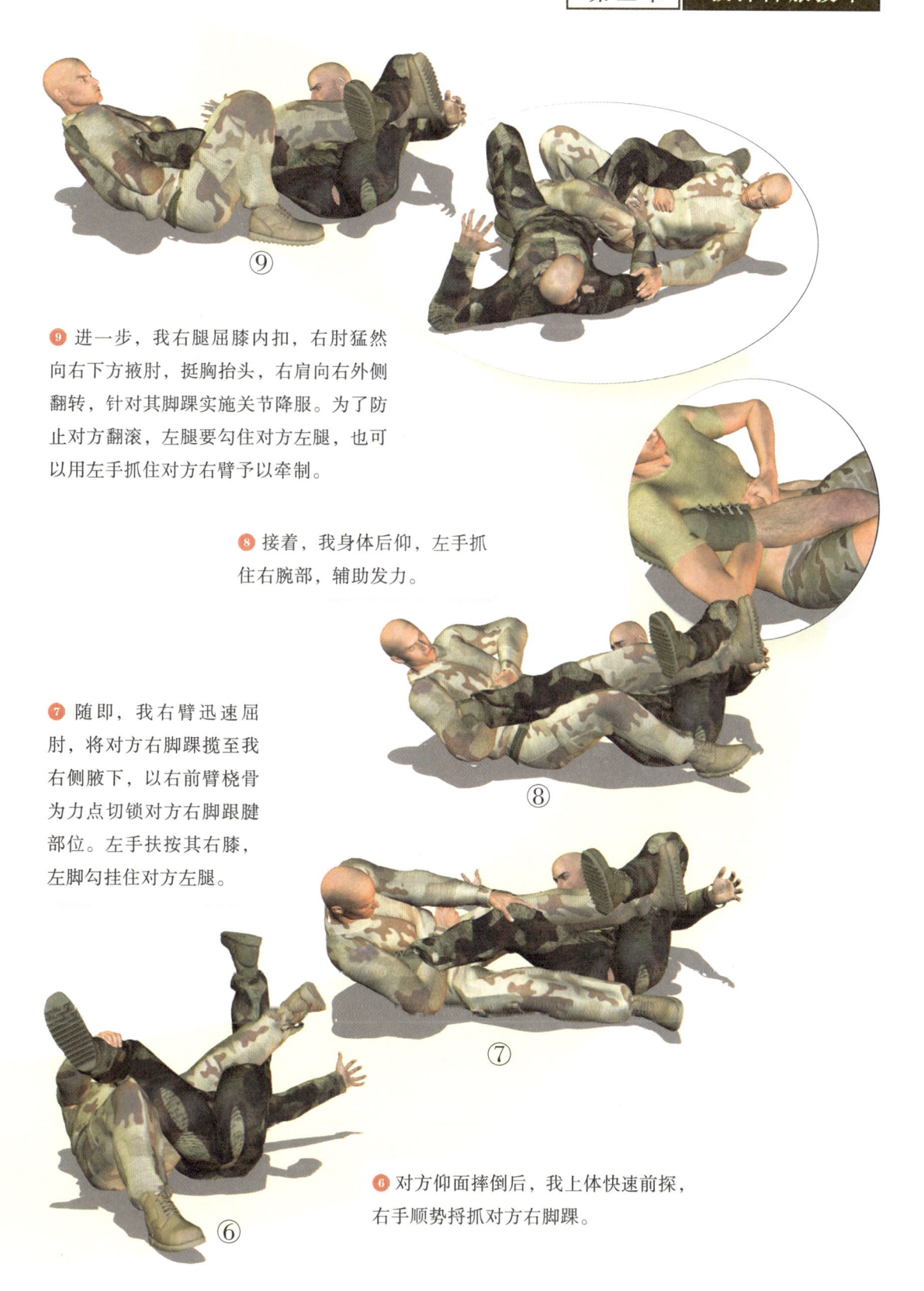

❾ 进一步，我右腿屈膝内扣，右肘猛然向右下方掀肘，挺胸抬头，右肩向右外侧翻转，针对其脚踝实施关节降服。为了防止对方翻滚，左腿要勾住对方左腿，也可以用左手抓住对方右臂予以牵制。

❽ 接着，我身体后仰，左手抓住右腕部，辅助发力。

❼ 随即，我右臂迅速屈肘，将对方右脚踝揽至我右侧腋下，以右前臂桡骨为力点切锁对方右脚跟腱部位。左手扶按其右膝，左脚勾挂住对方左腿。

❻ 对方仰面摔倒后，我上体快速前探，右手顺势捋抓对方右脚踝。

169

| 桑搏 | 俄罗斯实战徒手格斗术 |

10 实战应用范例十

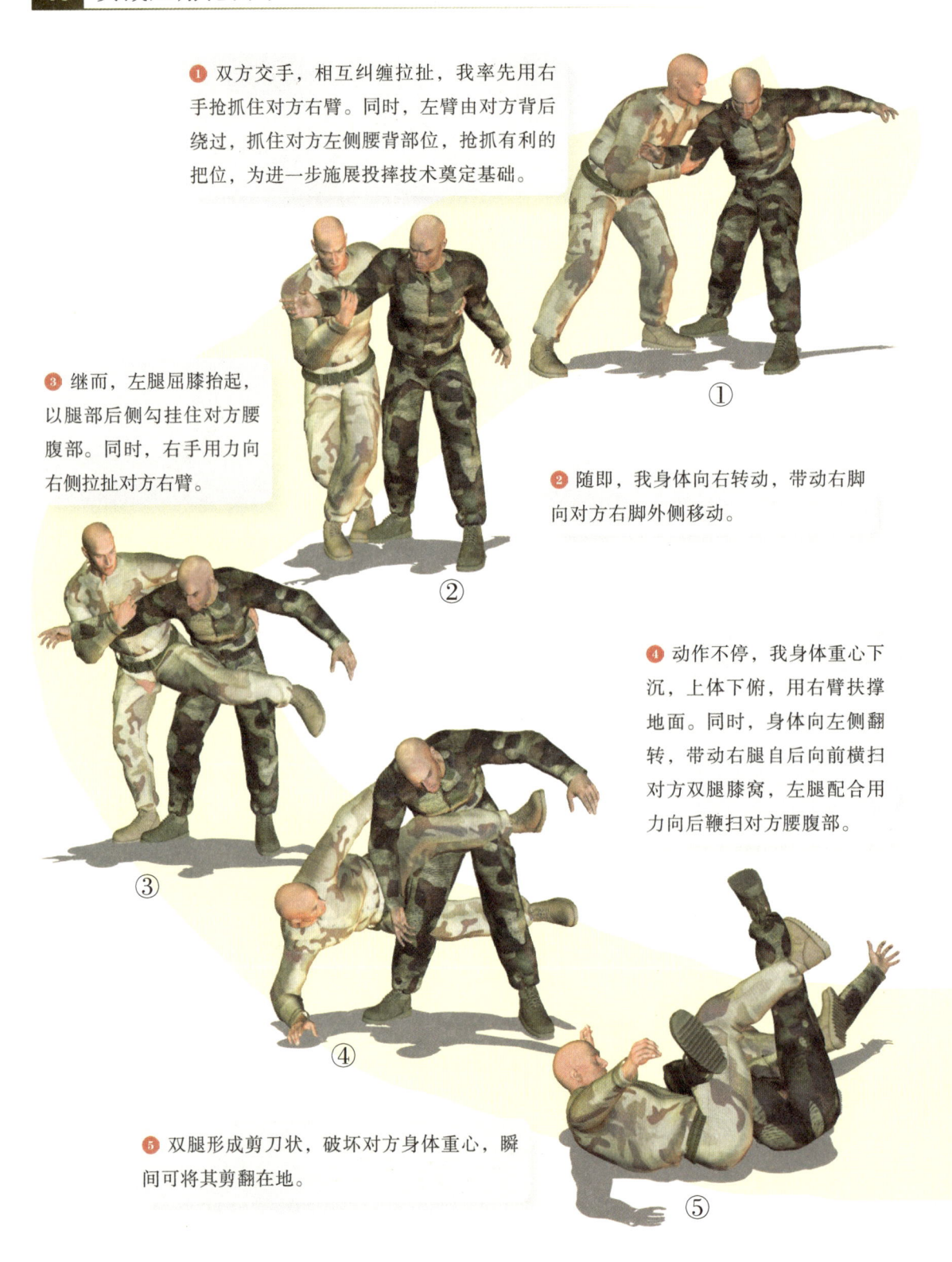

❶ 双方交手，相互纠缠拉扯，我率先用右手抢抓住对方右臂。同时，左臂由对方背后绕过，抓住对方左侧腰背部位，抢抓有利的把位，为进一步施展投摔技术奠定基础。

❸ 继而，左腿屈膝抬起，以腿部后侧勾挂住对方腰腹部。同时，右手用力向右侧拉扯对方右臂。

❷ 随即，我身体向右转动，带动右脚向对方右脚外侧移动。

❹ 动作不停，我身体重心下沉，上体下俯，用右臂扶撑地面。同时，身体向左侧翻转，带动右腿自后向前横扫对方双腿膝窝，左腿配合用力向后鞭扫对方腰腹部。

❺ 双腿形成剪刀状，破坏对方身体重心，瞬间可将其剪翻在地。

第三章 投摔降服技术

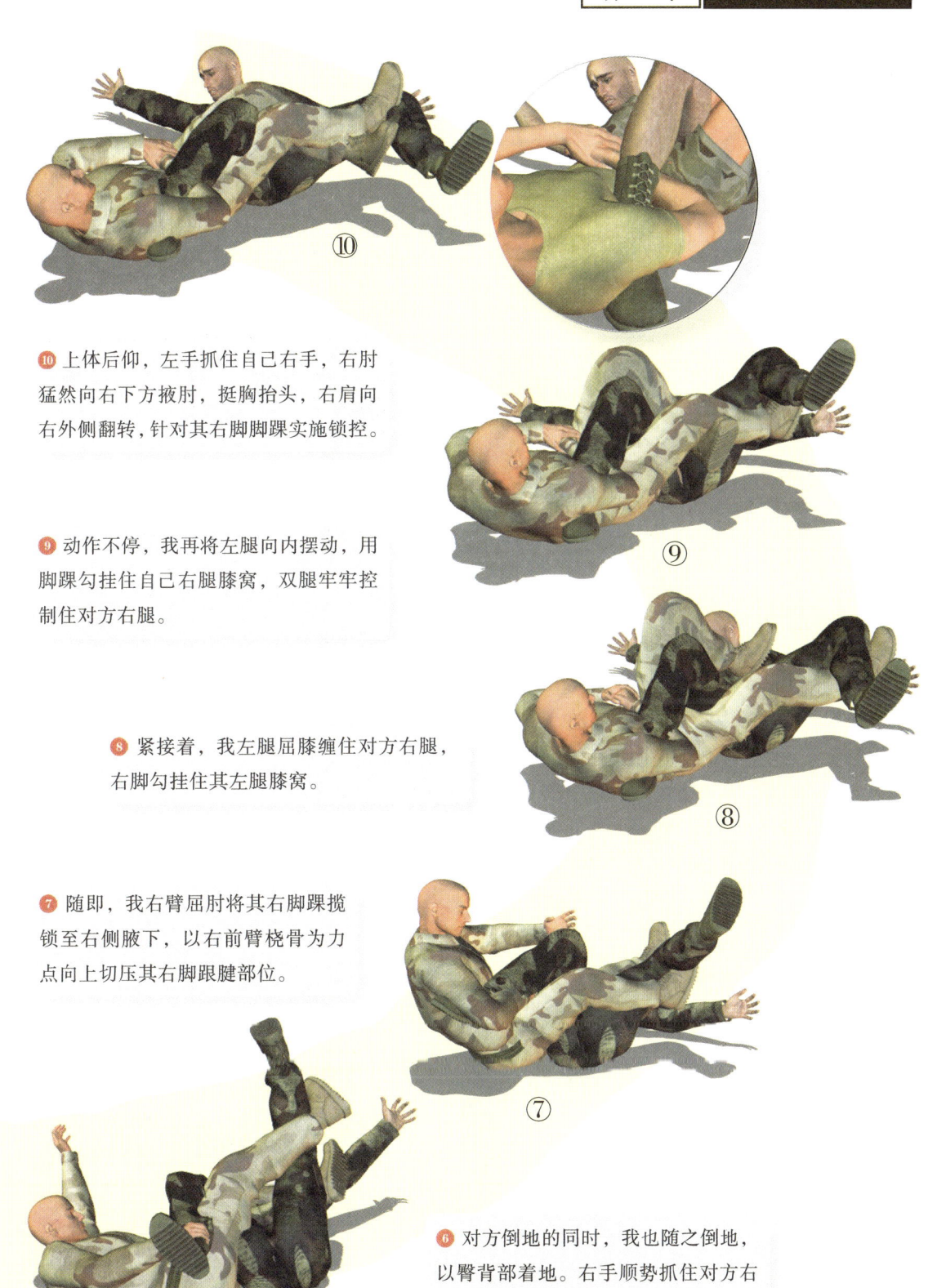

⑩ 上体后仰，左手抓住自己右手，右肘猛然向右下方掖肘，挺胸抬头，右肩向右外侧翻转，针对其右脚脚踝实施锁控。

⑨ 动作不停，我再将左腿向内摆动，用脚踝勾挂住自己右腿膝窝，双腿牢牢控制住对方右腿。

⑧ 紧接着，我左腿屈膝缠住对方右腿，右脚勾挂住其左腿膝窝。

⑦ 随即，我右臂屈肘将其右脚踝揽锁至右侧腋下，以右前臂桡骨为力点向上切压其右脚跟腱部位。

⑥ 对方倒地的同时，我也随之倒地，以臀背部着地。右手顺势抓住对方右脚踝，用力向右侧腋下拉扯。

171

| 桑搏 | 俄罗斯实战徒手格斗术 |

11 实战应用范例十一

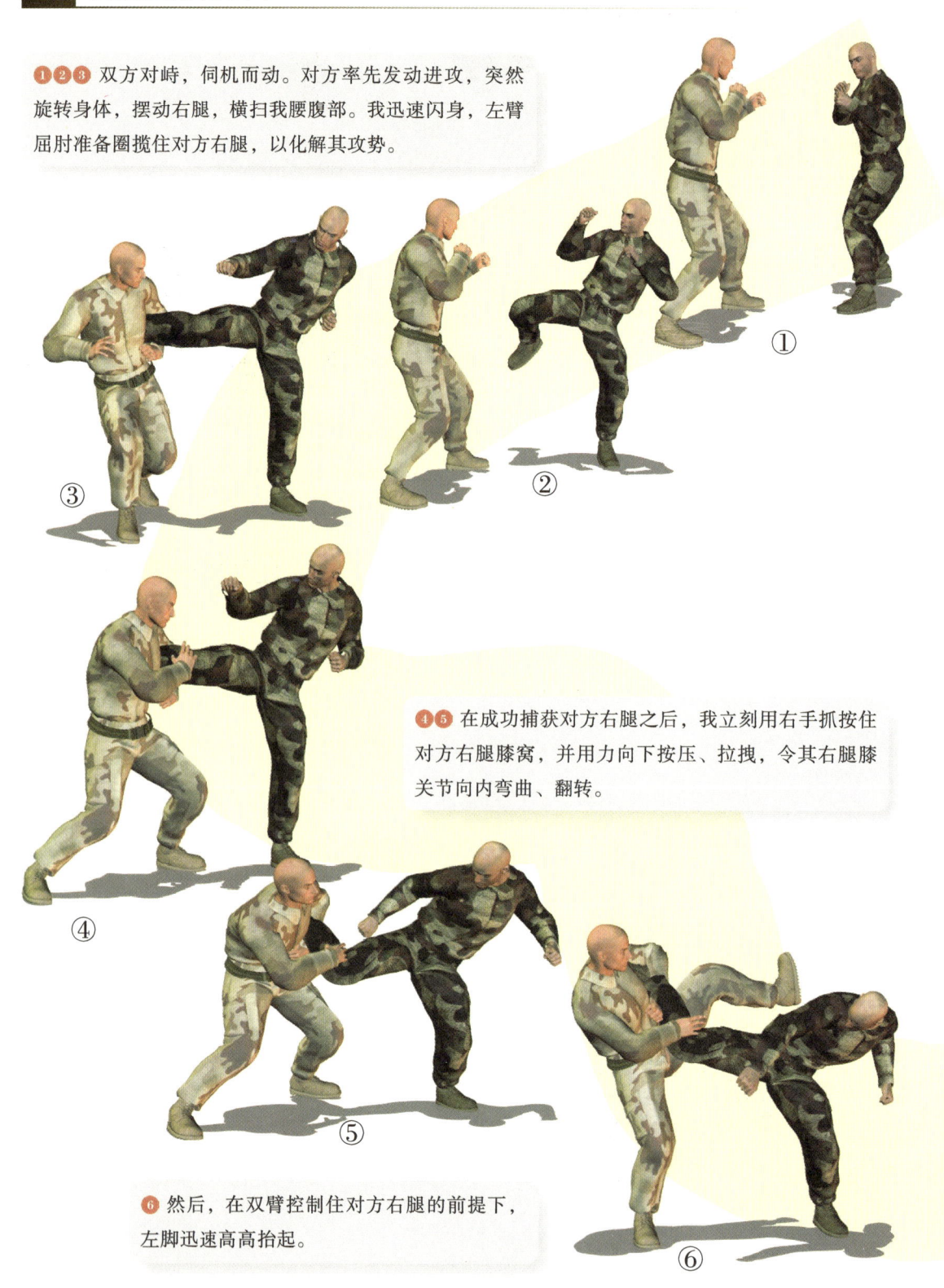

❶❷❸ 双方对峙，伺机而动。对方率先发动进攻，突然旋转身体，摆动右腿，横扫我腰腹部。我迅速闪身，左臂屈肘准备圈揽住对方右腿，以化解其攻势。

❹❺ 在成功捕获对方右腿之后，我立刻用右手抓按住对方右腿膝窝，并用力向下按压、拉拽，令其右腿膝关节向内弯曲、翻转。

❻ 然后，在双臂控制住对方右腿的前提下，左脚迅速高高抬起。

第三章 投摔降服技术

⑩ 继而，双腿交叉勾搭在一起，双膝夹紧对方右大腿。同时，左肩用力向外摆动，针对其右脚脚踝实施锁控。

⑨ 紧接着，我身体向左侧倾倒，以左侧臀部着地，双腿向前伸展，左臂屈肘夹紧对方右脚脚踝，以左前臂桡骨为力点向上切压其右脚跟腱。

⑧ 在左脚下落着地的瞬间，我身体继续向右转动，重心下沉，双腿屈膝，臀部用力向下压坐对方右腿，令其彻底趴伏于地面。

⑦ 身体向右转动，左腿抬至对方右腿上方后骤然向下跨压对方右大腿，迫使对方身体失去平衡而趴伏在地。

第七节　投摔后实施的脚趾固降服

脚趾固（Toe Hold），是一种通过用手握持对方脚背和脚趾位置进行拧转以实现锁控降服的技术。

在地面缠斗过程中，无论你是处于上位还是下位，一旦捕获对方的腿之后，用一条手臂揽住对方的脚踝，另一只手抢抓其脚背，用力扭转，即可锁控其脚部。据说这种既简单又有效的关节降服技术是由职业摔跤冠军弗兰克·戈奇率先使用并广泛推广开来的（注：1908年，弗兰克·戈奇经过两小时艰苦比赛击败对手，夺得重量级摔跤世界冠军）。

脚趾固技术在具体实施时，一般都是向脚内侧施加压力，外翻的脚锁也有，但运用起来困难得多，并且成功率相比内翻的脚锁低得多，很少有人使用，所以本书中就不做过多介绍了。

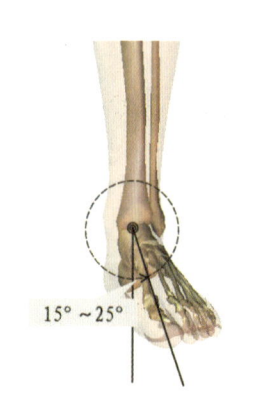

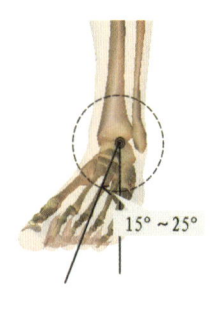

○ 踝关节由胫、腓骨下端的关节面与距骨滑车构成，故又名距骨小腿关节。从生理知识中我们可以看到，它的活动范围非常有限，跖屈时，踝关节可做一定范围的侧方运动，内收或者外展，但幅度仅有15°～25°。脚趾固技术则是利用其侧向活动范围极为有限的特点，施展技术动作迫使踝关节过度内收，受到超生理限度的压迫而被降服。

第三章 投摔降服技术

1 实战应用范例一

❶ 双方交手，我率先发动进攻，突然上步俯身，用双手揽抱住对方双腿膝窝部位。同时，用右肩抵住对方右侧腰胯位置。

❷ 随即，我双手用力向上、向后提拉对方双腿，肩部配合向前猛顶对方腰胯。充分利用快速上步和身体前冲的冲撞力，周身动作协调，上下配合，以双手刈技术瞬间将对方掀翻在地。

❸ 当对方仰面摔倒之后，出于防守和反攻的目的，他可能会用双手抓住我双脚，准备用力向后拖拽，从而破坏我身体平衡，将我撂倒，反制于我。

❹ 如果对方双手用力向后拉扯我双脚，很容易将我掀翻，然后其跃然而起，可以轻松地骑乘在我身上，那样对我来说是非常不利的。为了避免这种被动局面发生，在对方双手刚刚接触我脚部时，我就要迅速向前移动身体，降低重心，双腿屈膝夹紧，迫使对方双腿弯曲，我顺势骑乘在对方双腿膝窝及大腿之上。此时，膝盖可以向下跪抵碾压对方手臂。几乎同时，左手抓住对方右脚脚背及脚趾，将其尽量牵制于胸前。

❺ 在我左手牢牢控制住对方右脚之后，右臂要迅速屈肘揽住对方右腿脚踝，右手顺势抓住自己左手腕部，双臂形成"4"字形锁。

❻ 继而，我左手用力向下扣按翻拧对方右脚脚背与脚趾。右前臂配合向上提拉，双臂交错发力，针对其右脚实施脚趾固降服。对方因疼痛会移动身体，我可以将身体向右转动，用左腿膝盖抵压对手胸部，避免其翻转移动，同时右脚蹬地，以助发力。

175

| 桑搏 | 俄罗斯实战徒手格斗术 |

2　实战应用范例二

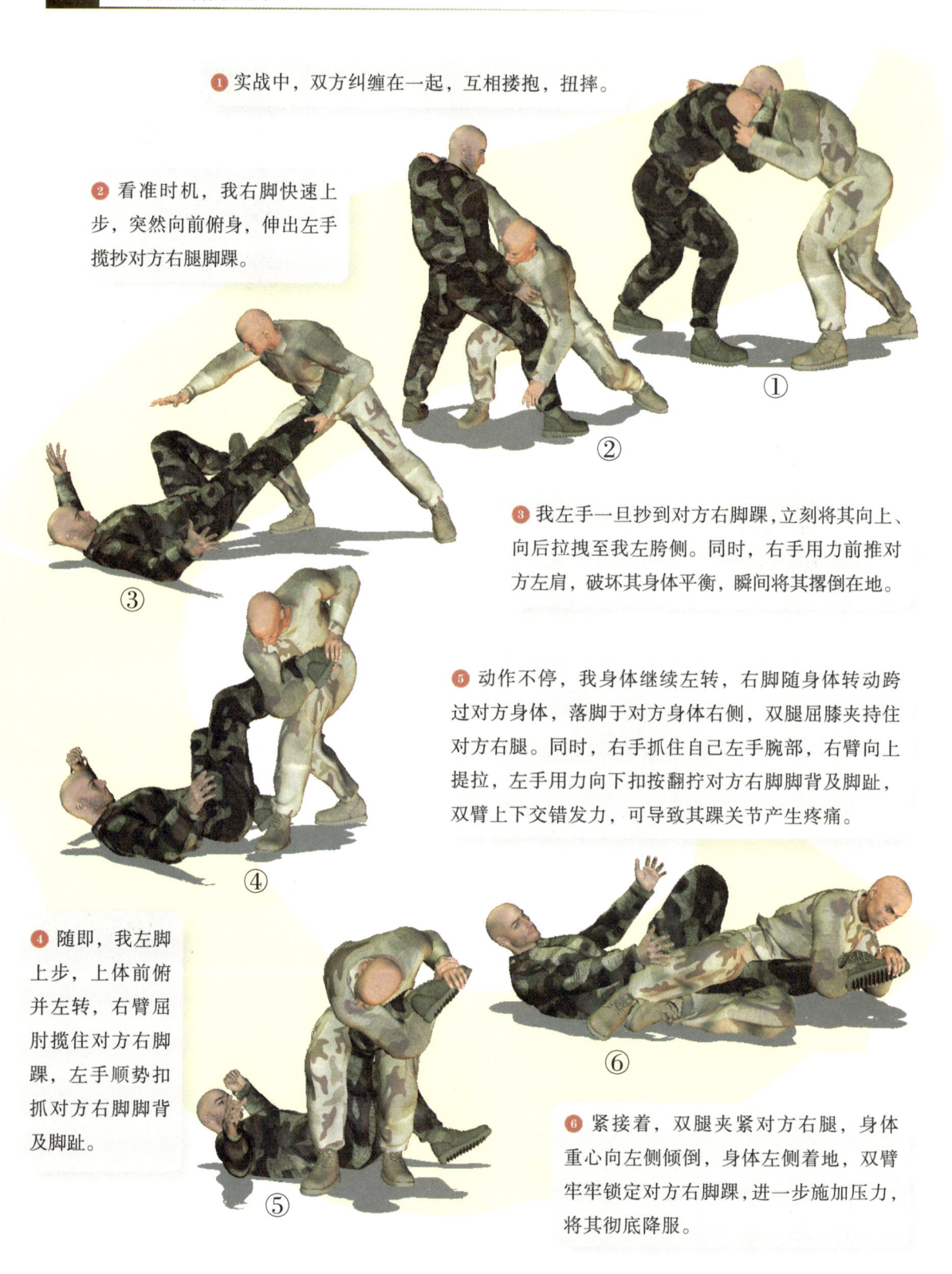

❶ 实战中，双方纠缠在一起，互相搂抱、扭摔。

❷ 看准时机，我右脚快速上步，突然向前俯身，伸出左手揽抄对方右腿脚踝。

❸ 我左手一旦抄到对方右脚踝，立刻将其向上、向后拉拽至我左胯侧。同时，右手用力前推对方左肩，破坏其身体平衡，瞬间将其摔倒在地。

❺ 动作不停，我身体继续左转，右脚随身体转动跨过对方身体，落脚于对方身体右侧，双腿屈膝夹持住对方右腿。同时，右手抓住自己左手腕部，右臂向上提拉，左手用力向下扣按翻拧对方右脚脚背及脚趾，双臂上下交错发力，可导致其踝关节产生疼痛。

❹ 随即，我左脚上步，上体前俯并左转，右臂屈肘揽住对方右脚踝，左手顺势扣抓对方右脚脚背及脚趾。

❻ 紧接着，双腿夹紧对方右腿，身体重心向左侧倾倒，身体左侧着地，双臂牢牢锁定对方右脚踝，进一步施加压力，将其彻底降服。

176

第三章　投摔降服技术

3　实战应用范例三

❶ 实战中，双方对峙，对方伸出右手来抓我胸襟，我迅速用右手揽抓对方右前臂，左手搂住对方后背。

❷ 随即，我左脚向前上步，落脚于对方两脚之间，身体随即向右拧转，带动右脚向右后方撤步，使左腿紧紧贴着对方右腿。

❸ 紧接着，我身体向前俯身，重心前移，右手顺势向后下方搂抓对方右脚脚踝。右脚继续向右后方移动，同时左脚向后抬起，屈膝向后上方勾撩，以小腿接近膝窝部位为力点勾挂对手裆部和臀部。

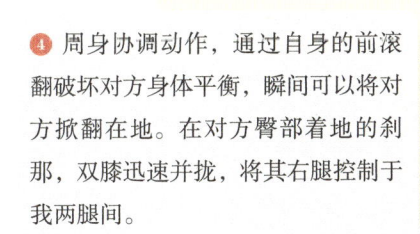

❹ 周身协调动作，通过自身的前滚翻破坏对方身体平衡，瞬间可以将对方掀翻在地。在对方臀部着地的刹那，双膝迅速并拢，将其右腿控制于我两腿间。

| 桑搏 | 俄罗斯实战徒手格斗术 |

❺ 继而，我左手由对方后背下方抽出，抓住对方右脚踝，与右手配合一并控制住对方右腿，用力向后拉扯，将其小腿贴靠于我胸前。几乎同时，我上体向右侧倾倒，髋关节前挺，臀部坐贴于对方右胯侧，双膝夹紧对方右大腿根部，以小腹及耻骨部位为力点向前上方顶别对方膝盖。

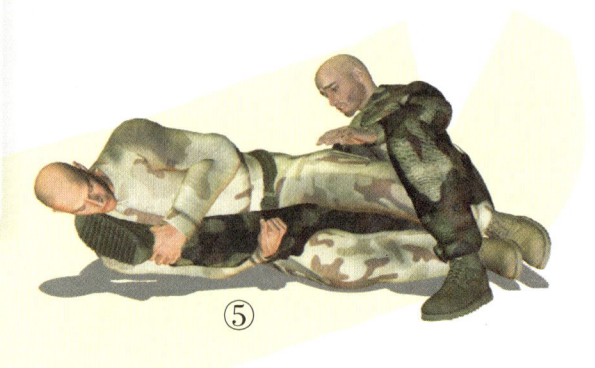

❻ 进一步，在右臂控制住对方右腿的前提下，左臂屈肘抬起，左手内旋扣抓对方右脚脚背及脚趾。

❼ 动作不停，以右臂桡骨部位为力点勒紧对方右脚脚踝，右手顺势抓握住自己左手腕部。然后，左手用力向前下方扣按翻拧对方右脚脚背及脚趾，针对其右脚实施脚趾固降服，最终将其制服。

第三章　投摔降服技术

第八节　投摔后实施的膝固降服

膝固（Knee Bar），就是所谓的"膝十字固"技术，通俗地讲就是直膝盖锁（Straight Knee Lock），是一种针对对方膝关节实施的反关节别锁技术。

膝关节是人体整个下肢运动链的中枢环节，是一个比较复杂的关节，其活动范围非常有限，控制了膝关节可以说基本上就控制了下肢，在实战中对对方实施的腿锁降服有一半是通过控制膝关节实现的。

膝固是一种轻易就可以迫使对方屈服的有效方法。膝固的动作方法很简单，应用也很广泛，在仰躺、俯身、侧卧等不同的体位下都可以实施，可以说是一种全方位的攻击技术。这种技术不仅在桑搏中被视为重要的腿锁技法，而且在其他类别的地面战斗术中也是应用非常广泛的，在巴西柔术和综合格斗比赛中也都屡见不鲜。

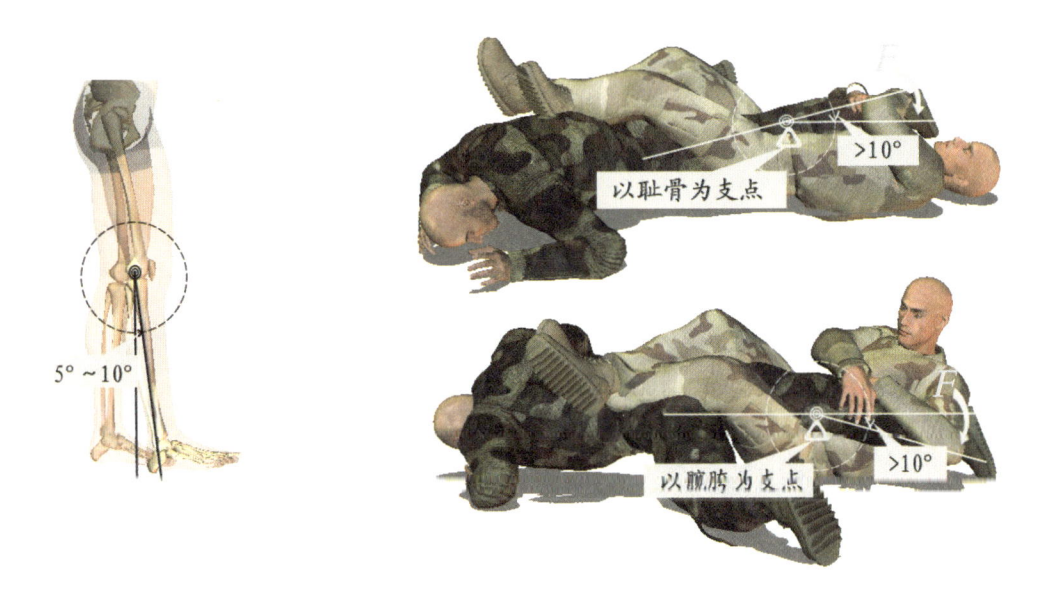

🔸 膝关节在矢状面内绕冠状轴进行弯曲幅度非常大，运动范围能达到130°～140°；但是伸膝时受膝交叉韧带和副韧带的限制，过伸的幅度极为有限，仅为5°～10°。所以在地面缠斗中很少有直接针对膝关节进行弯曲锁控的，一般都是在利用技术动作固定住对方腿膝后，以躯体或者肢体的一部分作为支点，抵顶对方的膝盖，然后将力量作用于其小腿或脚踝，这些都是典型的直膝盖锁技术，目的就是迫使对方的膝关节过度伸展，从而将其制服。

| 桑搏 | **俄罗斯实战徒手格斗术**

1 实战应用范例一

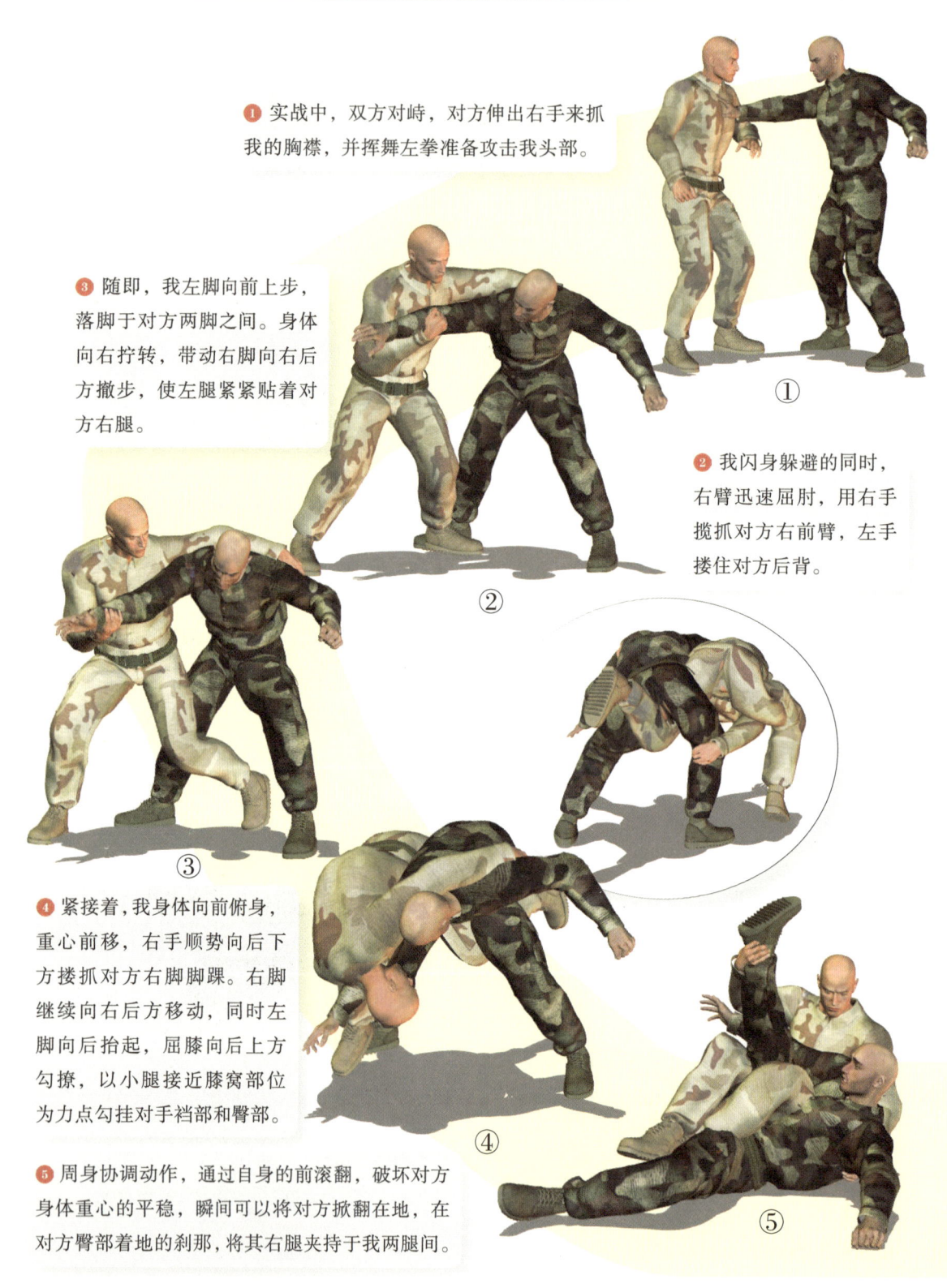

❶ 实战中,双方对峙,对方伸出右手来抓我的胸襟,并挥舞左拳准备攻击我头部。

❷ 我闪身躲避的同时,右臂迅速屈肘,用右手揽抓对方右前臂,左手搂住对方后背。

❸ 随即,我左脚向前上步,落脚于对方两脚之间。身体向右拧转,带动右脚向右后方撤步,使左腿紧紧贴着对方右腿。

❹ 紧接着,我身体向前俯身,重心前移,右手顺势向后下方搂抓对方右脚脚踝。右脚继续向右后方移动,同时左脚向后抬起,屈膝向后上方勾撩,以小腿接近膝窝部位为力点勾挂对手裆部和臀部。

❺ 周身协调动作,通过自身的前滚翻,破坏对方身体重心的平稳,瞬间可以将对方掀翻在地,在对方臀部着地的刹那,将其右腿夹持于我两腿间。

第三章　投摔降服技术

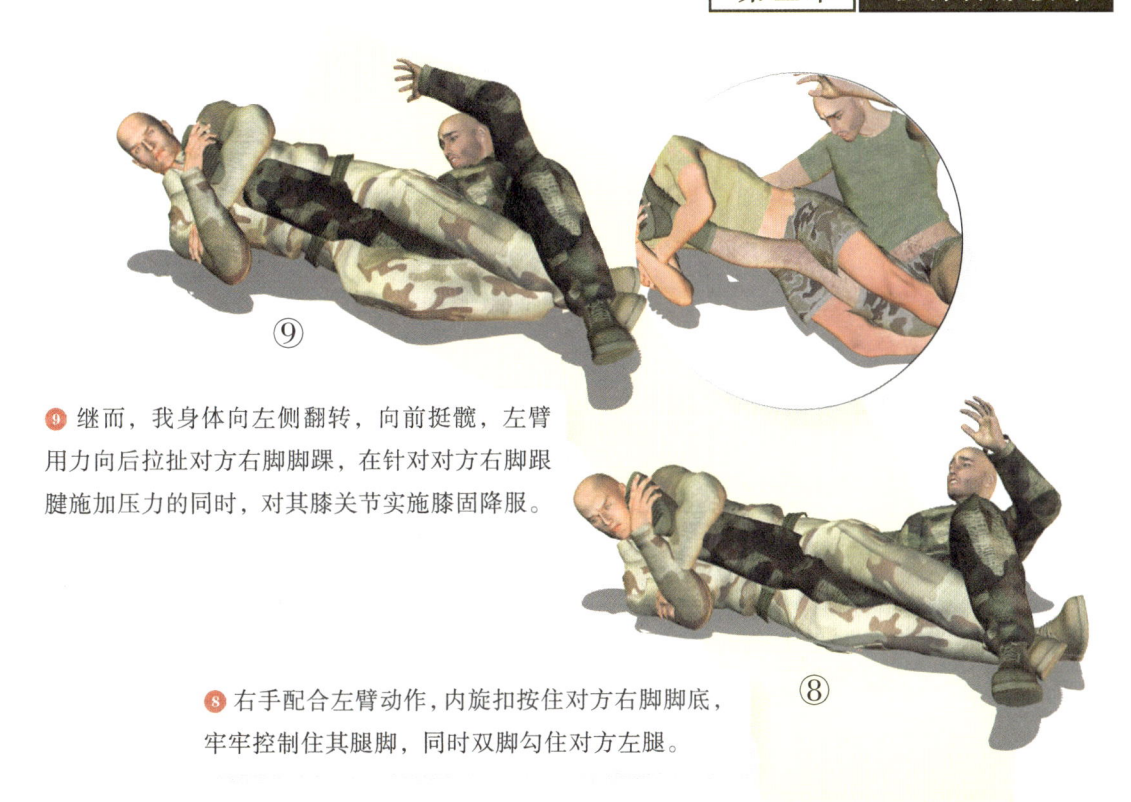

⑨ 继而，我身体向左侧翻转，向前挺髋，左臂用力向后拉扯对方右脚脚踝，在针对对方右脚跟腱施加压力的同时，对其膝关节实施膝固降服。

⑧ 右手配合左臂动作，内旋扣按住对方右脚脚底，牢牢控制住其腿脚，同时双脚勾住对方左腿。

⑦ 进一步，我左臂屈肘，用左手抓住自己右上臂内侧肱二头肌部位，以前臂桡骨为力点勾住对方右脚跟腱部位。

⑥ 继而，我左手由对方后背下方抽出，与右手配合一并抓抱住对方右脚踝，用力向后拉扯，将其小腿尽量贴靠于我胸前。同时，上体向后仰躺，髋关节前挺，臀部坐贴于对方右胯侧，双膝夹紧对方右大腿根部，以小腹及耻骨部位为力点向前上方顶别对方膝盖，双手猛然后拉，迫使其右腿膝关节过度伸展。

181

| 桑搏 | 俄罗斯实战徒手格斗术 |

2　实战应用范例二

❶ 实战中，双方相互拉扯纠缠，我抢先抓住对方手臂和肩背，占据优势，准备对其实施投摔。

❷ 我猛然前俯身体，重心前移，左脚向后抬起，屈膝向后上方勾撩，以小腿接近膝窝部位为力点勾挂对手裆部和臀部，双臂配合下拉。

❺ 随即，左臂屈肘夹紧，以左上臂后侧肱三头肌及肩胛骨后部为力点抵住对方右脚脚跟和脚踝部位。

❹ 继而，我身体向右侧翻转，使右侧腰胯与臀部着地。左臂随之抬起，展开腋窝。同时，右手用力向左侧推撑对方右脚，将其推至我左侧腋下。

❸ 周身协调动作，通过自身的前滚翻，破坏对方身体的平稳，瞬间将其掀翻在地。在对方臀部着地的刹那，我右手顺势搂抓对方右脚脚踝，将其右腿控制于我两腿间。

第三章　投摔降服技术

❻ 紧接着，我身体猛然向左翻转，左臂用力向左后方别压对方右脚。同时，髋关节前挺，臀部坐贴于对方右胯侧，双膝夹紧对方右大腿根部，双腿蹬直，以左侧髋骨为力点向前上方顶别对方膝盖，周身协调动作，以膝固技术降服对方。

❼ 此过程中，右臂可以配合左臂动作，屈肘勾住自己的左腕，一并向怀中揽拉，迫使对方的右脚尽量向我左肩后方伸展。

3　实战应用范例三

❶ 实战中，双方相互拉扯纠缠，我抢先抓住对方手臂和肩背，抢夺优势把位后，即可立即使用摔技撂倒对方。

❷ 发动攻击时，我上体猛然前俯，重心前移，左脚向后抬起，屈膝向后上方勾撩，以小腿接近膝窝部位为力点勾挂对方裆部和臀部，双臂配合下拉。

❸ 周身协调动作，通过自身的前滚翻，破坏对方身体的平衡，可以瞬间将对方掀翻在地。在对方臀部着地的刹那，我右手顺势搂抓对方右脚脚踝，将其右腿控制于我两腿间。

183

| 桑搏 | 俄罗斯实战徒手格斗术 |

④ 继而，我身躯向右侧翻转，令右侧腰髋与臀部着地。左臂随之抬起，展开腋窝。同时，右手用力向左侧推撑对方右脚，将其推至我左侧腋下。

⑤ 随即，我左臂屈肘夹紧，以左上臂后侧肱三头肌及肩胛骨后部为力点抵住对方右脚脚跟和脚踝部位。紧接着，身体猛然向左翻转，左臂用力向左后方别压对方右脚。同时，髋关节前挺，臀部坐贴于对方右胯侧，双膝夹紧对方右大腿根部，双腿蹬直，以耻骨和左侧髋骨部位为力点向前上方顶别对方膝盖，令其右腿膝关节过度伸展。

⑥ 此时，对方出于本能有可能向右侧翻滚身躯，试图减缓右腿的压力。

⑦ 如果对方向右侧翻转身体，抬起左脚准备逃脱，我可以迅速伸展左臂，用左手阻挡对方左腿膝关节。随即，右手抓住其左脚脚踝，将其拉回地面，或者在对方尚未转动身体之前，就迅速用左脚勾住对方左腿，将其勾至我右手边，并立即俯身用右手抓住其脚踝，防患于未然。

⑧ 进一步，右臂屈肘圈锁住对方左脚踝，将其脚背夹在腋内、压在肩胛后方，右臂掖肘，以桡骨为力点向上提拉对方脚踝和跟腱，形成脚踝锁。

第三章　投摔降服技术

⑬ 在上体向后仰躺的同时，右脚配合上肢动作，用力向前蹬推自己左脚，从而加大锁控降服的力度。

⑫ 为了进一步将其制服，我还可以将右腿屈膝抬起，用右脚踩住自己左脚脚踝内侧。

⑪ 随即，我身体猛然向左侧拧转，上体后仰，左臂向左下方别压对方右脚脚踝，左髋部向上挺起，以膝固控制对方右腿。同时，右肩向右下方翻转，以肩胛骨为力点别压对方左脚脚背。左手拉动右手向上提拉，针对对方左脚脚踝实施脚踝锁，如此可以同时锁定对方双腿。

⑩ 此时，我左腿屈膝，略微提起，用脚踝和脚背部位抵住对方裆部和臀部。

⑨ 可以左手用抓住自己右手，辅助发力。

185

| 桑搏 | 俄罗斯实战徒手格斗术 |

4 实战应用范例四

❶ 实战中，双方相互拉扯纠缠，我抢先抓住对方手臂和肩背，抢夺优势把位后，即可立即展开投摔。

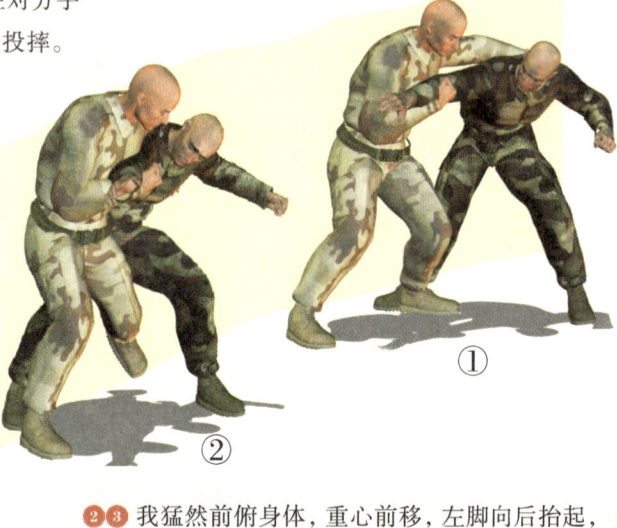

❷❸ 我猛然前俯身体，重心前移，左脚向后抬起，屈膝向后上方勾撩，以小腿接近膝窝部位为力点勾挂对方裆部和臀部，双臂配合下拉。

❹ 周身协调动作，通过自身的前滚翻动作破坏对方身体的平衡，瞬间可以将对方掀翻在地。在对方臀部着地的刹那，右手顺势搂抓对方右脚脚踝，将其右腿控制于我两腿间。继而，身体向右侧转动，右侧腰胯与臀部着地，左臂随之抬起，展开腋窝。同时，右手用力向左侧腋下推撑对方右脚。

❻ 对方为了逃脱我的锁控，迅速向右侧翻转身体，我马上伸出左手拦挡对方左脚。

❺ 随即，我左臂屈肘夹紧，以左上臂肱三头肌及肩胛骨后部为力点抵住对手右脚脚跟和脚踝部位。紧接着，身体猛然向左翻转，左臂用力向左后方别压对方右脚。同时，髋关节前挺，臀部坐贴于对方右胯侧。双膝夹紧对方右大腿根部，双腿蹬直，以耻骨和左侧髋骨部位为力点向前上方顶别对方膝盖，对其右腿膝关节形成反向压力。

第三章　投摔降服技术

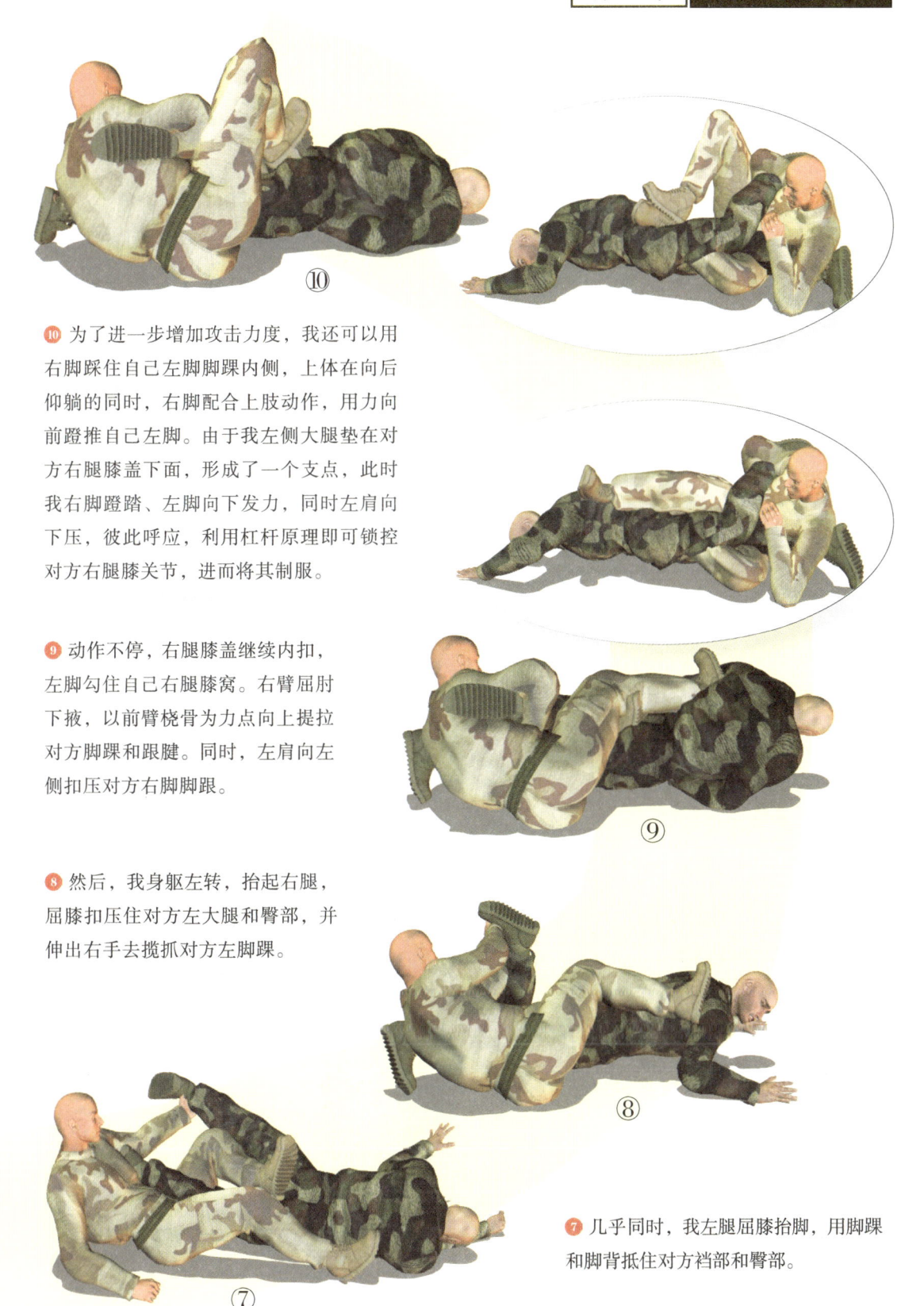

⑩ 为了进一步增加攻击力度，我还可以用右脚踩住自己左脚脚踝内侧，上体在向后仰躺的同时，右脚配合上肢动作，用力向前蹬推自己左脚。由于我左侧大腿垫在对方右腿膝盖下面，形成了一个支点，此时我右脚蹬踏、左脚向下发力，同时左肩向下压，彼此呼应，利用杠杆原理即可锁控对方右腿膝关节，进而将其制服。

⑨ 动作不停，右腿膝盖继续内扣，左脚勾住自己右腿膝窝。右臂屈肘下掖，以前臂桡骨为力点向上提拉对方脚踝和跟腱。同时，左肩向左侧扣压对方右脚脚跟。

⑧ 然后，我身躯左转，抬起右腿，屈膝扣压住对方左大腿和臀部，并伸出右手去揽抓对方左脚踝。

⑦ 几乎同时，我左腿屈膝抬脚，用脚踝和脚背抵住对方裆部和臀部。

187

| 桑搏 | 俄罗斯实战徒手格斗术 |

5 实战应用范例五

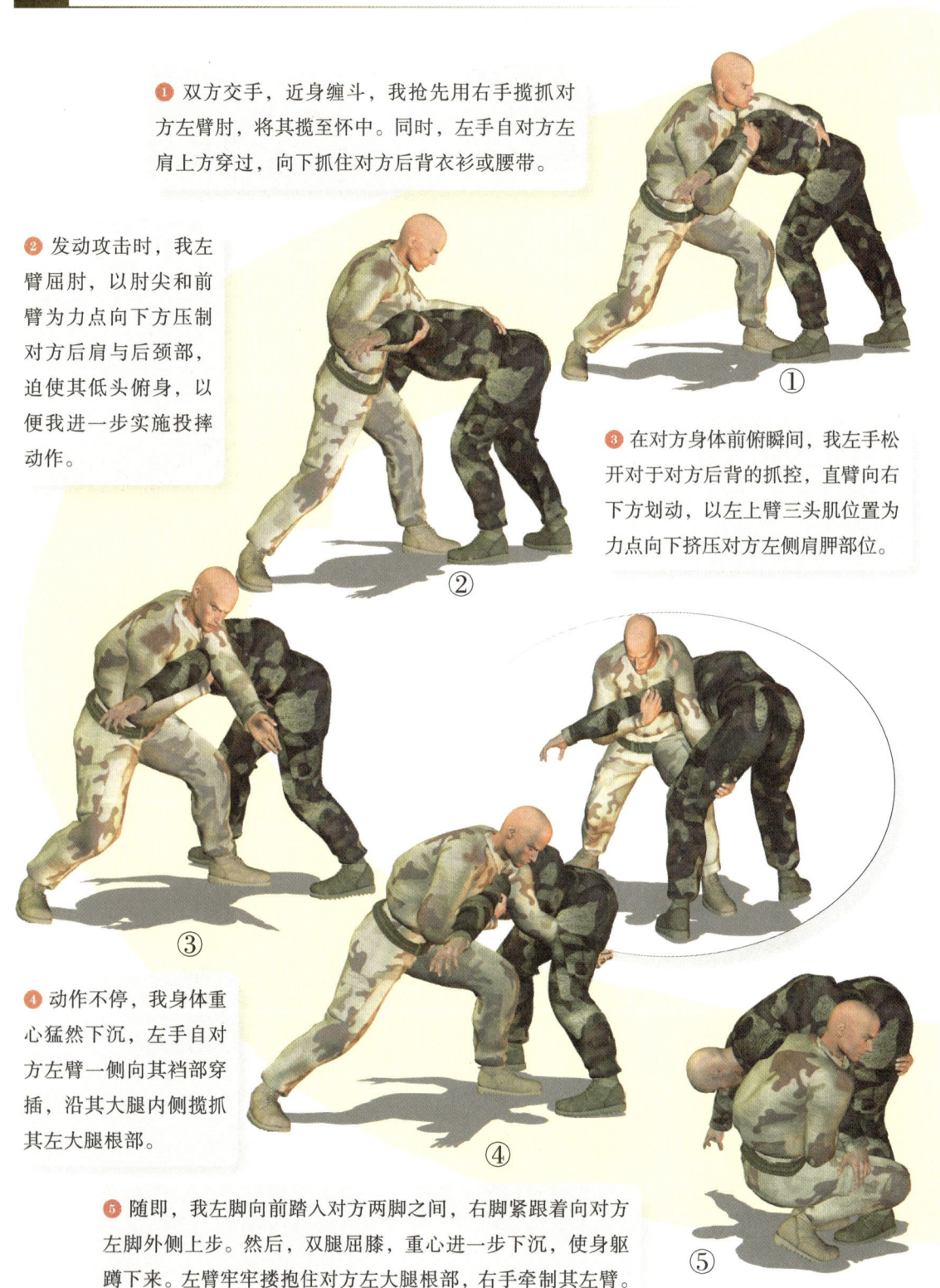

❶ 双方交手，近身缠斗，我抢先用右手揽抓对方左臂肘，将其揽至怀中。同时，左手自对方左肩上方穿过，向下抓住对方后背衣衫或腰带。

❷ 发动攻击时，我左臂屈肘，以肘尖和前臂为力点向下方压制对方后肩与后颈部，迫使其低头俯身，以便我进一步实施投摔动作。

❸ 在对方身体前俯瞬间，我左手松开对于对方后背的抓控，直臂向右下方划动，以左上臂三头肌位置为力点向下挤压对方左侧肩胛部位。

❹ 动作不停，我身体重心猛然下沉，左手自对方左臂一侧向其裆部穿插，沿其大腿内侧揽抓其左大腿根部。

❺ 随即，我左脚向前踏入对方两脚之间，右脚紧跟着向对方左脚外侧上步。然后，双腿屈膝，重心进一步下沉，使身躯蹲下来。左臂牢牢搂抱住对方左大腿根部，右手牵制其左臂。

188

第三章　投摔降服技术

⑪ 同时，双腿一并向下勾压对手脚踝，髋腹部配合向上挺动，两股力量交错释放，对其左腿膝关节形成反向压力，令其膝关节过度伸展，进而将其制服。

⑩ 继而，右手用力下拉其手腕，胸部向上挺动，对其肘关节和肩关节形成别锁之势。

⑨ 在这种势态下，对方的左臂已经被其左腿牢牢压住，无法抽出，我可用右手顺势捋抓其左手手腕，将其固定在胸前。

⑧ 然后，双手揽抱住对方左大腿根部，同时双腿屈膝勾锁其小腿及脚踝部位，并用力向下压制，防止其右腿落地。

⑥ 继而，我臀部向后下方下落、着地，上体向后仰躺，呈后滚翻之势，双臂协同动作，双脚随身体后滚翻蹬地，向上、向后荡起，借助身体后滚翻之动势破坏对方身体平衡，瞬间将对方由我身体上方掀过。

⑦ 在对方后背着地瞬间，我后背也顺势躺在地面上，呈仰躺状。

189

| 桑搏 | 俄罗斯实战徒手格斗术 |

6　实战应用范例六

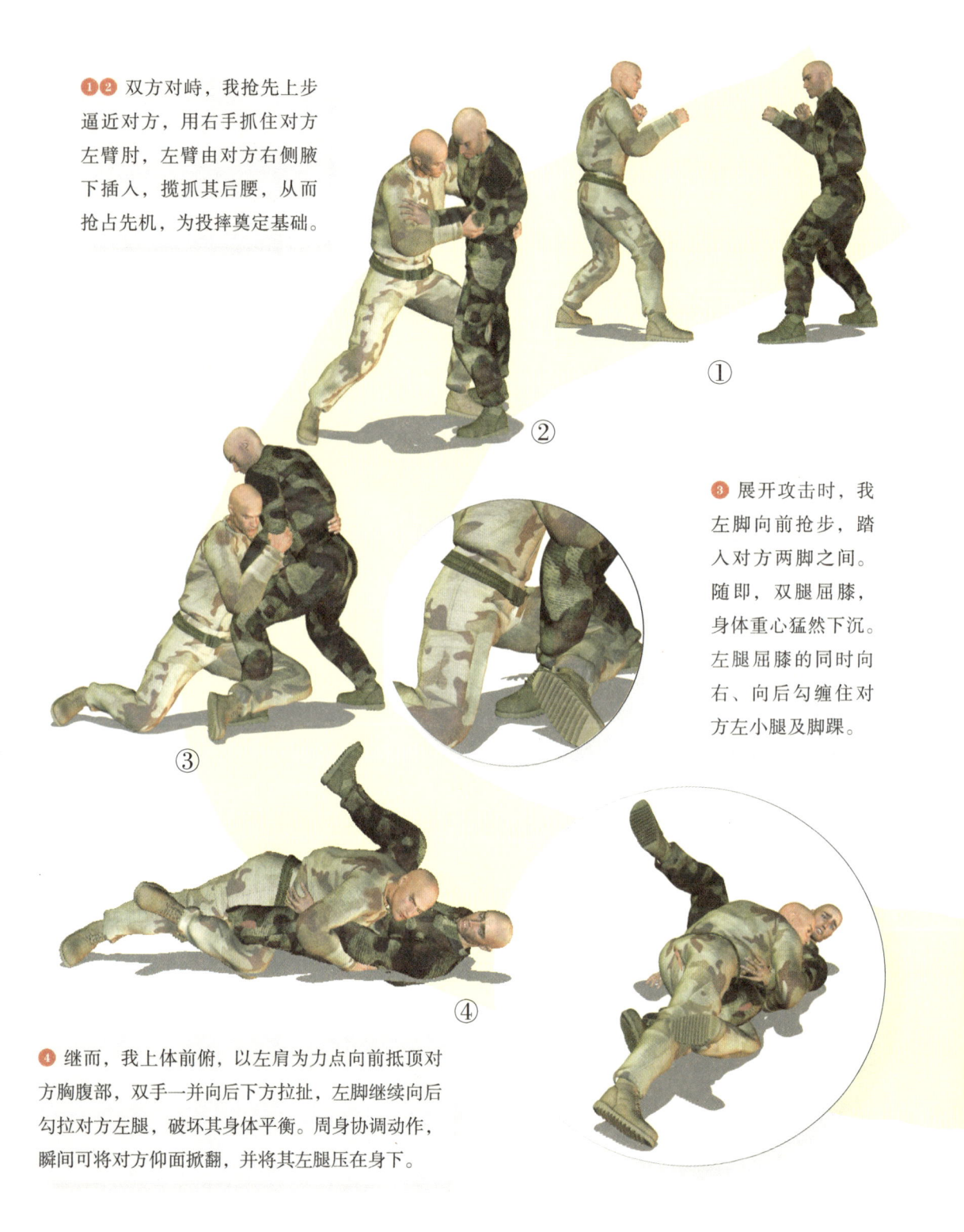

❶❷ 双方对峙，我抢先上步逼近对方，用右手抓住对方左臂肘，左臂由对方右侧腋下插入，揽抓其后腰，从而抢占先机，为投摔奠定基础。

❸ 展开攻击时，我左脚向前抢步，踏入对方两脚之间。随即，双腿屈膝，身体重心猛然下沉。左腿屈膝的同时向右、向后勾缠住对方左小腿及脚踝。

❹ 继而，我上体前俯，以左肩为力点向前抵顶对方胸腹部，双手一并向后下方拉扯，左脚继续向后勾拉对方左腿，破坏其身体平衡。周身协调动作，瞬间可将对方仰面掀翻，并将其左腿压在身下。

第三章　投摔降服技术

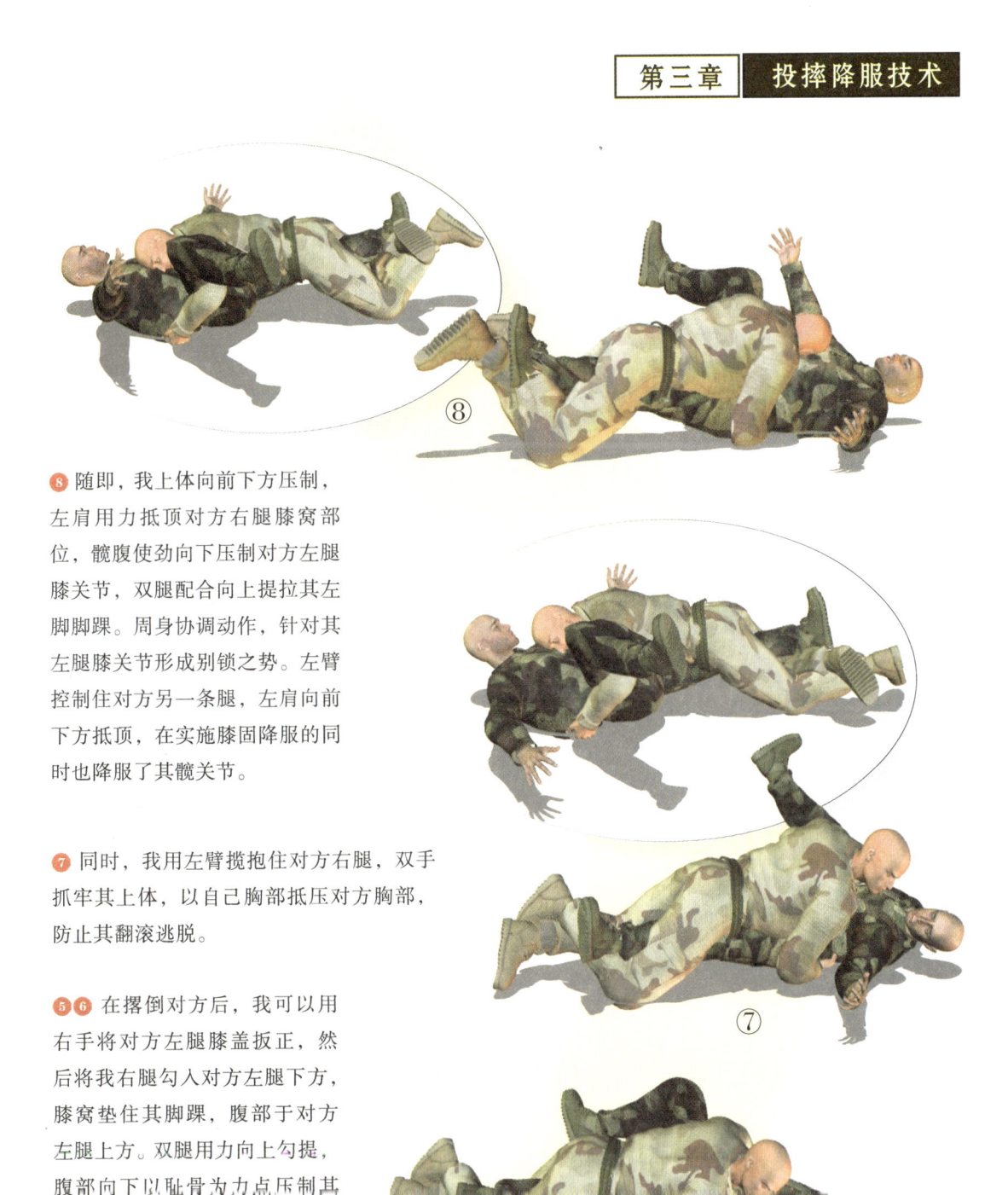

❽ 随即，我上体向前下方压制，左肩用力抵顶对方右腿膝窝部位，髋腹使劲向下压制对方左腿膝关节，双腿配合向上提拉其左脚脚踝。周身协调动作，针对其左腿膝关节形成别锁之势。左臂控制住对方另一条腿，左肩向前下方抵顶，在实施膝固降服的同时也降服了其髋关节。

❼ 同时，我用左臂揽抱住对方右腿，双手抓牢其上体，以自己胸部抵压对方胸部，防止其翻滚逃脱。

❺❻ 在摔倒对方后，我可以用右手将对方左腿膝盖扳正，然后将我右腿勾入对方左腿下方，膝窝垫住其脚踝，腹部于对方左腿上方。双腿用力向上勾提，腹部向下以耻骨为力点压制其膝盖，上下交错用力。

桑搏 | **俄罗斯实战徒手格斗术**

7 实战应用范例七

❶ 双方交手,我抢先用右手抓住对方左臂,左臂伸至对方背后,抢先搂住其腰背,伺机而动。

❷ 随即,屈膝抬起左腿,左脚向右、向后呈螺旋状缠绕勾挂住对方右腿。

❸ 然后,右脚向对方两脚间跳踏,身体猛然向左拧转,破坏对方身体平衡。

❹❺ 动作不停,身体继续向左转动,左脚向前上方勾踢,迫使对方的右腿离开地面。左手配合下肢动作用力向左下方拉扯对方肩背,瞬间将其掀翻在地。对方摔倒之后,我随之将身躯扑压在对方身体上。

❻ 接下来,我身体右转,臀部落坐在对方右髋外侧的地面上。

第三章 投摔降服技术

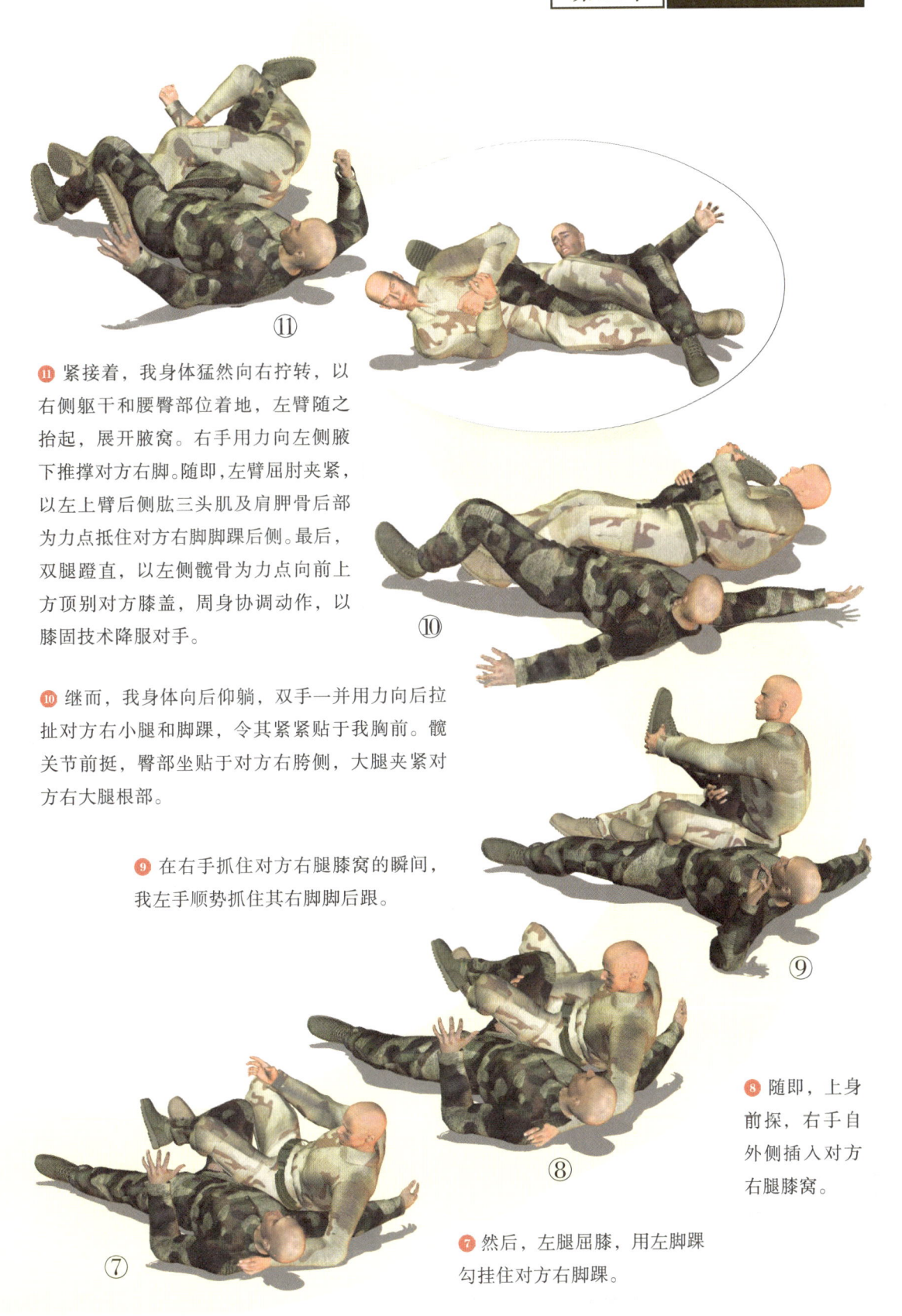

⑪ 紧接着，我身体猛然向右拧转，以右侧躯干和腰臀部位着地，左臂随之抬起，展开腋窝。右手用力向左侧腋下推撑对方右脚。随即，左臂屈肘夹紧，以左上臂后侧肱三头肌及肩胛骨后部为力点抵住对方右脚脚踝后侧。最后，双腿蹬直，以左侧髋骨为力点向前上方顶别对方膝盖，周身协调动作，以膝固技术降服对手。

⑩ 继而，我身体向后仰躺，双手一并用力向后拉扯对方右小腿和脚踝，令其紧紧贴于我胸前。髋关节前挺，臀部坐贴于对方右胯侧，大腿夹紧对方右大腿根部。

⑨ 在右手抓住对方右腿膝窝的瞬间，我左手顺势抓住其右脚脚后跟。

⑧ 随即，上身前探，右手自外侧插入对方右腿膝窝。

⑦ 然后，左腿屈膝，用左脚踝勾挂住对方右脚踝。

| 桑搏 | 俄罗斯实战徒手格斗术 |

8　实战应用范例八

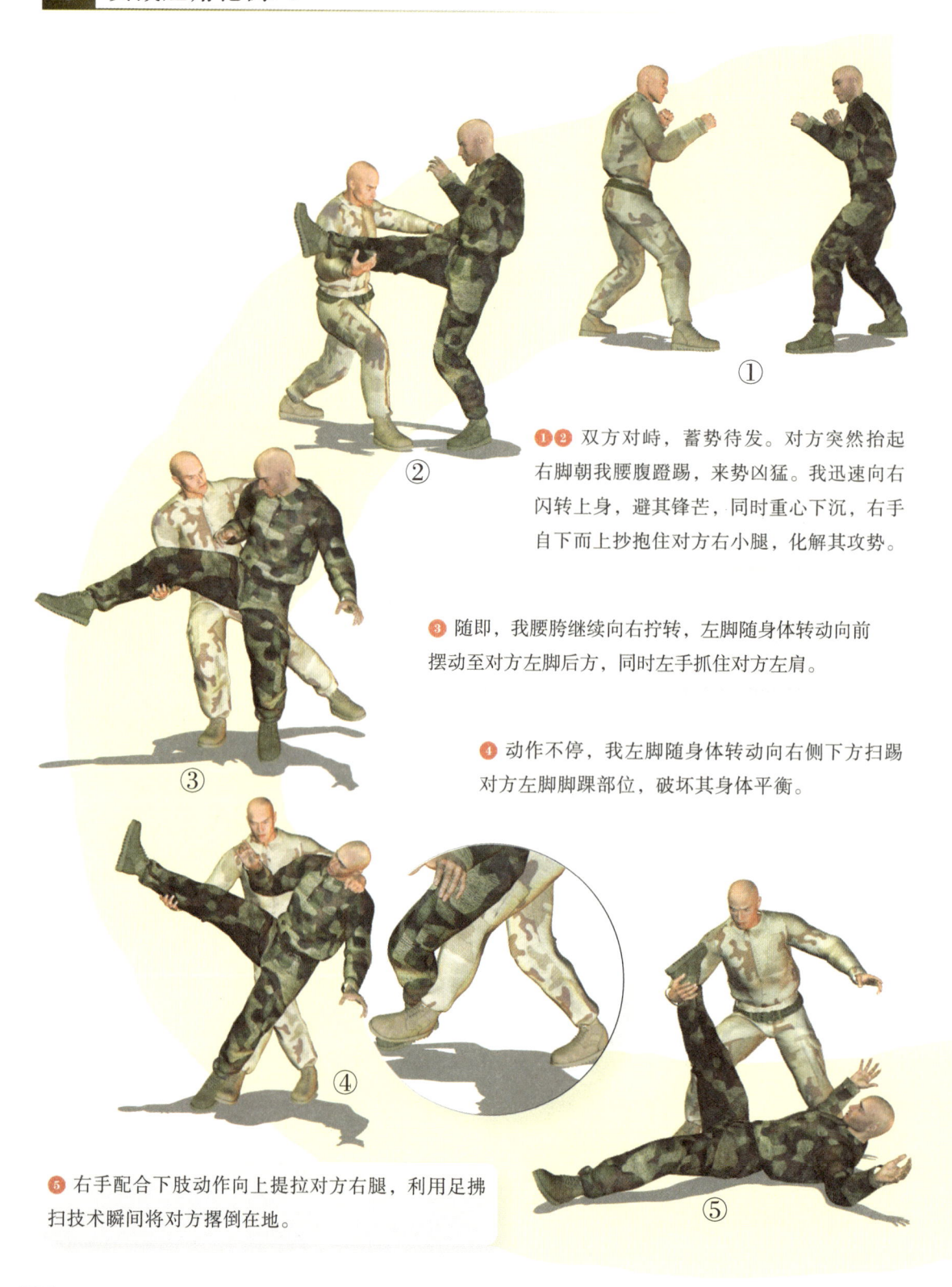

❶❷ 双方对峙，蓄势待发。对方突然抬起右脚朝我腰腹蹬踢，来势凶猛。我迅速向右闪转上身，避其锋芒，同时重心下沉，右手自下而上抄抱住对方右小腿，化解其攻势。

❸ 随即，我腰胯继续向右拧转，左脚随身体转动向前摆动至对方左脚后方，同时左手抓住对方左肩。

❹ 动作不停，我左脚随身体转动向右侧下方扫踢对方左脚脚踝部位，破坏其身体平衡。

❺ 右手配合下肢动作向上提拉对方右腿，利用足拂扫技术瞬间将对方摔倒在地。

194

第三章　投摔降服技术

❾ 臀部触及地面瞬间，左臂抬起，展开腋窝，同时右手用力向左侧腋下推撑对方右脚。随即，左臂屈肘夹紧，以左上臂后侧肱三头肌及肩胛骨后部为力点抵住对方右脚脚后跟和脚踝部位。然后，我身体猛然向左翻转，左臂用力向左后方别压对方右脚。同时，髋关节前挺，臀部坐贴于对方右胯侧，双膝夹紧对方右大腿根部，双腿蹬直，以耻骨和左侧髋骨部位为力点向前上方顶别对方膝盖，导致对方右腿膝关节过度伸展，从而将其制服。

❽ 继而，我身体重心下沉，臀部下坐，双臂揽抱住对方右腿向右后方地面仰躺，以右侧躯干和腰臀部位着地。

❻❼ 对方倒地刹那，我身体再向右转，左脚抬起，由对方身上迈过，跨至其裆部内侧。左脚落步后，双腿屈膝，夹住对方右大腿，双臂屈肘将其右腿揽入怀中。

195

| 桑搏 | 俄罗斯实战徒手格斗术 |

9　实战应用范例九

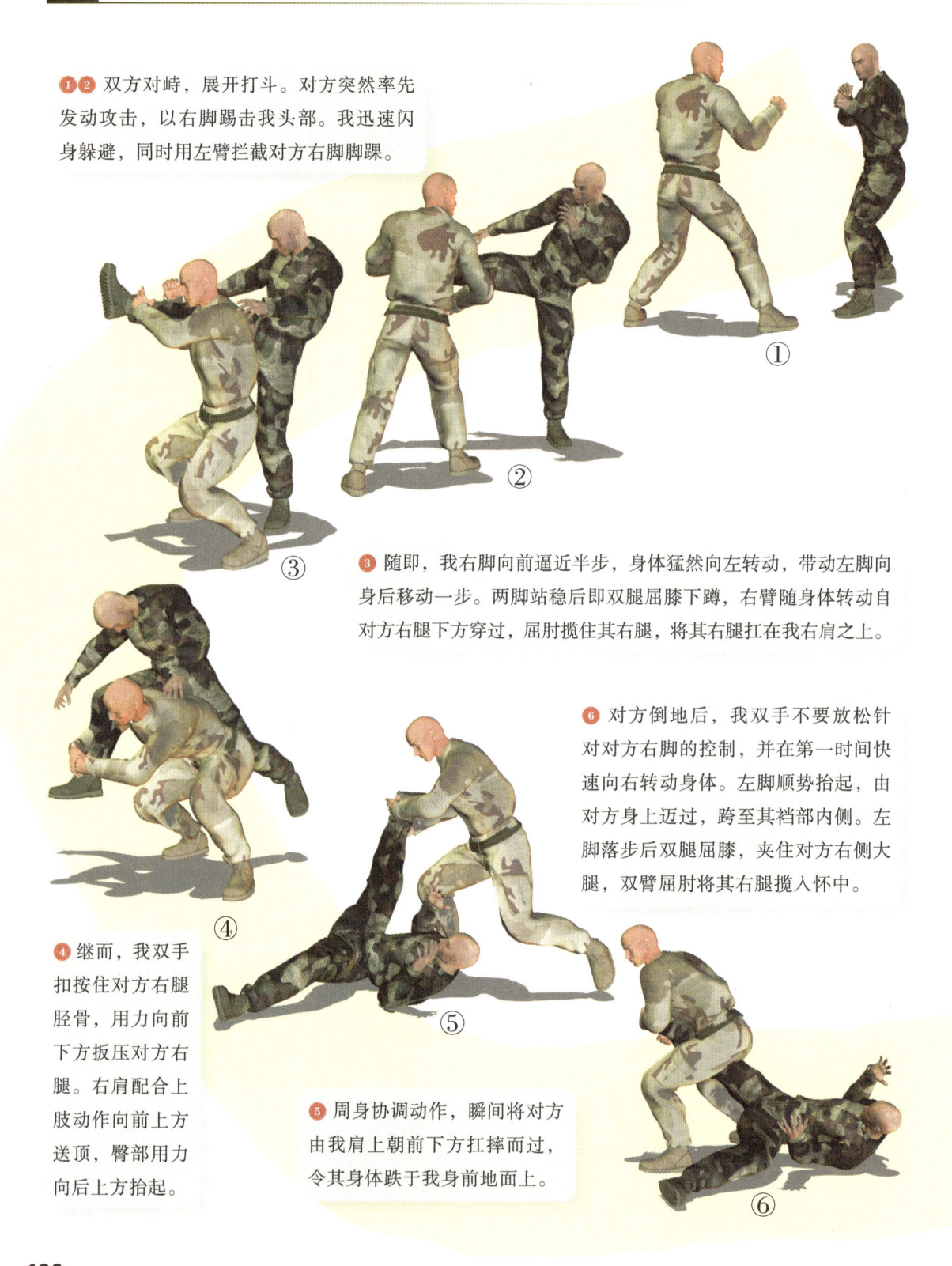

❶❷ 双方对峙，展开打斗。对方突然率先发动攻击，以右脚踢击我头部。我迅速闪身躲避，同时用左臂拦截对方右脚脚踝。

❸ 随即，我右脚向前逼近半步，身体猛然向左转动，带动左脚向身后移动一步。两脚站稳后即双腿屈膝下蹲，右臂随身体转动自对方右腿下方穿过，屈肘揽住其右腿，将其右腿扛在我右肩之上。

❹ 继而，我双手扣按住对方右腿胫骨，用力向前下方扳压对方右腿。右肩配合上肢动作向前上方送顶，臀部用力向后上方抬起。

❺ 周身协调动作，瞬间将对方由我肩上朝前下方扛摔而过，令其身体跌于我身前地面上。

❻ 对方倒地后，我双手不要放松针对对方右脚的控制，并在第一时间快速向右转动身体。左脚顺势抬起，由对方身上迈过，跨至其裆部内侧。左脚落步后双腿屈膝，夹住对方右侧大腿，双臂屈肘将其右腿揽入怀中。

第三章 投摔降服技术

①②③ 此技术也可以在抬起左脚跨过对方身体时，就将左臂绕至对方右脚踝后方。然后用左臂压住对方脚踝，直接向后仰躺，形成膝固降服。由于这种方法冲击力更大，所以对对方造成的创伤更严重。

变通应用

⑧ 臀部触及地面瞬间，左臂抬起，展开腋窝，同时右手用力向左侧腋下推撑对方右脚。随即，左臂屈肘夹紧，以左上臂后侧肱三头肌及肩胛骨后部为力点抵住对方右脚脚后跟和脚踝部位。然后，我身体猛然向左翻转，左臂用力向左后方别压对方右脚。同时，髋关节前挺，臀部坐贴于对方右胯侧，双膝夹紧对方右大腿根部，双腿蹬直，以耻骨和左侧髂骨部位为力点向前上方顶别对方膝盖，迫使其右腿膝关节过度伸展，最终以膝固技术降服对方。

⑦ 继而，身体重心下沉，臀部下坐，双臂揽抱住对方右腿向右后方地面仰躺，以右侧躯干和腰臀部位着地。

197

桑搏 俄罗斯实战徒手格斗术

10 实战应用范例十

❶❷ 双方对峙，我快速前冲，抢先用右手揽抓住对方左臂肘，将其揽至怀中。同时，左手自对方左肩上方穿过，向下抓住对方后背衣衫或后腰带。

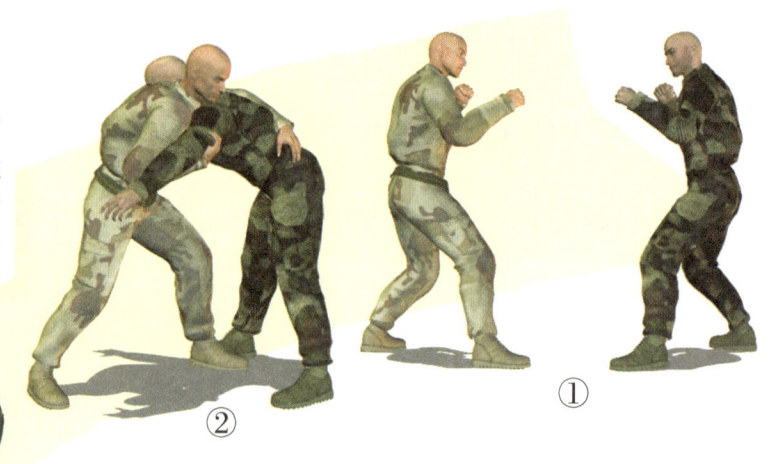

❸ 随即，我左脚向前踏入对方两脚之间，右脚紧跟着向对方左脚外侧上步。双腿屈膝，重心下沉，双手一并向后下方拉扯对方后背与右臂。

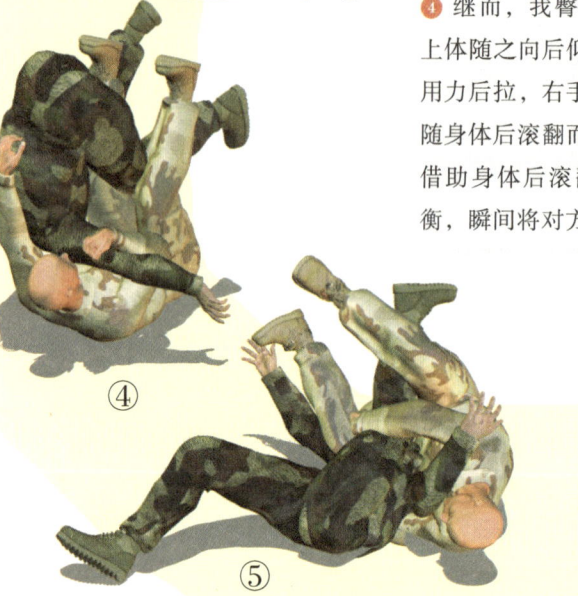

❹ 继而，我臀部向后下方下落、着地，上体随之向后仰躺，呈后滚翻之势。左手用力后拉，右手牢牢揽住对方左臂。双脚随身体后滚翻而蹬地，向上、向后荡起，借助身体后滚翻之动势破坏对方身体平衡，瞬间将对方由我身体上方掀过。

❺ 在对方后背着地瞬间，我左臂屈肘顺势揽抱住对方左侧大腿接近膝窝部位。同时，右腿屈膝，以小腿及膝窝部位一并勾住对方左腿小腿及脚踝部位，防止其左腿落下。

❻ 动作不停，我身体向右侧拧转，令后背着地仰躺，左脚亦屈膝勾挂住自己的右腿，双腿同时用力向下勾锁对方左腿脚踝。双手配合下肢动作，牢牢抱紧对方左大腿，髋关节前挺，以小腹及耻骨部位为力点向前抵顶对方左腿膝盖上方，以膝固技术降服对手。

第三章 投摔降服技术

第九节 投摔后实施的膝关节切割

膝关节切割（Knee Slice）也叫弯曲膝盖锁（Bent Knee Look），在地面缠斗中也是应用非常广泛的攻击技法，同时也是一种比较复杂的关节降服技术，一般需要付出较多的时间和努力来学习掌握。

之所以膝关节切割也被称作弯曲膝盖锁，是因为在具体实施时，首先要迫使对方的膝关节处于弯曲状态，但是有一个非常关键的前提，就是在实施弯曲动作之前，必须先将自己的一部分肢体楔入对方的膝窝内，然后再于两端施加压力，使对方膝关节向内过度弯曲，瞬间发力可以将对方制服。

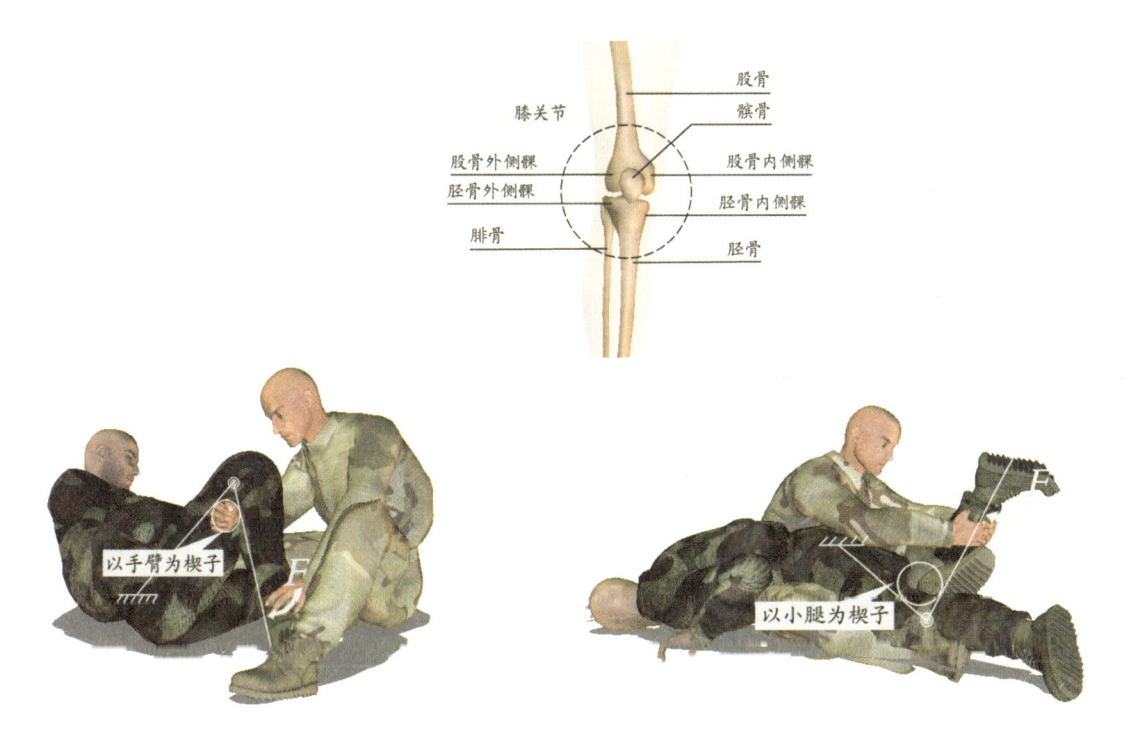

膝关节切割技术在具体运用时一般分为两种形式，一种是将自己的手臂夹持在对方膝窝内，另一种是将自己的小腿夹持在对方膝窝内。这两种形式在不同的体位下都可以实施，可以说是一种全方位的攻击技术。

| 桑搏 | 俄罗斯实战徒手格斗术 |

1 实战应用范例一

❶ 实战中，双方纠缠一起，我抢先用右手揽抓对方左臂，左手自对方右肩上方穿过，向下揽抓其肩背，伺机展开投摔。

❷ 发动攻击时，我左脚向前上步，落脚于对方两脚之间，身体向右拧转，带动右脚向右后方撤步。紧接着，身体向前俯身，重心前移，右脚继续向右后方移动，右手向下由对方右腿外侧抄抱住其右腿膝窝。同时，左脚向后抬起，屈膝向后上方撩挂，以小腿接近膝窝部位为力点勾挂对方裆部和臀部。

❸ 动作不停，我上体继续向前下方俯身，利用自身的前滚翻动作，破坏对方身体的平衡，瞬间可以将对方掀翻在地。在对方臀部着地的刹那，我右臂屈肘，顺势揽住对方右腿膝窝，向后拉扯使之贴近我右侧胸部。

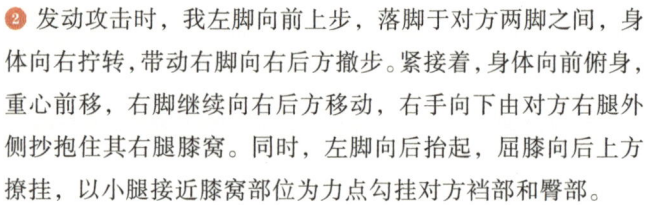

❹❺ 继而，我伸出左手，自上而下扣抓对方右脚脚踝，然后用力向前下方按压推送，迫使其膝关节弯曲。对方右腿一旦被迫弯曲，我右手即顺势抓住自己左臂内侧，将右前臂夹在对方右腿膝窝内，犹如将一个楔子埋入对方大小腿间。在此基础上，左手使劲向后拉扯对方右脚脚踝，即可针对其右腿膝关节形成膝关节切割。

第三章　投摔降服技术

⑧ 几乎同时，我左手抓住自己的右手，上体后仰，带动双手合力向怀中拉扯。双脚脚踝配合发力，同时向内压制对方右脚脚踝，上下肢协同动作，瞬间发力，即可导致对方右腿膝关节过度弯曲，从而将其制服。

⑦ 然后，我上体向右侧倾倒，以右侧腰胯与臀部着地，侧卧于对方身体右外侧。同时，屈膝抬起左脚，左脚脚踝勾搭在自己右脚脚踝上。双腿同时用力向下、向后勾锁对方右脚脚踝，迫使右腿彻底弯曲。

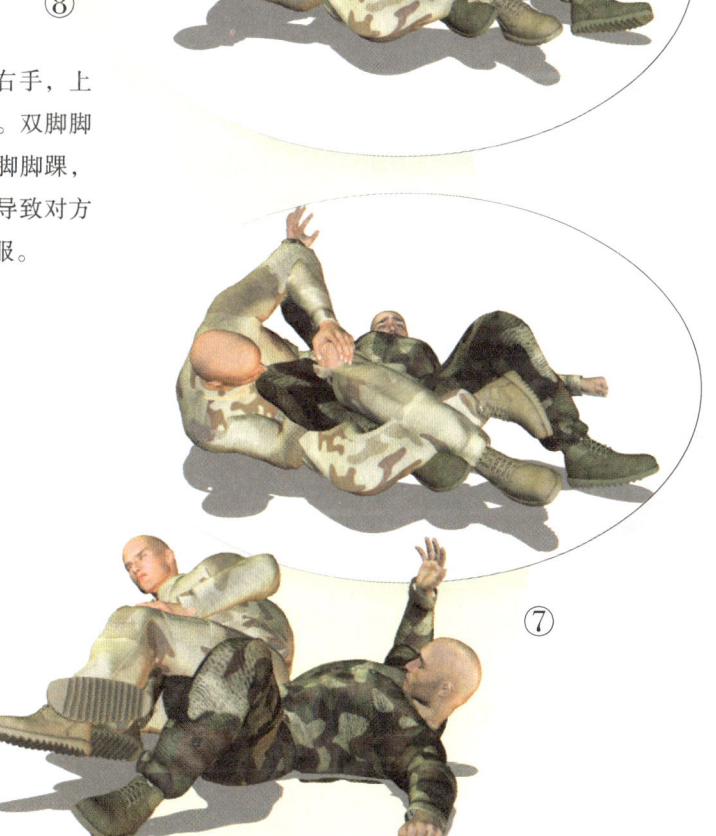

⑥ 如果此时对方拼命挣扎，试图用力将右腿蹬直，以摆脱我的降服。我可以立即将右腿屈膝抬起，以小腿勾挂压制住对方右脚脚踝。

201

| 桑搏 | 俄罗斯实战徒手格斗术 |

2 实战应用范例二

❶ 双方交手，纠缠在一起，我抢先用右手抢抓对方左腕。左手自对方右肩上方穿过，向下揽抓其肩背，伺机展开投摔。

❷ 发动攻击时，我左脚向前上步，落脚于对方两脚之间，身体随之向右拧转，带动右脚向右后方撤步。

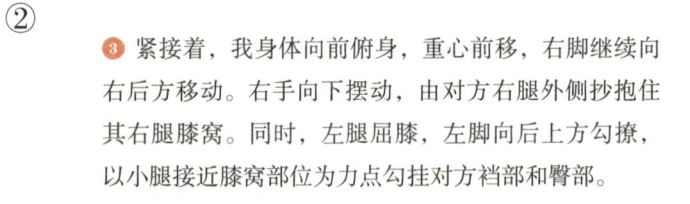

❸ 紧接着，我身体向前俯身，重心前移，右脚继续向右后方移动。右手向下摆动，由对方右腿外侧抄抱住其右腿膝窝。同时，左腿屈膝，左脚向后上方勾撩，以小腿接近膝窝部位为力点勾挂对方裆部和臀部。

❹ 周身协调动作，通过自身的前滚翻，破坏对方身体的平衡。

❺ 瞬间动作可以将对方掀翻在地，在对方臀部着地的刹那，我右臂屈肘，顺势揽住对方右腿膝窝部位，向后拉扯，使之贴近我右侧胸部。

第三章 投摔降服技术

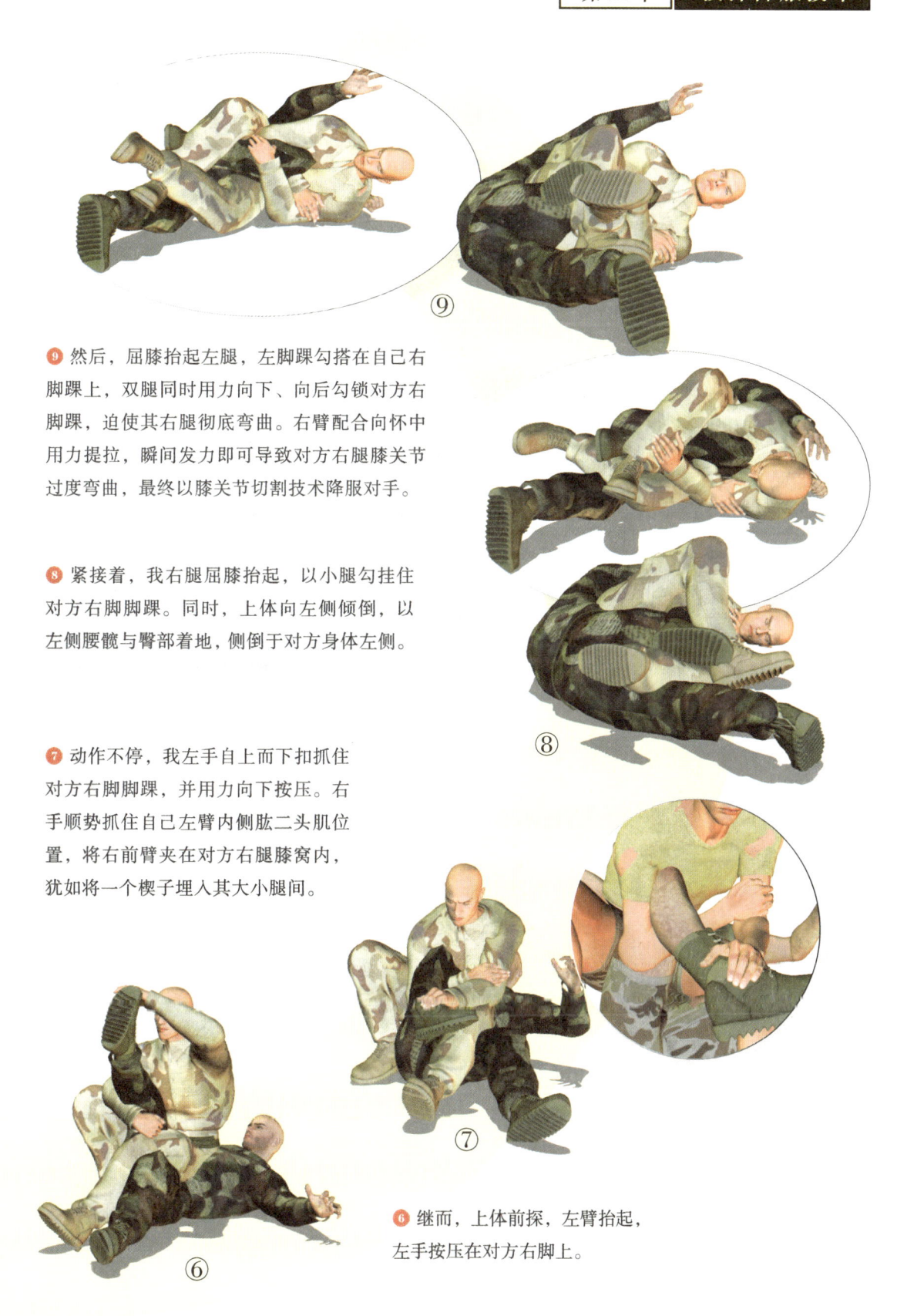

⑨ 然后，屈膝抬起左腿，左脚踝勾搭在自己右脚踝上，双腿同时用力向下、向后勾锁对方右脚踝，迫使其右腿彻底弯曲。右臂配合向怀中用力提拉，瞬间发力即可导致对方右腿膝关节过度弯曲，最终以膝关节切割技术降服对手。

⑧ 紧接着，我右腿屈膝抬起，以小腿勾挂住对方右脚脚踝。同时，上体向左侧倾倒，以左侧腰髋与臀部着地，侧倒于对方身体左侧。

⑦ 动作不停，我左手自上而下扣抓住对方右脚脚踝，并用力向下按压。右手顺势抓住自己左臂内侧肱二头肌位置，将右前臂夹在对方右腿膝窝内，犹如将一个楔子埋入其大小腿间。

⑥ 继而，上体前探，左臂抬起，左手按压在对方右脚上。

203

| 桑搏 | 俄罗斯实战徒手格斗术 |

3　实战应用范例三

❶❷ 双方对峙，展开打斗，对方率先发动攻击，突然拧身抬起右腿，以右脚蹬踹我胸腹部。我迅速向右转动身体，躲避对方右脚。同时，伸出右臂自下而上抄接对方右腿，化解其攻势。

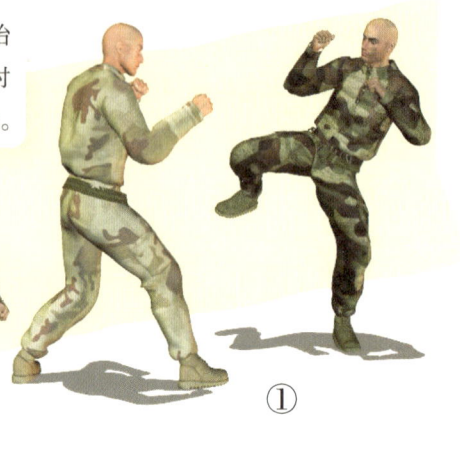

❸ 随即，我左脚快速向前上步，身体随之向右转动，重心下沉，右臂屈肘顺势揽抱住对方右腿。左臂随身体转动经对方体前穿过，内旋向后搂抱住对方腰胯部位。

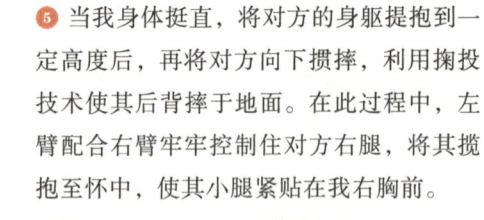

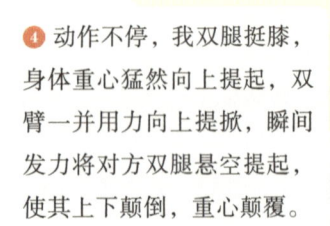

❺ 当我身体挺直，将对方的身躯提抱到一定高度后，再将对方向下掼摔，利用掬投技术使其后背摔于地面。在此过程中，左臂配合右臂牢牢控制住对方右腿，将其揽抱至怀中，使其小腿紧贴在我右胸前。

❹ 动作不停，我双腿挺膝，身体重心猛然向上提起，双臂一并用力向上提掀，瞬间发力将对方双腿悬空提起，使其上下颠倒，重心颠覆。

204

第三章　投摔降服技术

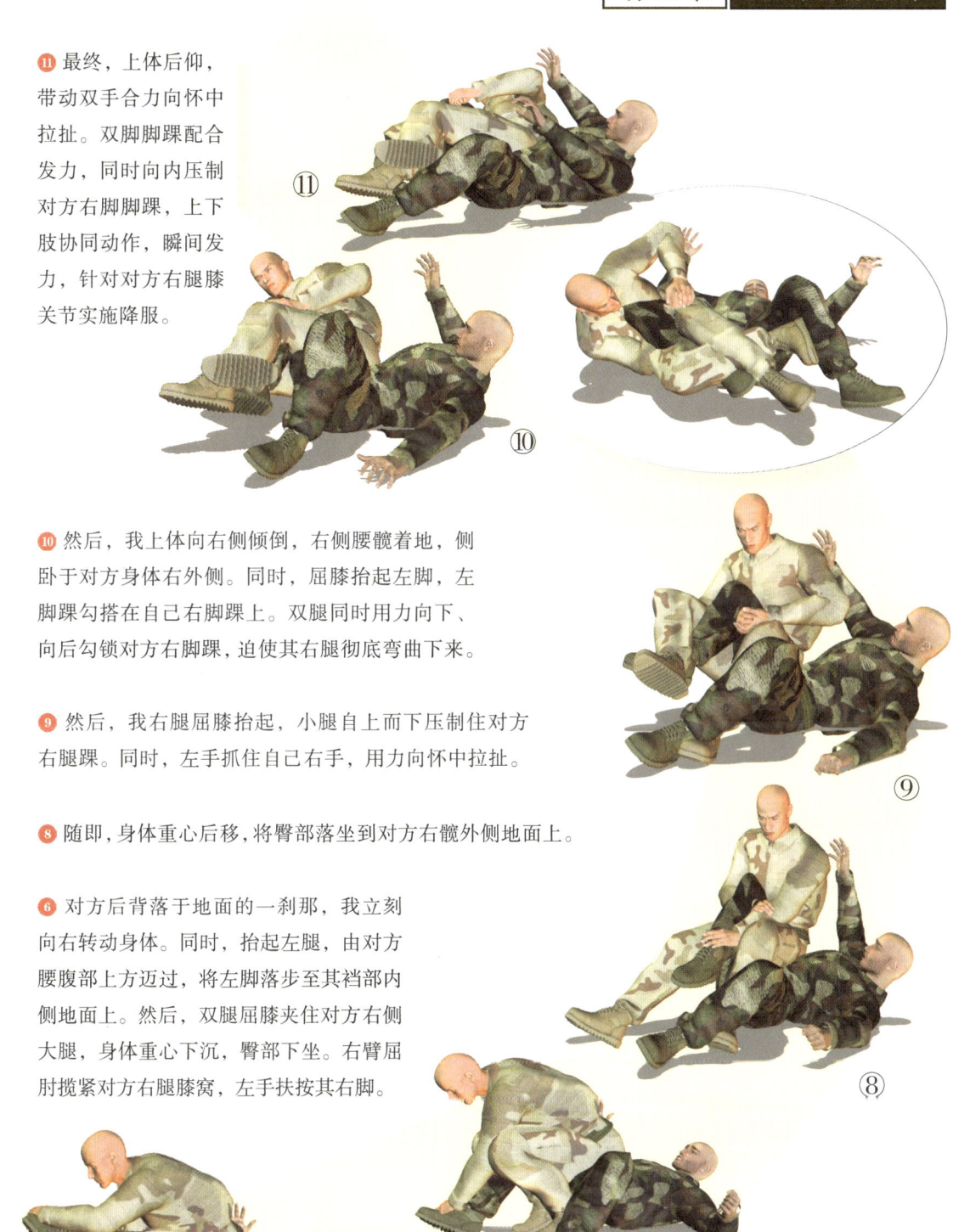

⑪ 最终，上体后仰，带动双手合力向怀中拉扯。双脚脚踝配合发力，同时向内压制对方右脚脚踝，上下肢协同动作，瞬间发力，针对对方右腿膝关节实施降服。

⑩ 然后，我上体向右侧倾倒，右侧腰髋着地，侧卧于对方身体右外侧。同时，屈膝抬起左脚，左脚踝勾搭在自己右脚踝上。双腿同时用力向下、向后勾锁对方脚踝，迫使其右腿彻底弯曲下来。

⑨ 然后，我右腿屈膝抬起，小腿自上而下压制住对方右腿踝。同时，左手抓住自己右手，用力向怀中拉扯。

⑧ 随即，身体重心后移，将臀部落坐到对方右髋外侧地面上。

⑥ 对方后背落于地面的一刹那，我立刻向右转动身体。同时，抬起左腿，由对方腰腹部上方迈过，将左脚落步至其裆部内侧地面上。然后，双腿屈膝夹住对方右侧大腿，身体重心下沉，臀部下坐。右臂屈肘揽紧对方右腿膝窝，左手扶按其右脚。

⑦ 继而，我左手用力下按对方右脚，右臂用力向怀中拉扯其膝窝，将我右前臂夹在对方右腿膝窝内，使之形成一个楔子埋在对方大小腿间。

205

第十节　投摔后实施的螺丝锁降服

　　膝关节是下肢运动链系统的中枢，关节面浅而宽，主要由股骨内、外侧髁和胫骨内、外侧髁以及髌骨之关节面构成，为人体最大且构造最复杂、损伤机会亦较多的关节。膝关节属于椭圆滑车关节，可沿两个运动轴进行运动，相对于肘关节，运动范围是比较有限的。所以针对膝关节进行的攻击方式也比较多，最常见的有之前为大家介绍的膝固降服、膝关节切割等。

　　本节为大家讲解的螺丝锁技术，从形式上看是一种比较特别的关节降服技术，它与其他膝关节降服技术不同之处在于，它并不是迫使对方膝关节超出屈伸的活动范围，而是充分利用了膝关节无法在冠状面内绕矢状轴活动这一显著的生理缺陷，在实战中运用技术动作迫使其过度外展或者过度内收。从技术特点上来看，有点类似于弯臂锁技术。由于在实施动作时类似于旋转螺丝钉，故而此降服技术被称为"螺丝锁"。

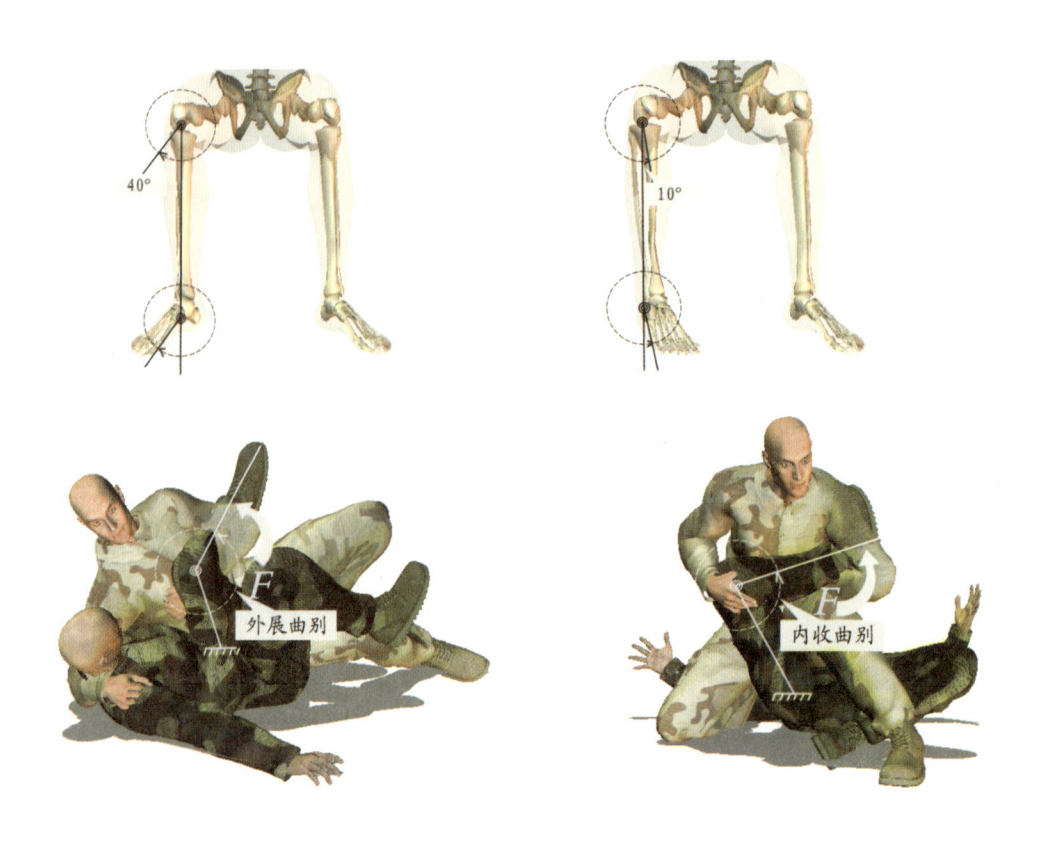

第三章　投摔降服技术

1　实战应用范例一

① 双方交手，相互撕扯，我左手抓住对方右臂，右手搂抱对方左侧肩颈。

② 看准时机，我猛然俯身，左手抄搂对方右小腿。

③ 几乎同时，我右手用力向前推搡对方左肩。左臂屈肘向上提拉对方右腿，瞬间将其掀翻在地。对方倒地瞬间，我左脚迅速向前上步，左臂顺势屈肘圈揽住对方右脚脚踝，用力将其揽至我左侧腋下。

④ 随即，我身体猛然向左转动，右脚随身体转动一并抬起，跨过对方身体，落脚于对方身体右侧，将其右腿置于我双腿之间。

⑤ 动作不停，我身体继续向左转动，左脚随势向右摆动，双腿屈膝下蹲。同时，左臂屈肘随身体转动向外扣肘，迫使对方右腿向内横向扭曲。

⑥ 紧接着，我身体重心下沉，右腿屈膝下跪，以膝盖支撑地面。右臂屈肘继续向左后方扭别。同时，右手自内向外推撑对方右腿膝盖部位，双臂交错用力，针对其右腿膝关节形成螺丝锁降服，瞬间发力可将对方制服。

207

| 桑搏 | 俄罗斯实战徒手格斗术 |

2 实战应用范例二

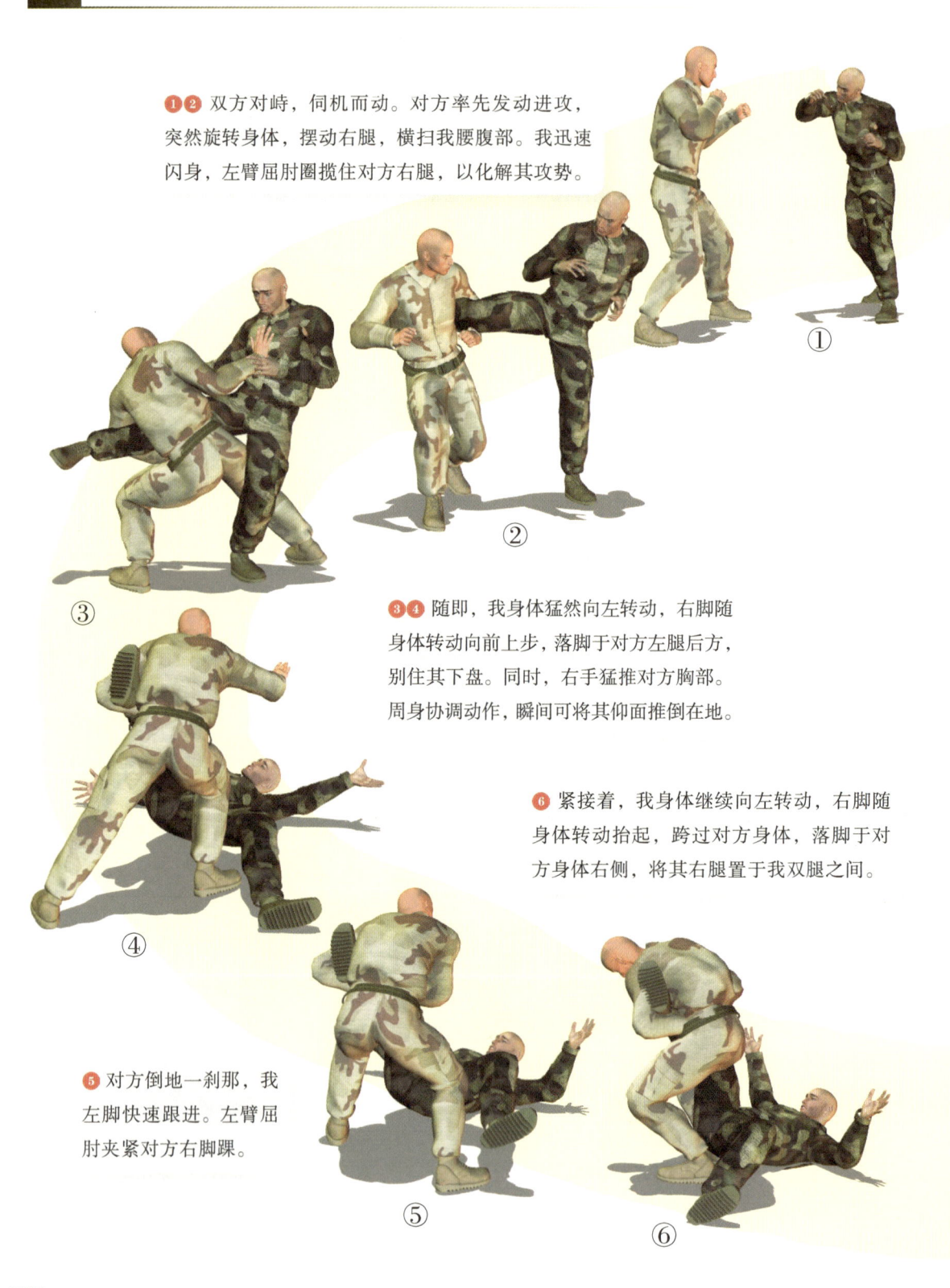

❶❷ 双方对峙，伺机而动。对方率先发动进攻，突然旋转身体，摆动右腿，横扫我腰腹部。我迅速闪身，左臂屈肘圈揽住对方右腿，以化解其攻势。

❸❹ 随即，我身体猛然向左转动，右脚随身体转动向前上步，落脚于对方左腿后方，别住其下盘。同时，右手猛推对方胸部。周身协调动作，瞬间可将其仰面推倒在地。

❻ 紧接着，我身体继续向左转动，右脚随身体转动抬起，跨过对方身体，落脚于对方身体右侧，将其右腿置于我双腿之间。

❺ 对方倒地一刹那，我左脚快速跟进。左臂屈肘夹紧对方右脚踝。

第三章 投摔降服技术

⑫ 然后，我右臂控制住对方左脚踝用力向怀中揽拉，从而针对其左腿膝关节亦形成扭转之势。此时双臂分别向身体两侧发力拉扯，胸部配合向前抵顶，臀部向下压制。

⑩⑪ 进一步，可以伸出右手，抓住对方左脚踝，用力将其提起。

⑨ 继而，左臂夹紧对方右脚踝，用力向左后方扳拉，针对其右腿膝关节形成螺丝锁降服，瞬间发力可将对方制服。

⑧ 紧接着，我身体重心下沉，右腿屈膝下跪，以膝盖支撑地面，臀部顺势坐在对方腰髋之上。右臂屈肘，右手抓按住对方右腿膝盖。

⑦ 身体左转动作不停，带动左脚随势向左后方摆动，双腿屈膝下蹲。同时，左臂屈肘随身体转动向外扣肘，迫使对方右腿向内横向扭转。

209

| 桑搏 | 俄罗斯实战徒手格斗术 |

3 实战应用范例三

❶ 双方交手，相互撕扯，我左手抓住对方右臂，右手搂抓对方左侧肩颈。

❷ 看准时机，我猛然向前俯身，左手抄搂对方右小腿。

❸ 然后，我右手用力向前推搡对方左肩。同时，左臂屈肘向上提拉对方右腿，瞬间将其掀翻在地。

❹ 对方倒地瞬间，我左脚迅速向前上步，逼近对方。左臂顺势屈肘圈揽住对方右脚踝，并用力将其揽至我左侧腋下。

❺ 随即，我身体重心下沉，右腿屈膝抬起，右脚踩踏对方左腿大腿内侧及膝窝部位，右手扶按住其右腿胫骨部位。

第三章 投摔降服技术

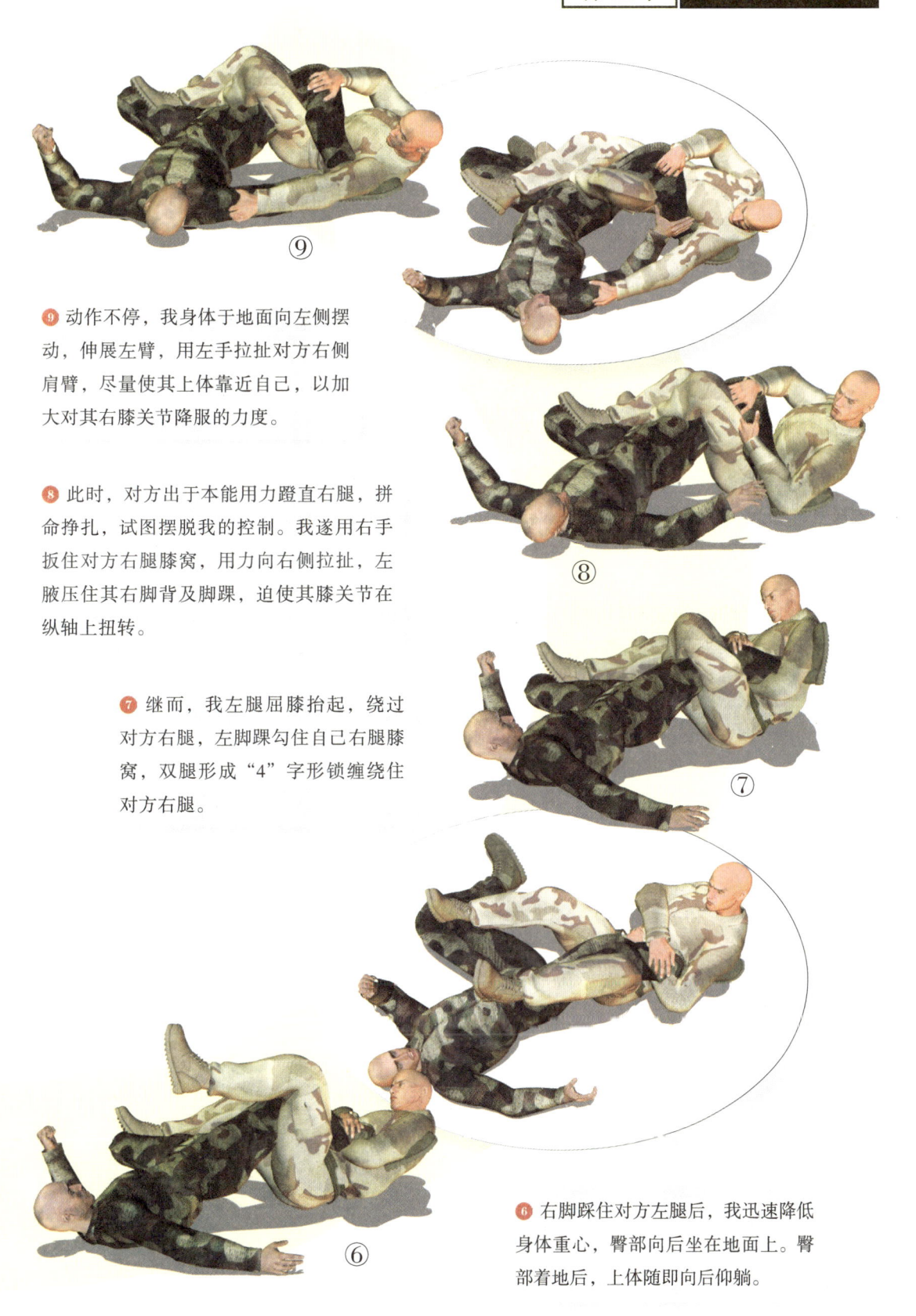

⑨ 动作不停，我身体于地面向左侧摆动，伸展左臂，用左手拉扯对方右侧肩臂，尽量使其上体靠近自己，以加大对其右膝关节降服的力度。

⑧ 此时，对方出于本能用力蹬直右腿，拼命挣扎，试图摆脱我的控制。我遂用右手扳住对方右腿膝窝，用力向右侧拉扯，左腋压住其右脚背及脚踝，迫使其膝关节在纵轴上扭转。

⑦ 继而，我左腿屈膝抬起，绕过对方右腿，左脚踝勾住自己右腿膝窝，双腿形成"4"字形锁缠绕住对方右腿。

⑥ 右脚踩住对方左腿后，我迅速降低身体重心，臀部向后坐在地面上。臀部着地后，上体随即向后仰躺。

211

4 实战应用范例四

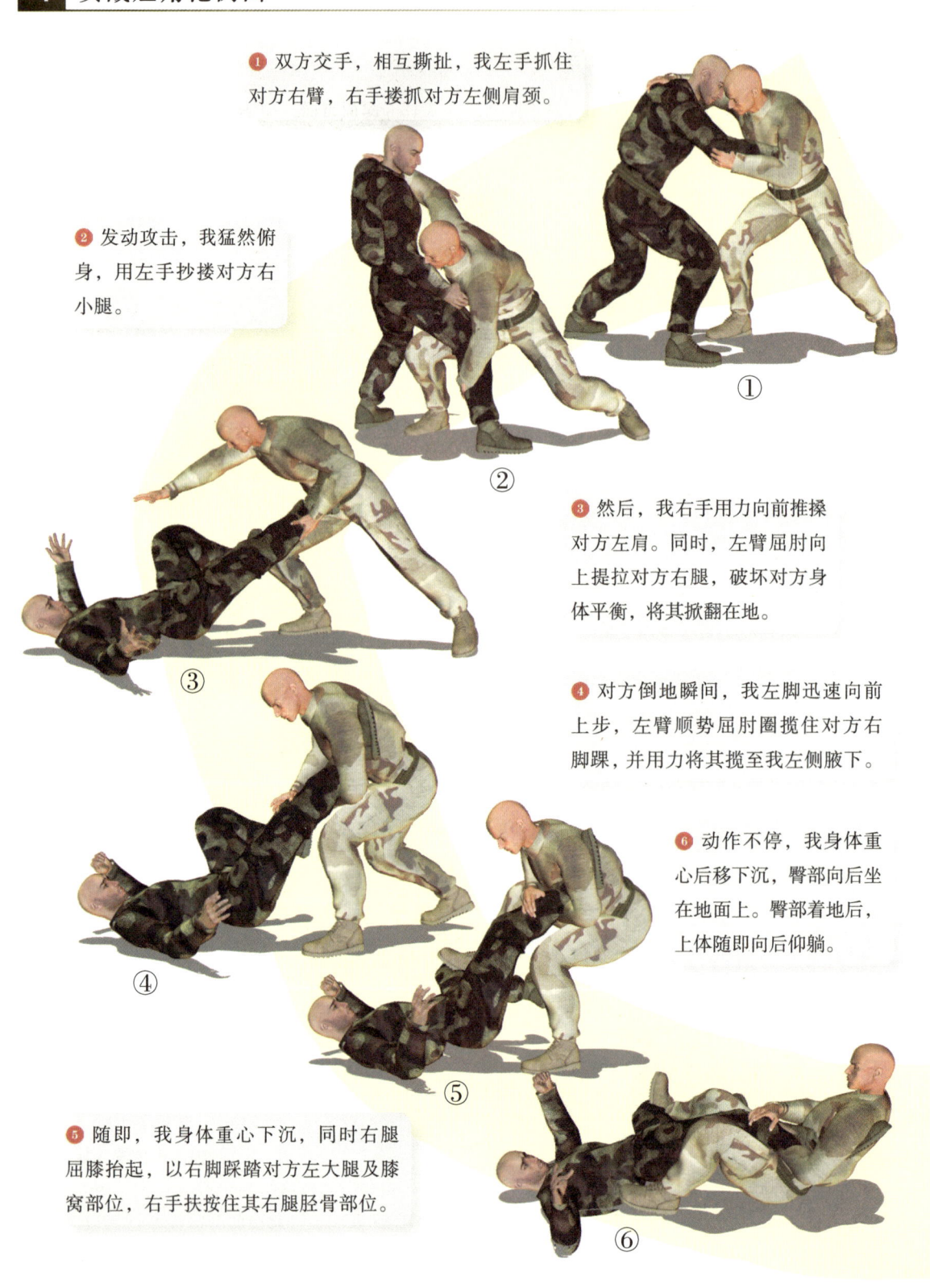

❶ 双方交手，相互撕扯，我左手抓住对方右臂，右手搂抓对方左侧肩颈。

❷ 发动攻击，我猛然俯身，用左手抄搂对方右小腿。

❸ 然后，我右手用力向前推搡对方左肩。同时，左臂屈肘向上提拉对方右腿，破坏对方身体平衡，将其掀翻在地。

❹ 对方倒地瞬间，我左脚迅速向前上步，左臂顺势屈肘圈揽住对方右脚踝，并用力将其揽至我左侧腋下。

❺ 随即，我身体重心下沉，同时右腿屈膝抬起，以右脚踩踏对方左大腿及膝窝部位，右手扶按住其右腿胫骨部位。

❻ 动作不停，我身体重心后移下沉，臀部向后坐在地面上。臀部着地后，上体随即向后仰躺。

第三章　投摔降服技术

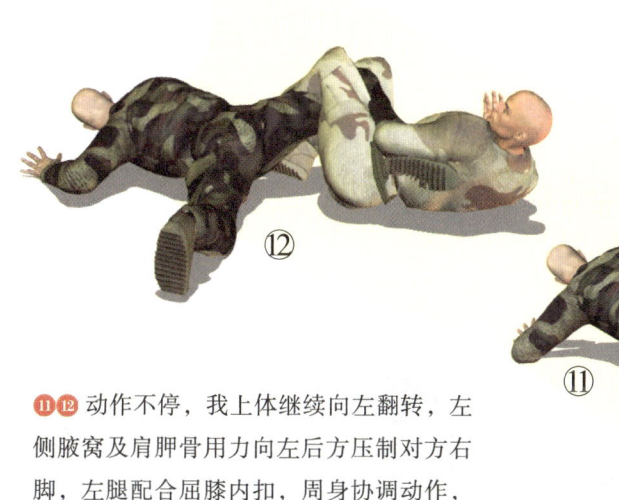

⑪⑫ 动作不停，我上体继续向左翻转，左侧腋窝及肩胛骨用力向左后方压制对方右脚，左腿配合屈膝内扣，周身协调动作，针对其右腿膝关节实施螺丝锁降服。

⑩ 直至翻滚至右侧臀部着地，右臂屈肘支撑地面，左臂圈锁对方右腿，双腿屈膝夹紧对方右大腿。

⑨ 此刻，我在牢牢控制住对方右腿的前提下，随着对方的翻滚一并向左滚动身躯。

⑧ 为了摆脱我针对对方右脚实施的脚踝锁，对方左脚会向其身体右侧下落，并快速向右翻滚身体，令面部向下，准备脱逃。

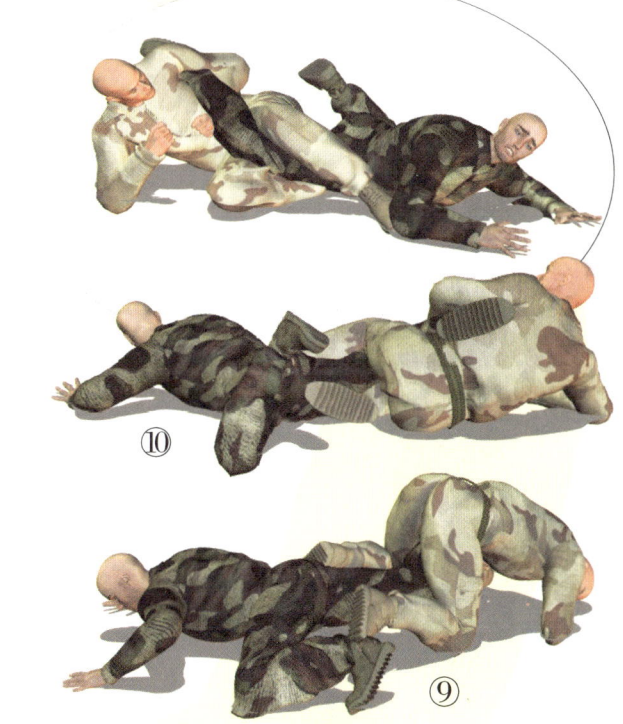

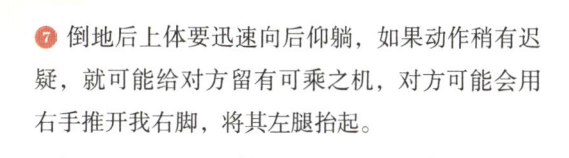

⑦ 倒地后上体要迅速向后仰躺，如果动作稍有迟疑，就可能给对方留有可乘之机，对方可能会用右手推开我右脚，将其左腿抬起。

213

5 实战应用范例五

① 双方交手，我掌握先机，左脚突然向前上步，踏入对方双脚之间。双手一并搂抓住对方双腿大腿部位，屈肘用力将其环抱住。我上步贴近对方的同时，左肩顶住对方腹部，头部左侧贴紧对方左侧腰胯部位。

② 动作不停，双手迅速向上提拉，左肩向前顶送，瞬间破坏对方身体平衡，以双手刈将其掀翻在地。

③ 将对方摔倒后，双手不要离开对方双腿，沿其大腿向小腿滑动，屈肘揽抱对方膝窝与小腿部位。

④ 紧接着，我右臂屈肘，用腋窝夹紧对方左脚脚踝。然后，右肘向内扣压，右肩向右上方外翻，右前臂以桡骨为力点切锁对方跟腱部位，左手可以松脱对方右腿，按压其左腿胫骨部位，配合发力。

⑤ 紧接着，我身体重心下沉，双腿屈膝，臀部向后坐在地面上。

第三章　投摔降服技术

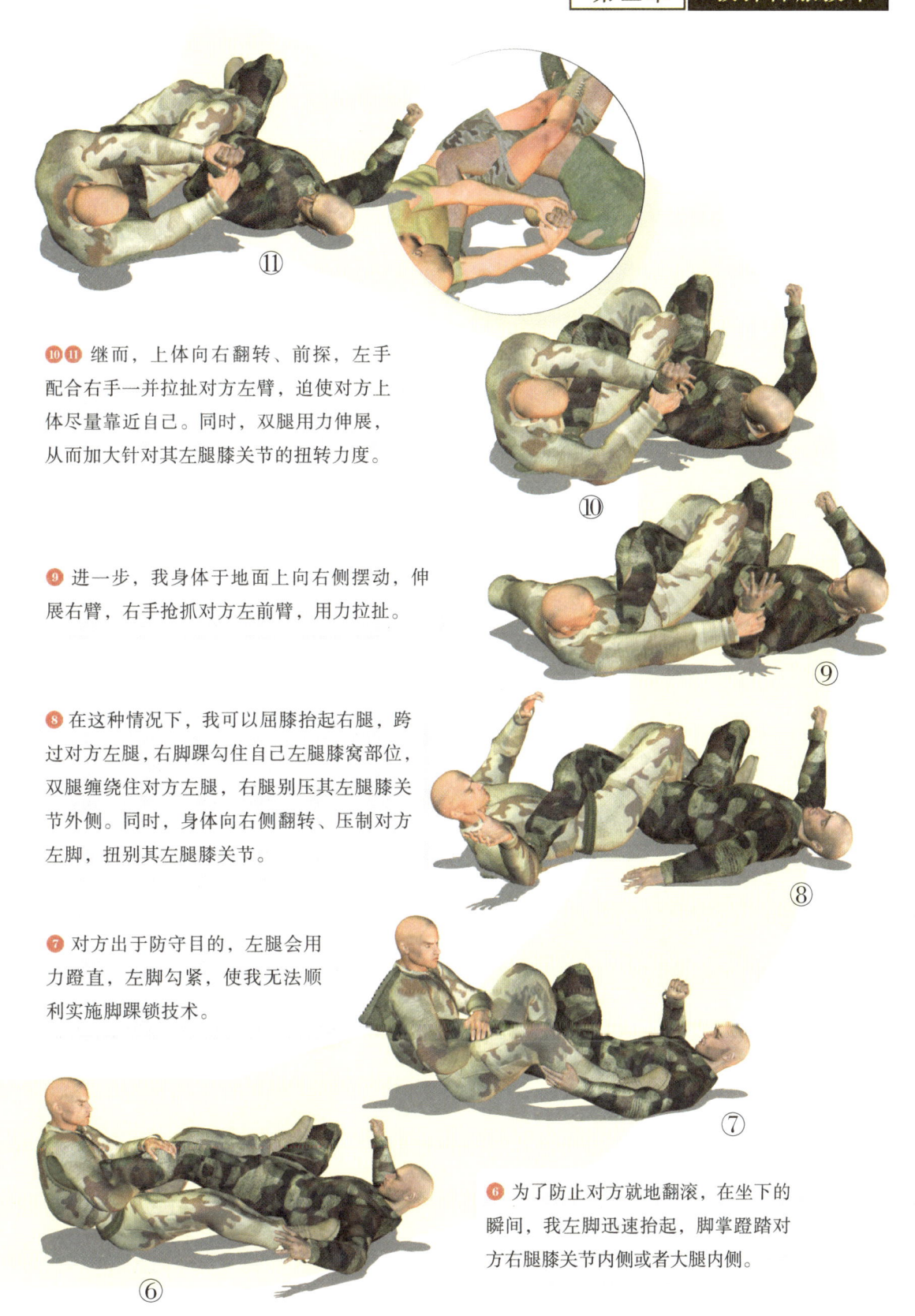

⑩⑪ 继而，上体向右翻转、前探，左手配合右手一并拉扯对方左臂，迫使对方上体尽量靠近自己。同时，双腿用力伸展，从而加大针对其左腿膝关节的扭转力度。

⑨ 进一步，我身体于地面上向右侧摆动，伸展右臂，右手抢抓对方左前臂，用力拉扯。

⑧ 在这种情况下，我可以屈膝抬起右腿，跨过对方左腿，右脚踝勾住自己左腿膝窝部位，双腿缠绕住对方左腿，右腿别压其左腿膝关节外侧。同时，身体向右侧翻转、压制对方左脚，扭别其左腿膝关节。

⑦ 对方出于防守目的，左腿会用力蹬直，左脚勾紧，使我无法顺利实施脚踝锁技术。

⑥ 为了防止对方就地翻滚，在坐下的瞬间，我左脚迅速抬起，脚掌蹬踏对方右腿膝关节内侧或者大腿内侧。

215

| 桑搏 | 俄罗斯实战徒手格斗术 |

第十一节　投摔后实施的髋关节锁降服

髋关节锁（Hip Lock）是针对髋关节的一种非常特殊的降服技术。

髋关节是人体下肢的最上端，是大腿和躯干连接的重要枢纽，关节周围附着强力的韧带和发达的肌肉，因此也是人体各关节中结合最强有力的关节，具有先天的稳固性。尽管如此，因为髋关节构造的特点和运动局限性，只要利用杠杆原理以及运动链相邻关节的效应性运动和锁定规律，针对髋关节的大力度扭曲和施压，还是会导致其运动范围超出生理极限，因此，髋关节锁也是一种具有一定威胁的降服手段。

本节为大家列举四例典型的投摔后直接展开实施的髋关节锁降服方法，供学习参考。

● 实战中，可以在将对方一条腿牢牢压制于地面的前提下，控制住其另一条腿，然后绕冠状轴向前下方施加压力，使其髋关节活动超过正常运动极限，将其制服。

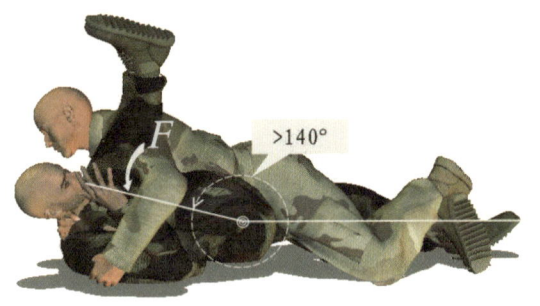

● 也可以在将对方一条腿牢牢压制于地面的前提下，控制住其另一条腿，然后绕矢状轴向侧下方施加压力，使其髋关节外展幅度超越生理临界点，从而将其制服。

● 另外在对方趴伏状态下，也可以针对其髋关节实施锁控，即臀部向下压制住对方的臀髋部位，然后揽控住其一条腿向后拉扯，使其大腿后伸超过极限，进而将其制服。

第三章 投摔降服技术

1 实战应用范例一

❶❷ 实战中，对方用左拳攻击我头部，我迅速屈膝蹲身躲避。同时，左脚快速向前上步，落脚于对方两腿之间。双臂屈肘由对方双腿外侧扑抱住其双腿膝窝上方，头部顺势潜入对方左侧腋下，颈部左侧贴近对方左侧腰部，左肩抵住对方小腹部位。

❸❹ 继而，利用身体前冲的冲撞力，双手用力向后上方提拉对方双腿，迫使对方双脚脱离地面，悬空而起，彻底破坏其身体的平衡，上下两股力量协调配合，交错发力，利用双手刈技术瞬间可将对方仰面掀翻在地。

❺❻ 动作不停，在对方后背触及地面的一刹那，我身体迅速向右转动，左脚顺势抬起，由对方身体上方跨过。双臂揽紧对方双腿用力翻拧，使其身体由仰面朝天翻转过来，变成脸面朝下，呈趴伏在地姿势。

217

桑搏 俄罗斯实战徒手格斗术

⑦⑧ 身体随之继续向右后转，当臀部正对对方后腰时，我双腿迅速屈膝下蹲，重心下沉，以臀部为力点向后猛坐对方的腰髋部位。双臂配合用力夹住对方双腿，上体后仰，扳折其双腿的同时，利用自己身体的重量用力向下压制，迫使对方髋关节向后过度伸展，进而将其制服。

2 实战应用范例二

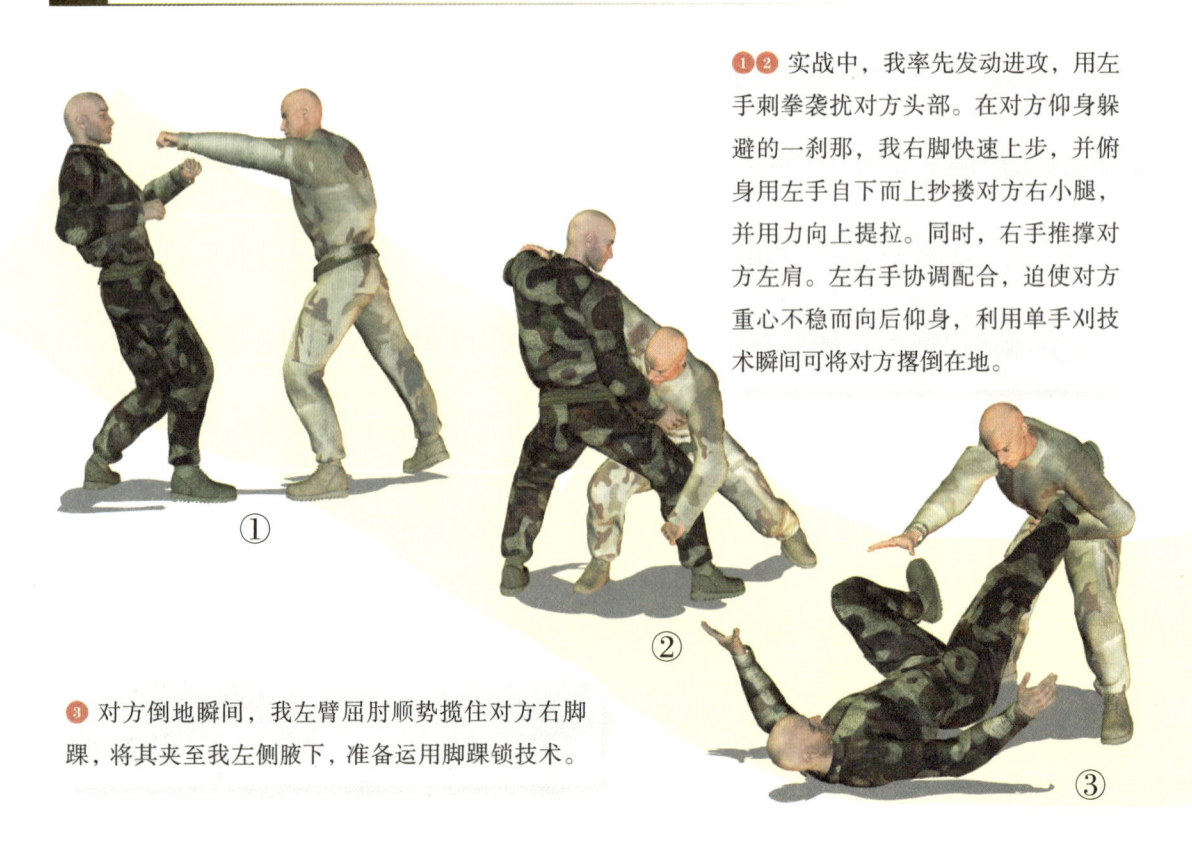

①② 实战中，我率先发动进攻，用左手刺拳袭扰对方头部。在对方仰身躲避的一刹那，我右脚快速上步，并俯身用左手自下而上抄搂对方右小腿，并用力向上提拉。同时，右手推撑对方左肩。左右手协调配合，迫使对方重心不稳而向后仰身，利用单手刈技术瞬间可将对方撂倒在地。

③ 对方倒地瞬间，我左臂屈肘顺势揽住对方右脚踝，将其夹至我左侧腋下，准备运用脚踝锁技术。

第三章 投摔降服技术

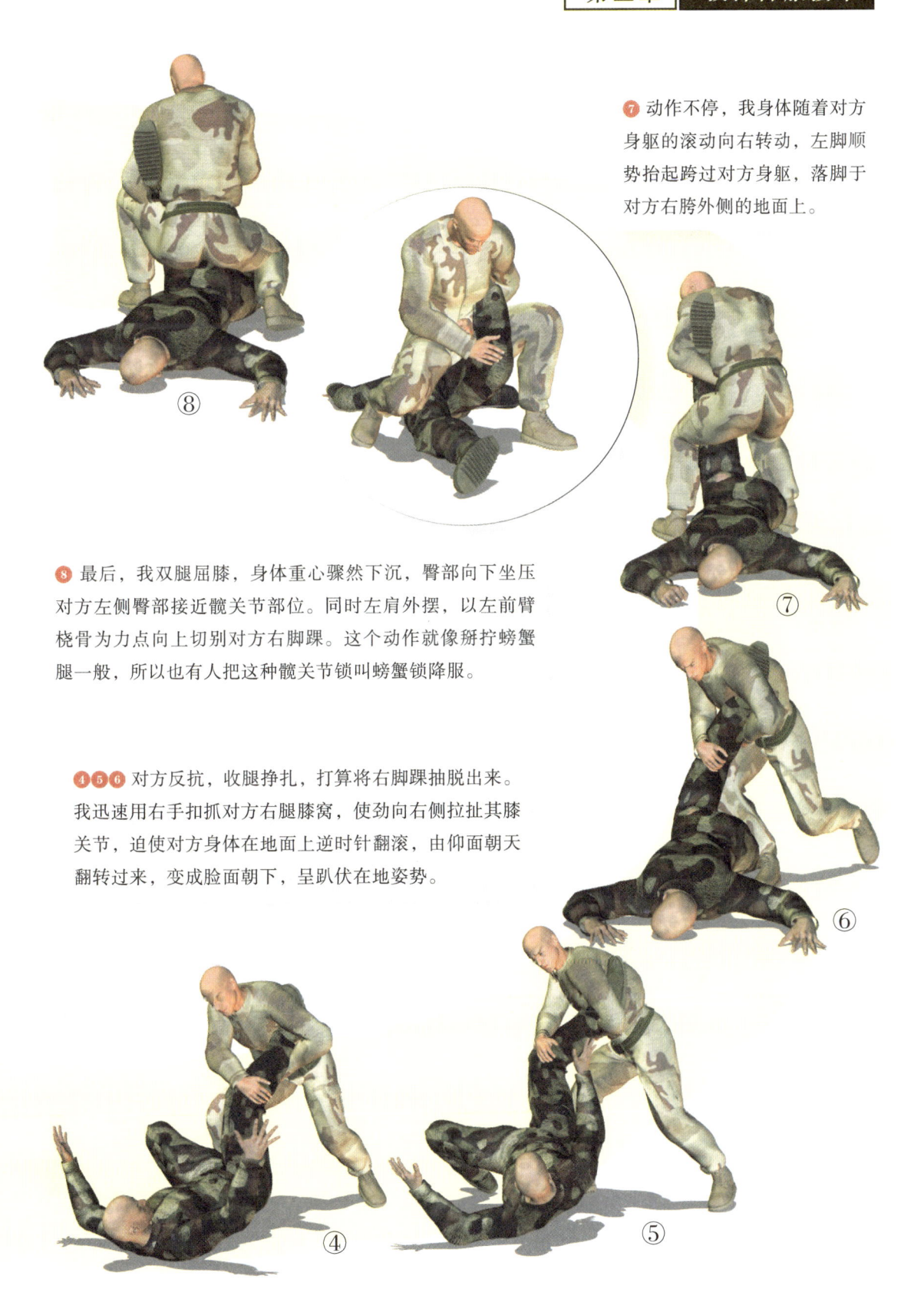

❼ 动作不停,我身体随着对方身躯的滚动向右转动,左脚顺势抬起跨过对方身躯,落脚于对方右胯外侧的地面上。

❽ 最后,我双腿屈膝,身体重心骤然下沉,臀部向下坐压对方左侧臀部接近髋关节部位。同时左肩外摆,以左前臂桡骨为力点向上切别对方右脚踝。这个动作就像掰拧螃蟹腿一般,所以也有人把这种髋关节锁叫螃蟹锁降服。

❹❺❻ 对方反抗,收腿挣扎,打算将右脚踝抽脱出来。我迅速用右手扣抓对方右腿膝窝,使劲向右侧拉扯其膝关节,迫使对方身体在地面上逆时针翻滚,由仰面朝天翻转过来,变成脸面朝下,呈趴伏在地姿势。

219

桑搏　俄罗斯实战徒手格斗术

3　实战应用范例三

❶❷ 实战中，双方对峙，伺机而动。对方率先发动攻击，突然以右脚蹬踢我胸腹部。我右脚迅速向后撤步，闪身躲避的同时用右臂向外撩挂对方右小腿下方，以化解其攻势。

❸ 当我右臂接触对方下肢后，身体立刻右转，右臂用力向上撩托对方右脚踝。

❹❺ 在将对方右腿托至一定高度时，我身体下蹲并继续右转，使后背朝向对手。同时，左臂顺势穿插至其右腿下方，然后屈肘揽住对方右脚踝。

❻ 动作不停，我身体继续向右转动，左手将对方右腿揽至我左肩及后背之上，右手随身体转动向右后方摆动，顺势抄抱住对方左腿膝关节外侧。

第三章 投摔降服技术

⓬ 最后，在左脚跨过对方身体落步踏实后，双腿立刻屈膝下蹲，重心下沉，以臀部为力点向后猛坐对方的腰髋部位。双臂配合用力夹住对方双腿，上体后仰，扳折其双腿形成髋关节锁。

⓾⓫ 动作不停，我身体迅速右转，左脚顺势抬起，随身体转动跨越对方身体。随着身体的转动，双臂揽紧对方双腿用力翻拧，使其身体瞬间翻转过来，变成脸面朝下，呈趴伏在地姿势。

⓽ 对方后背着地后，我双臂屈肘揽住对方双腿，将其双脚脚踝夹持于我两侧腋下，防止其抽脱。

⓻⓼ 然后，我上体前俯，臀部后抬，双臂同时用力向上提拉对方双腿，破坏其身体平衡，瞬间将其掀翻在地。

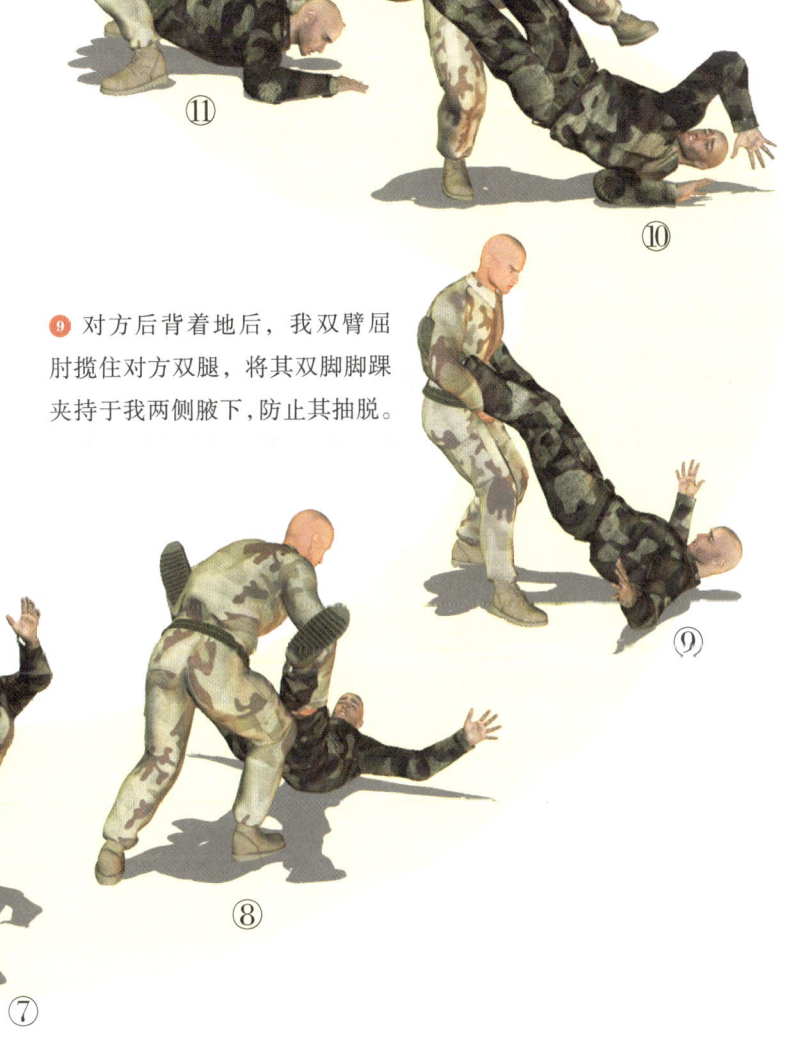

221

桑搏 俄罗斯实战徒手格斗术

4 实战应用范例四

❶ 双方并排站立，我位于对方身体左侧。发动攻击时，我右脚向右侧移动，落脚于对方左脚后方。

❷ 当我右脚成功潜入对方身后时，迅速俯身，双腿屈膝下蹲，身体重心下沉，双手分别由对方两腿外侧向下、向后揽抱住对方双腿大腿后部。

❸ 继而，身体重心猛然上提，身向左转。带动双臂合拢用力向上提抱对方双腿，令其重心不稳，上体后仰，双脚被迫抬离地面，整个身躯悬空而起。

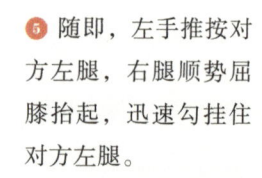

❺ 随即，左手推按对方左腿，右腿顺势屈膝抬起，迅速勾挂住对方左腿。

❹ 周身协调动作，瞬间将对方掀翻在地。对方倒地刹那，我以上体右侧压住对方胸腹，双臂继续控制对方双腿。

第三章　投摔降服技术

⑥

⑦

⑥ 紧接着，左腿屈膝，以膝窝部位勾挂住自己右脚踝，双腿牢牢绞缠住对方左腿。同时，我右臂屈肘由对方右胯外侧穿插至其右腿膝窝内侧，并用左手牢牢抓住自己右手腕部，双臂协调动作控制住对方右腿。

⑦ 继而，我左手抓住对方右脚踝，右手扣按住自己左手腕部，双臂针对对方右腿形成"4"字形的锁控。然后双臂同时用力回拉，迫使其右腿弯曲。紧接着，上体前俯，胸部用力向下压制对方右腿大腿及膝盖部位。双腿牢牢夹持住其左腿，配合用力向后伸展。周身动作协调配合，使其髋关节超出正常伸展范围，进而将其制服。

223

第十二节 投摔后实施的脚跟勾降服

脚跟勾技术（Heel Hook）也有人称为勾踵捻膝，是针对脚后跟实施的钩状锁控技术。实施技术时，双手扣握在一起，臂肘如钩勾锁住对方脚跟后，以其脚跟为中心点，拧转上体，以螺旋形动作释放力量，仿佛在用一个瓶起子旋动酒瓶盖。这种旋转的脚跟勾在实战中是最有效的、最具危害的，它的优势在于这不仅是单纯地将力量作用于脚踝，而且可以将这股旋转力传导到对方的膝关节和髋关节，产生一系列意想不到的攻击效果。

另外，脚跟勾的设置可以最有效地阻止对方的小腿与背部支撑。如果你针对对方实施了脚踝锁，对方可能向一侧翻滚，此时其脚后跟就会从你的肘窝和腋下翻转逃脱出来，这时就是施展脚跟勾技术的最佳时机。

脚跟勾可以是内部的，也可以是外部的。实施内部脚跟勾时，对方的脚后跟内侧被你的肘窝部位卡住，其脚掌外沿和脚尖埋到你的腋下；与此相反，实施外部脚跟勾时，对方的脚后跟外侧被你的肘窝部位卡住，其脚掌内沿和脚尖埋到你的腋下。不论哪一种，作用基本是一致的。尽管技术变化比较单一，但实战应用都非常广泛。娴熟地掌握这种奇特的降服技术，会大大提高你在格斗中取得胜算的几率。

第三章 | 投摔降服技术

1 实战应用范例一

❶ 双方交手，对方率先发动进攻，摆动右腿横扫我腰腹部。我迅速闪身，左臂屈肘圈揽住对方右腿。

❷❸ 随即，我身体猛然向左转动，右脚随身体转动向前上步，落脚于对方左腿后方，别住其下盘。同时，右手猛推对方胸部，瞬间将其仰面推倒在地。

❹ 对方倒地后，我即抬起右脚，踩踏住对方左腿。左臂屈肘将其右脚踝夹在我左侧腋下，右手辅助左手扣按住对方右腿胫骨，牢牢控制住其右腿。几乎同时，身体重心下沉，双腿屈膝后坐，臀部和后背着地。

❺❻ 紧接着，左脚踝勾住自己右腿膝窝，双腿牢牢锁定对方右腿。同时，左臂屈肘外展，将左手由对方右小腿内侧下方翻转至小腿外侧上方，令其右脚脚掌置于我左侧腋下，并以肘窝部位勾住对方右脚脚跟。

❼ 动作不停，双腿夹紧，上体后仰，左臂用力夹持对方右脚脚跟，右手辅助发力，以其脚跟为中心点，拧转上体，针对对方右脚脚跟实施勾锁。

225

2 实战应用范例二

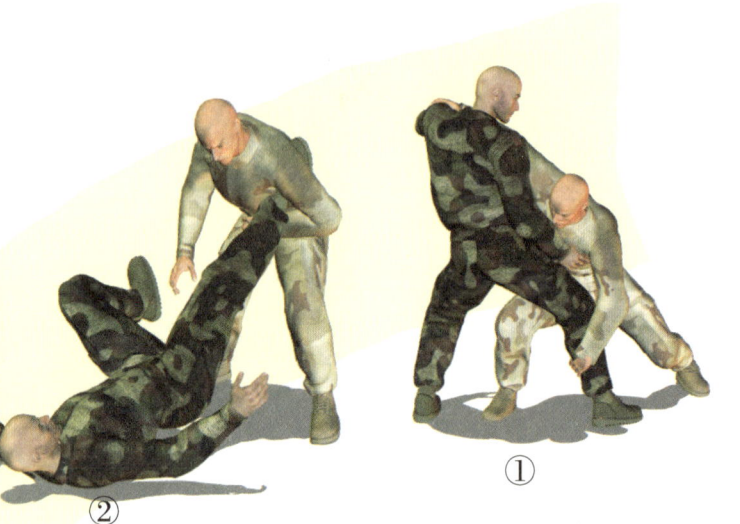

❷ 对方倒地瞬间，我左臂屈肘顺势揽住对方右脚踝，将其夹至我左侧腋下。

❸ 随即，身体左转，右脚抬起，跨过对方身体，落步于对方身体左侧地面，右手辅助左手扣按住其右腿胫骨，牢牢控制住对方右腿。

❶ 双方交手，我抢先进攻，上步俯身，伸出左手自下而上搂抓住对方右小腿，并用力向上提拉。同时，右手推撑其左肩。左右手协调配合，迫使对方重心不稳而向后仰摔。

❹ 然后，身体重心下沉，双腿屈膝后坐，臀部和后背着地。重心落稳后，左腿屈膝内扣，压住对方右腿膝盖外侧，右腿伸展，下压于对方身体左侧。

❺ 紧接着，我坐起，左腿伸展。左臂夹锁对方右腿不放，右手扳住对方右腿膝关节外侧，用力向右侧扳拉，迫使对方身体翻转至俯身朝下状态。

第三章　投摔降服技术

❼❽ 动作不停，我左腿屈膝内扣，上体后仰。左臂用力夹持对方右脚脚跟，左手辅助发力，针对对方右脚脚跟实施勾锁，进而将其降服。

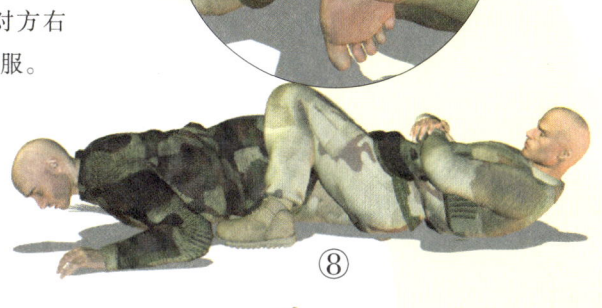

⑧

⑦

❻ 继而，我左臂屈肘外展，将左手由对方右小腿内侧下方翻转至小腿外侧上方，令其右脚脚掌置于我左侧腋下，并以肘窝部位勾住对方右脚脚跟，右手配合牢牢按住对方右腿膝窝。

⑥

227

桑搏创始人瓦西里·奥谢普科夫（Vasili Oshchepkov）和维克托·彼德诺夫（Viktor Spiridonov）